Gert Lang

Auswahl von Standard-Applikations-Software

Organisation und Instrumentarien

Mit 65 Abbildungen

Springer-Verlag Berlin Heidelberg New York
London Paris Tokyo Hong Kong

Dipl.-Wirtsch. Ing. Gert Lang
FAG Kugelfischer Georg Schäfer KGaA
Postfach 12 60
D-8720 Schweinfurt 1

ISBN-13:978-3-642-74880-6   e-ISBN-13:978-3-642-74879-0
DOI: 10.1007/978-3-642-74879-0

Geleitwort

Das Angebot an Standard-Software ist in den achtziger Jahren sprunghaft gestiegen. Heute stehen Unternehmen, die für ihre speziellen Anforderungen und Randbedingungen Softwareprodukte suchen, vor einem unüberschaubaren heterogenen Softwaremarkt. Das Sichten von Marktübersichten und der Vergleich von Produktbeschreibungen reicht nicht aus, die Software mit dem besten Erfüllungsgrad, bezogen auf die Anforderungsprofile der Anwender, auszuwählen. Insbesondere bei komplexen Aufgabenstellungen, wie sie mit dem Schlagwort CIM (Computer Integrated Manufacturing) beschrieben werden, ist es notwendig, die Anforderungen an die gesuchte Anwendungssoftware genau zu kennen und systematisch aus einem umfangreichen Softwareangebot die passende Anwendung zu filtern. Zur Lösung dieser komplexen Problemstellung gab es bisher keine wirklich geeigneten Ansätze. Das vom Verfasser geschilderte Verfahren und die beschriebenen Instrumentarien sind ein erster Ansatz, den Anwender von der CIM-Konzeption bis zur Softwareauswahl methodisch zu unterstützen. Indem logisch aufeinander aufbauende Aufgabenblöcke definiert werden, wird eine Reduktion der Problemkomplexität erreicht.

Das Fachbuch basiert auf Erfahrungen, die der Verfasser in einem Großunternehmen der metallverarbeitenden Industrie bei der Konzeption von CIM sowie bei der Auswahl und Einführung von Standard-Software gemacht hat. Die entwickelte Vorgehensweise stützt sich auf ein Phasenmodell. Es unterscheidet die Phasen Projektdefinition, Situationsanalyse, Grobkonzeption, Marktanalyse, Grobauswahl und Feinauswahl mit Entscheidung.

In der **Definitionsphase** wird zwischen dem Auftraggeber (Geschäfts- oder Betriebsleitung) und der Projektinstanz ein abgestimmter Auftragsinhalt erzeugt sowie Ziele, Termine und Ressourcen global vereinbart.

Die **Situationsanalyse** umfaßt die Erstellung eines Unternehmensprofiles bzw. einer Betriebstypisierung, die Darstellung des bestehenden DV-Anwendungsumfanges, die Erhebung der wesentlichen Mengen-/Zeit- und Wertgerüste und eine geordnete Schwachstellensammlung.

Die Phase **Grobkonzeption** besteht aus der Entwicklung des Integrationsmodells zukünftiger Systeme, der Entwicklung der (idealen) zukünftigen Funktionsfeinstrukturen, der Anforderungsanalyse beim Anwender mit Hilfe von Standardstrukturplänen zur Ermittlung des Anforderungsprofiles für den definierten Funktionsumfang und der Erstellung des Pflichtenheftes für die Marktanalyse.

Die **Standardstrukturpläne** sind ein geeignetes Werkzeug, eine unternehmensweite einheitliche Ermittlung und Darstellung der Anforderungsprofile durchzuführen. Dabei muß beachtet werden, daß neben der detaillierten Funktionsbetrachtung auch die dynamischen Informationsbeziehungen und die Interdependenzen über Funktionsgrenzen hinaus deutlich werden. Gerade dieser Aspekt ist bei einer CIM-Konzeption wichtig.

In der Phase **Marktanalyse** schlägt der Verfasser vor, zunächst iterativ über mehrere Eingrenzungsstufen die in Frage kommenden Anbieter auszuwählen. Mit modifizierten Standardstrukturplänen, die wesentlicher Bestandteil des Pflichtenheftes sind und die von den Software-Anbietern bearbeitet werden, sind die Leistungsprofile der Standard-Softwarepakete darstellbar.

In der Grob- und Feinauswahl wird mit Hilfe der Nutzwertanalyse, die neben dem Erfüllungsgrad auch die Schnittstellen, die Hardware-Alternativen (Portabilität) und die Wirtschaftlichkeit berücksichtigt, die angebotene Software bewertet. Daraus ergibt sich für das Unternehmen, daß es Standard-Software nicht nur isoliert nach den Anforderungen der Aufgabenstellung beurteilt, vielmehr berücksichtigt es gleichermaßen die Konzeption eines integrierten Informationssystems.

Die im Fachbuch beschriebene methodische Vorgehensweise sowie die vorgestellten strukturierten Werkzeuge sind hervorragend geeignet, einen systematischen Auswahlprozeß durchzuführen. Damit ist es möglich, aufbauend auf einem CIM-Rahmenkonzept eine optimale Standard-Software-Auswahl zu treffen.

Saarbrücken, den 14.11.1988   August-Wilhelm Scheer

Vorwort des Verfassers

Mit den in dieser Dokumentation vorgestellten Instrumentarien und dem zugrundeliegenden Phasenmodell wurde die Auswahl von Standard-Applikations-Software für kommerzielle Anwendungen (primär betriebswirtschaftlich-planerische Anwendungen) in einem komplexen Projekt der Fertigungsindustrie für insgesamt zehn Unternehmen bzw. Betriebseinheiten (mit Jahresumsätzen von 20 bis 220 Mio. DM) eines diversifizierten Konzerns durchgeführt.

Neben vielen Phasen der Desillusionierung, vor allem in Hinsicht auf die Diskrepanz zwischen Produktbeschreibungen in Hochglanz-Prospekten, eigenen Wunschvorstellungen und dem tatsächlichen Leistungsvermögen von Anwendungspaketen, überwiegt in der Retrospektive der positive Aspekt, daß mittlerweile einige Standardpakete für kommerzielle Anwendungen sowohl der geforderten Integration als auch einem Erfüllungsgrad von 80 % und höher - bezogen auf die Anforderungsprofile der Anwender - genügen können.

Da der Auswahlprozeß für Standard-Applikations-Software unabhängig von der Projektgröße grundsätzlich das gleiche Organisationsmuster aufweist, kann die beschriebene Methodik auf Unternehmen jeder Größenordnung und auf unterschiedlichste Anwendungen (z. B. CA-Systeme) übertragen werden.

Der Verfasser hofft, mit der Darstellung seiner Erfahrungen und Ergebnisse bei der Konzeption und Auswahl von DV-Anwendungssystemen dazu beizutragen, daß diese anspruchsvolle Aufgabe sowohl im Management als auch in den Projektgruppen transparenter wird und die beschriebenen Werkzeuge als Grundlage einer erfolgreichen Projektarbeit dienen können.

Schweinfurt, im November 1988   Gert Lang

Inhaltsverzeichnis

A. P r o j e k t d e f i n i t i o n

Wer sich mit der Auswahl von Standard-Applikations-Software
befaßt, hat bereits eine deutliche Wandlung seiner Grundein-
stellung hinter sich: die Abkehr von dem Planungs- und Rea-
lisierungsziel, 100 %-Lösungen für seine **gegebenen** betrieblichen Abläufe in den **einzelnen** Funktionsbereichen zu imple-
mentieren. Eine weitere Erfahrung kommt sehr schnell dazu:
die Einsatzplanung und Auswahl von Standard-Software erfor-
dert ein 100 **%-Konzept** für **alle** betrieblichen Funktionsbereiche. Für diese Gestaltungsaufgabe sind als Input nicht so
sehr Produktbeschreibungen erforderlich, sondern die profun-
de Kenntnis der Anforderungen des Marktes des Unternehmens
und ein hohes Verständnis für das Unternehmen selbst.

Die triviale Forderung nach Verfügbarkeit der richtigen Information zur richtigen Zeit am richtigen Ort führt zur lo-
gistischen dynamischen Betrachtung des "Elementarfaktors"
Information; die Informationslogistik ist der Sammelbegriff
für die technische (Software, Hardware, Netze) und organisatorische (Integration, Aufbauorganisation, Zentralisierung
oder Dezentralisierung) Infrastruktur, die Information zur
richtigen Zeit etc. verfügbar macht. Integrierte Informa-
tions- bzw. Anwendungssysteme bestehen also stets aus technischen und organisatorischen Elementen. Hierzu noch ein
Hinweis: Wenn im folgenden der Begriff Informationssystem
verwendet wird, dann mit der Bedeutung von "Informations-
und Kommunikationssystem".

Für den aufmerksamen Leser sei noch angemerkt, daß es nicht
Ziel dieses Buches ist, auf die allgemeine Projektorganisa-
tion und das Projektmanagement in dem Sinne einzugehen, daß
eine Erörterung der Funktionen eines Projektleiters, der
Projektgruppe, des Berichtswesens im Projekt, die Ressour-
cenplanung oder die aufbauorganisatorische Einordnung der
Projektinstanz erfolgt; primäres Ziel ist die Darstellung
und Erläuterung eines umfassenden Lösungskonzeptes für die
Software-Auswahl.

1. Markt und Unternehmen

Rascher technologischer Wandel, Verkürzung der Produktlebenszyklen, zunehmende Variantenvielfalt, hohe Anforderungen an das betriebliche Reaktionsvermögen sowie zunehmende Automatisierung stellen insbesondere solche Unternehmen vor Probleme, die im Anbietermarkt gewachsen sind. Die klassischen Objekte der Optimierungsbemühungen in der Produktion - Kapazitätsauslastung und Losgrößen, wobei mangelnde Synchronisation des Materialflusses und damit hohe Bestände durch Stückkostendegression und Wachstum kompensiert wurden - verlieren zunehmend an Bedeutung.

Die neuen Ziele, formuliert aus der Unzulänglichkeit des Status Quo (d. h. tayloristische, bürokratische Organisationsformen hoher Arbeitsteilung und Zentralisation), sind Flexibilisierung in allen Unternehmensbereichen, Freiraum für Verantwortung und Selbstorganisation, schnelle Reaktionszeiten und hohe Transparenz.

Diese Ziele sind nicht allein durch Reorganisationsmaßnahmen zu erreichen, sondern durch strategisches Management. Einen wesentlichen Beitrag leistet in diesem Rahmen die Informationslogistik, die durch geschlossene integrierte Basis- und Applikationssysteme
- die teilweise hochkomplexe Arbeitsteilung im Unternehmen
  neutralisieren kann;
- dem steigendem Planungs- und Steuerungsaufwand begegnen
  kann.

Der Zeithorizont für den Aufbau einer leistungsfähigen Informationslogistik kann verkürzt werden, wenn das Unternehmen auf gewachsene individuelle Verrichtungs-Spezifika verzichten und mit der Bereitschaft zur Änderung der Unternehmensorganisation auf Standardsoftware zurückgreifen kann. Es werden heute marktgängige Softwarepakete angeboten, die modular aufgebaut sind, die Grundanforderungen an die Integration erfüllen und ein hohes Leistungsprofil in bezug auf die Ausprägung der Einzelfunktionen aufweisen. Wenn das Rahmenkonzept zur Informationslogistik steht, bietet sich deshalb dort der Einsatz von Standardkomponenten an, wo inkompatible, informatorische Bereichsinseln durch ein Gesamtsystem ersetzt werden müssen, fehlende Entwicklungskapazität zu überbrücken ist oder der DV-Durchdringungsgrad noch verhältnismäßig gering ist. Dabei kommt vor allem der **Auswahl** und damit den Instrumentarien zur Organisation des Auswahlprozesses besondere Bedeutung zu.

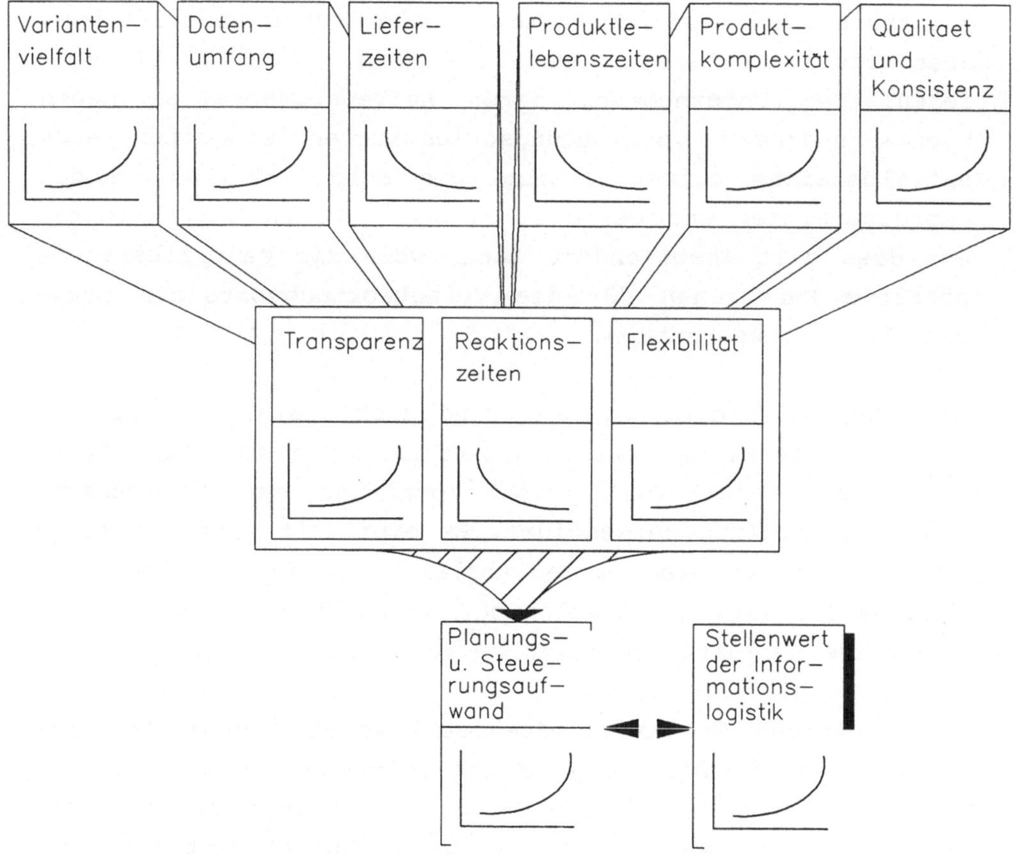

Abb. 1: Anforderungen des Marktes determinieren den Stellenwert der Informationslogistik (nach Brankamp)

2. Projektplanung

Die Informationslogistik als Querschnittsfunktionalität tangiert alle Unternehmensbereiche (Vertrieb, Produktion, Entwicklung, Beschaffung, Verwaltung). Akronyme wie CIM (Computer Integrated Manufacturing), FIB (Funktionsintegrierter Betrieb, AGIPLAN Unternehmensberatung GmbH) bzw. CIF (Comuter-integrierte Fabrik, Mannesmann Kienzle) spiegeln den zentralen Integrationsgedanken wider.

Wesentlich ist in den Analyse- und Planungsphasen die vorurteilsfreie, von bestehenden organisatorischen Restriktionen unberührte Projektarbeit ohne Tabuisierung von Funktionsgebieten. Bei Unternehmen, deren Aufbauorganisation neben objekt- und/oder verrichtungsorientierten Einheiten auch Zentralbereiche aufweist, sind die Schnittstellen zu den Zentralbereichen und deren Funktionen mit zu berücksichtigen; dies gilt insbesondere dann, wenn die Zentralbereiche operative Funktionen für die Verantwortungsbereiche (Produkt, Region) wahrnehmen.

Durchgängige Datenflußsysteme sind auch installierbar, wenn die Zentralbereiche verrichtungsorientierte Aufgabeninhalte haben, das Projekt wird jedoch komplexer und die Schnittstellenentwicklung aufwendiger. Es empfiehlt sich, in einem möglichst frühen Stadium den Abgleich mit der strategischen Organisationsentwicklungsplanung vorzunehmen, um spätere aufwendige Projektkorrekturen zu vermeiden.

Zur Gliederung der Aktivitätenkette von der Projektdefinition bis zur Einführung wird das folgende Phasenmodell zugrundegelegt, das auch den Einsatz und den möglichen Einsatzschwerpunkt eines externen Beratungsunternehmens vorsieht. Einsatzschwerpunkte können selbstverständlich auch die Grobkonzeption oder die Implementierung von Systemen oder Modulen sein (abhängig vom gegebenen spezifischen Know-how im Unternehmen).

Scheer nennt aufgrund seiner Erfahrungen für die Erstellung eines CIM-Konzeptes in einem Unternehmen von rund 1.000 Mitarbeitern einen Aufwand von 200 bis 300 **externen** Manntagen für die Stufen "Überzeugung des Topmanagements, IST-Analyse/ Schwachstellen, Grob-Soll-Konzept, Überzeugung des Mittelmanagements und Soll-Feinkonzept"[1].

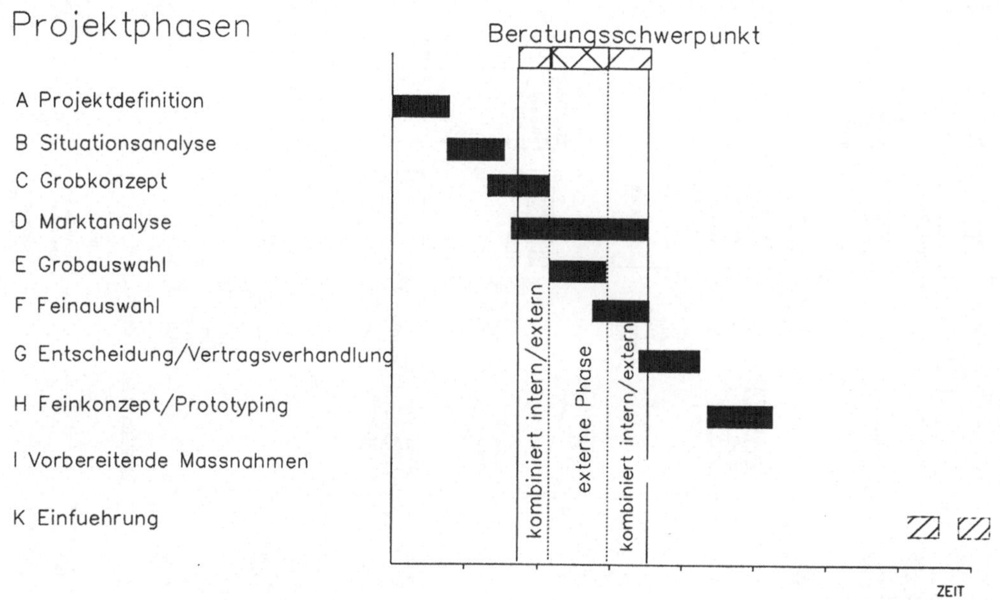

Abb. 2: Phasenmodell für Auswahl und Einsatz von Standard-Software

Die Phasen A bis E des Phasenmodells sind anwendungsorientiert, Phase F ist technologieorientiert (Hardware, Betriebssysteme, Basis-Software). Diese Akzentuierung ist dann von Bedeutung, wenn im Projekt hardwareneutral operiert werden kann, d. h. wenn die Hardware-Entscheidung nicht präjudiziert ist; die Anforderungen des späteren Anwenders bestimmen damit primär die Auswahl der Applikation.

Abb. 3 verfeinert das Modell für die Software-Auswahl bis zur Phase "Feinauswahl"; die wesentlichen Instrumentarien, die in der Folge beschrieben werden, wurden zur Visualisierung schraffiert.

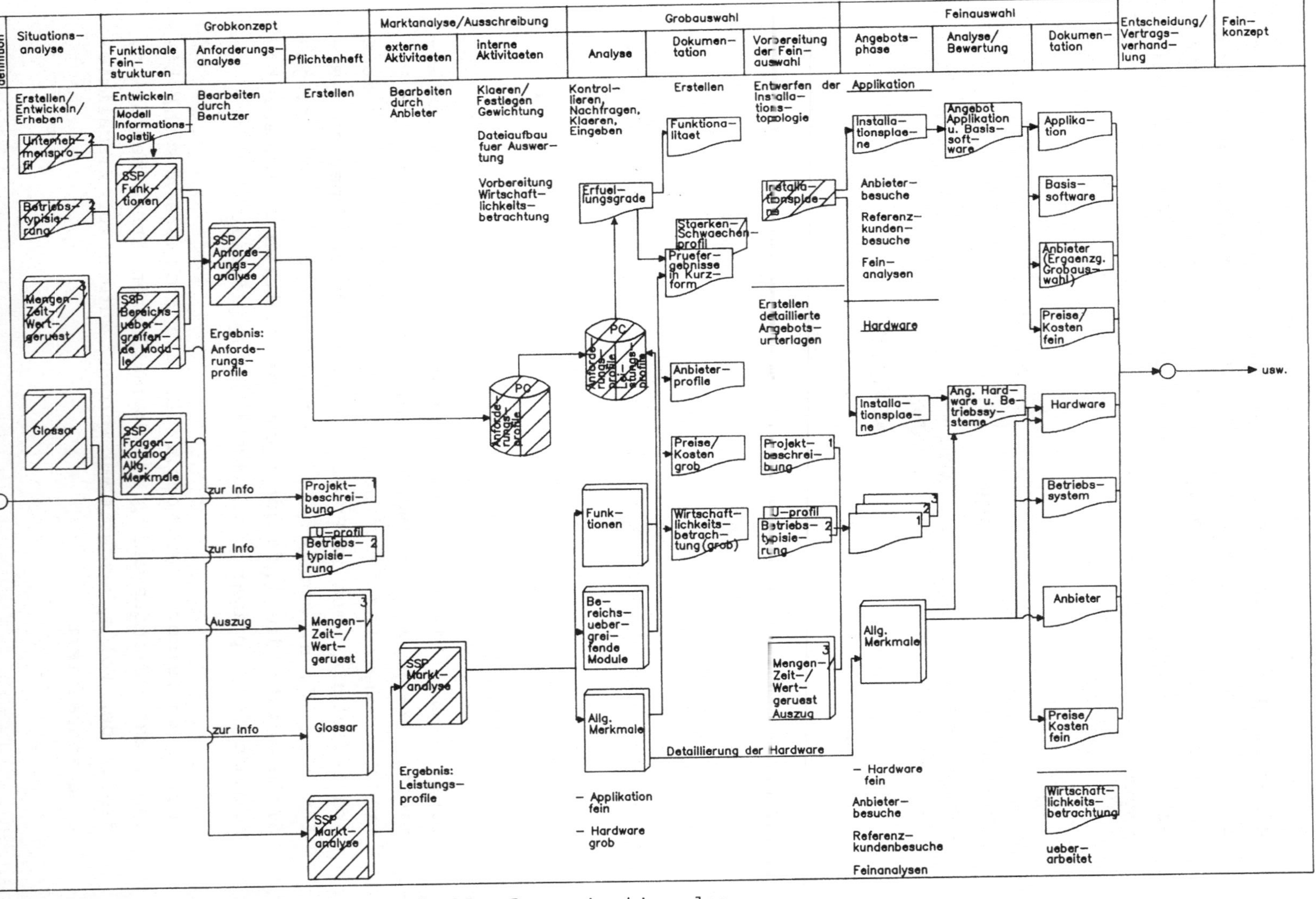

Abb 3: Phasen, Instrumentarien und Ablauforganisation des Auswahlprozesses

Die Entwicklung des Rahmenkonzeptes zur Informationslogistik
als Generalplanung für alle Systeme beginnt mit der Projektdefinition und wird in der Phase Grobkonzept im wesentlichen
abgeschlossen. In der Projektdefinition muß der Auftrag an
die Projektinstanz so formuliert sein, daß eine bereichsübergreifende Analyse und Konzeption ermöglicht wird und
nicht a priori eine Einschränkung auf Bereichsinseln erfolgt. Das setzt eindeutige Auftragsziele voraus, z. B.

- das **Unternehmen** als Planungsobjekt einer durchgängigen
  Informationslogistik;
- **Integration** der kommerziellen und technischen Datenverar-
  beitung;
- **Rückgratsysteme** (Anwendungen) in einheitlicher Architek-
  tur, Soll-DV-Durchdringungsgrad;
- die **Vereinheitlichung der Datenbasissysteme, Netzwerke** und
  Betriebssysteme.

Frühestens nach Vorliegen des Grobkonzeptes (zur Informationslogistik) können die Entscheidungen über

- Beibehaltung bestehender Systeme für definierte Anwen-
  dungsbereiche
- Individualentwicklung oder Standard-Software

abgeleitet und getroffen werden.

Dazu muß das Konzept den Reifegrad haben, daß der zukünftige Softwarebedarf unter Beachtung der Strategieziele nach
betrieblichen Funktionsbereichen qualifiziert werden kann.
Die Beurteilung von Eigenentwicklung, Fremdentwicklung oder
Standard-Software zur Deckung des festgelegten Softwarebe-
darfes erfolgt durch die Formulierung und Bewertung quanti-
tativer und qualitativer Kriterien.

Wesentliche quantitative Kriterien sind
- die Abdeckbarkeit der funktionalen Anforderungen der späteren Anwender (für die Alternative "Standard-Software"
  ist hier zunächst eine Annahme zu treffen, da erst die

Marktanalyse nachvollziehbare Erfüllungsgrade liefert;
realistische Werte: 85 ± 5 %);
- der Realisierungszeitraum;
- die notwendigen personellen Ressourcen.

Qualitative Kriterien sind in erster Linie
- die Realisierbarkeit bzw. das Ausmaß des Realisierungs-
  risikos;
- der Zusatznutzen, ż. B. durch Know-how-Zuwachs;
- die Abhängigkeit von Dritten.

Im Beispiel (Abb. 4) führen die unternehmensspezifisch be-
werteten Kriterien zur Empfehlung, Standard-Software (für
definierte Anwendungen) einzusetzen.

Als weitere Entscheidungsparameter werden die Ergebnisse einer groben Wirtschaftlichkeitsbetrachtung herangezogen (siehe E. 6.).

Implementierungsstrategien sollten keinen Einfluß auf die
Projektdefinition und das Rahmenkonzept haben. Hackstein[2]
unterscheidet z. B. beim PPS-Einsatz danach, ob

a) in Richtung des betrieblichen Daten- und Informations-
   flusses vorgegangen werden soll (top down). Ist dies der
   Fall, dann liegt der Schwerpunkt zunächst auf Auswahl und
   Einsatz von Planungs- und Verwaltungssystemen (Vertrieb,
   Materialdisposition, Arbeitsplanung, Termin- und Kapazitätsplanung);
b) entgegen dem betrieblichen Datenfluß vorgegangen werden
   soll (bottom up). Dies bedeutet zunächst eine Realisierung der Produktionssteuerung mit Betriebsdatenerfassung;
c) partiell durchgehend realisiert werden soll (PPS mit
   BDE).

Wenn bei der Projektdefinition, die den Planungsumfang bestimmt, bereits Realisierungsstrategien (und damit betriebliche Gegebenheiten und Restriktionen) einfließen, hat die

Informationslogistik eine denkbar ungünstige Ausgangsposition.

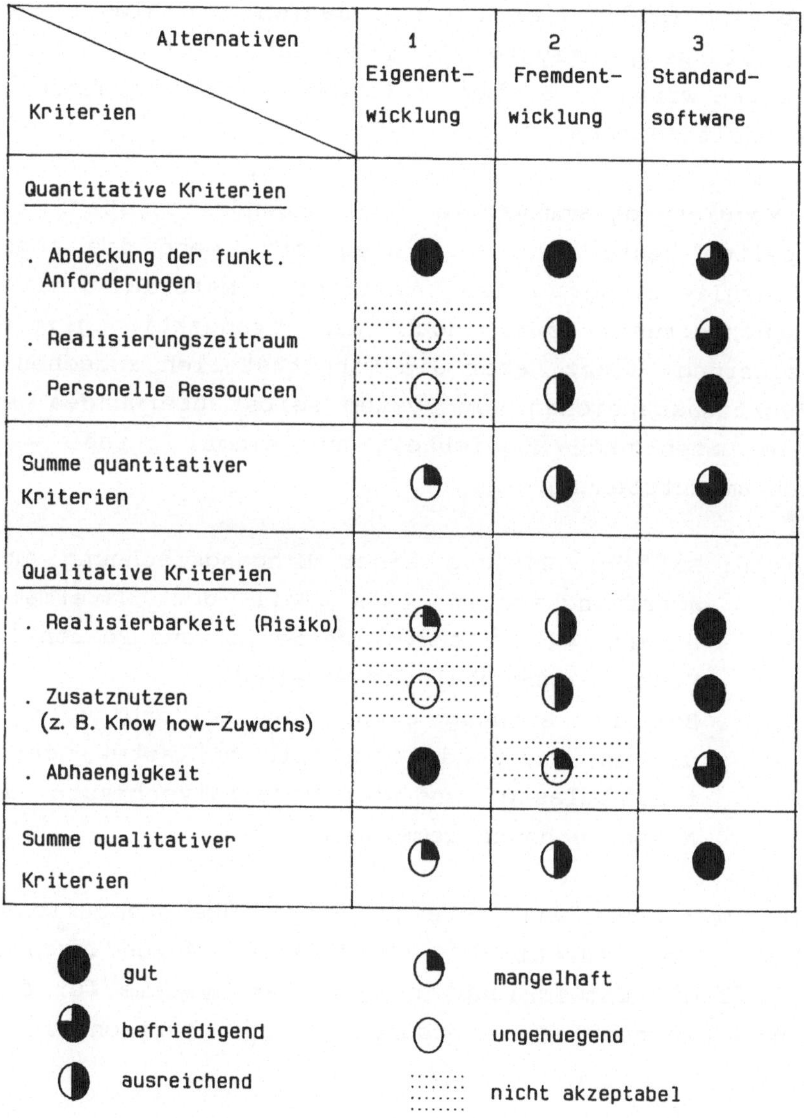

Kriterien \ Alternativen	1 Eigenentwicklung	2 Fremdentwicklung	3 Standardsoftware
Quantitative Kriterien			
. Abdeckung der funkt. Anforderungen	●	●	◖
. Realisierungszeitraum	○	◑	◕
. Personelle Ressourcen	○	◑	●
Summe quantitativer Kriterien	◔	◑	◕
Qualitative Kriterien			
. Realisierbarkeit (Risiko)	◔	◑	●
. Zusatznutzen (z. B. Know how–Zuwachs)	○	◑	●
. Abhaengigkeit	●	◔	◕
Summe qualitativer Kriterien	◔	◑	●

● gut ◕ mangelhaft

◐ befriedigend ○ ungenuegend

◑ ausreichend ⸬ nicht akzeptabel

Abb. 4: Beurteilungsmatrix für Individual-Entwicklung und Standard-Software

3. Der Begriff "Integration"

Mit der Entwicklung leistungsfähiger DB-/DC-Systeme wurden die batchorientierten Insellösungen im kommerziellen Anwendungsbereich in den 70er und 80er Jahren zu dialogorientierten Modularprogrammsystemen ausgebaut. Software-Entwicklungszellen waren in erster Linie Materialwirtschaft und Finanzbuchhaltung (Abb. 5).

Diese Modularprogrammsysteme bzw. Anwendungssysteme allgemein gelten heute dann als integriert, wenn die logische Funktionsgliederung (also Vertrieb, Materialwirtschaft, Finanzbuchhaltung) zwar noch als Transaktionsgliederung (Menueführung) dient, aber die Schnittstellen zwischen diesen Funktionsbereichen vom System selbst überwunden werden und die Daten nach Möglichkeit nur einmal erfaßt werden, nämlich am Entstehungsort.

Beispiele: Bei der Buchung einer Eingangsrechnung im Beschaffungssystem (als Teil der Materialwirtschaft) wird automatisch der offene Posten in der Kreditorenbuchhaltung angelegt.
Bei der Buchung eines Materialverbrauches wird das entsprechende Sachkonto entlastet, der Auftrag belastet und der Materialverbrauch an die Kostenrechnung gemeldet.

Der Integrationsaufwand steigt dabei überproportional im Verhältnis zur Anzahl der realisierten Anwendungen, also z. B. mit der Entwicklung integrierter Systeme für den gesamten kommerziellen Anwendungsbereich (horizontale Integration).

Der horizontale Entwicklungsprozeß ist heute noch nicht abgeschlossen; geringe Funktionalität innerhalb marktgängiger kommerzieller Modularprogrammsysteme weisen noch die operative Planung (Absatzplan, Bestandsentwicklungsplan, Produktionsprogramm und Bezugsplan als Teilpläne des Budgets) und die Instandhaltung auf. Die Berücksichtigung externer Zeitreihen (z. B. Import, Export, Produktion) für Korrelationsanalysen in der Primärbedarfsplanung ist noch nicht realisiert.

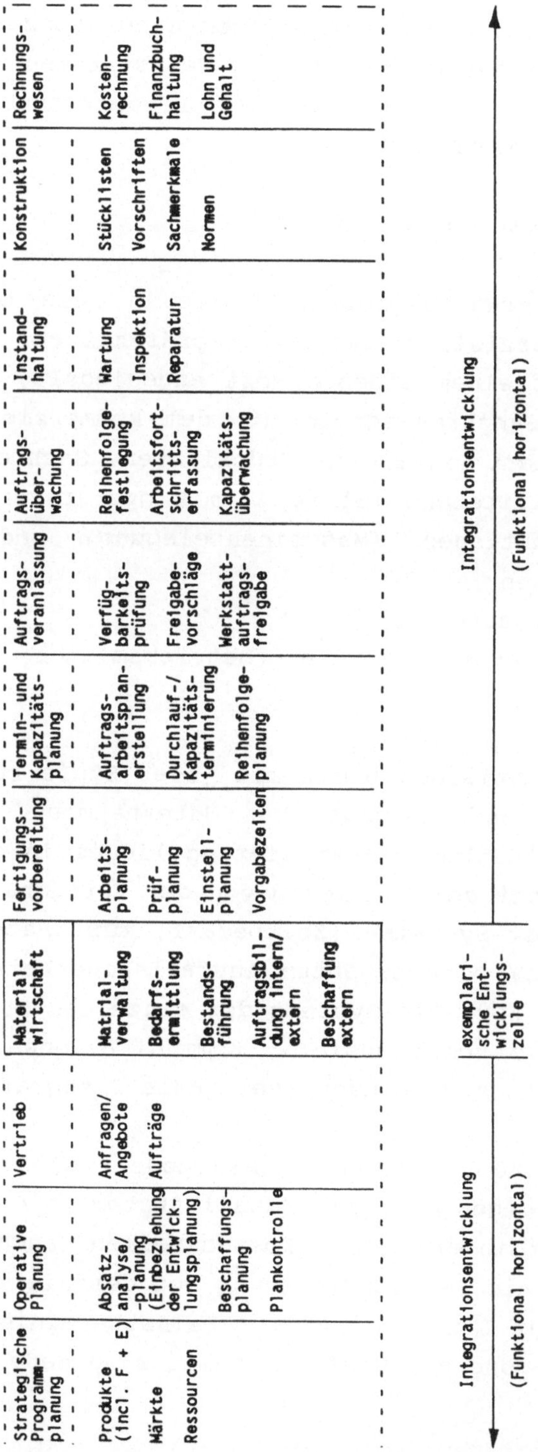

Strategische Programm-planung
Produkte (incl. F + E)
Märkte
Ressourcen
Operative Planung
Absatz-analyse/ -planung (Einbeziehung der Entwick-lungsplanung)
Beschaffungs-planung
Plankontrolle
Vertrieb
Anfragen/ Angebote
Aufträge
Material-wirtschaft
Matrial-verwaltung
Bedarfs-ermittlung
Bestands-führung
Auftragsbil-dung intern/ extern
Beschaffung extern
Fertigungs-vorbereitung
Arbeits-planung
Prüf-planung
Einstell-planung
Vorgabezeiten
Termin- und Kapazitäts-planung
Auftrags-arbeitsplan-erstellung
Durchlauf-/ Kapazitäts-terminierung
Reihenfolge-planung
Auftrags-veranlassung
Verfüg-barkeits-prüfung
Freigabe-vorschläge
Werkstatt-auftrags-freigabe
Auftrags-über-wachung
Reihenfolge-festlegung
Arbeitsfort-schritts-erfassung
Kapazitäts-überwachung
Instand-haltung
Wartung
Inspektion
Reparatur
Konstruktion
Stücklisten
Vorschriften
Sachmerkmale
Normen
Rechnungs-wesen
Kosten-rechnung
Finanzbuch-haltung
Lohn und Gehalt
Integrationsentwicklung
(Funktional horizontal)
exemplari-sche Ent-wicklungs-zelle
Integrationsentwicklung
(Funktional horizontal)

Abb. 5: Entwicklung kommerzieller Modularprogrammsysteme, Entwicklungszelle Materialwirtschaft

Die Weiterentwicklung des Integrationsmodells durch Einbezug der überwiegend technisch orientierten Funktionen (CA-Funktionen) und der Unternehmensstruktur führt zu hierarchischen Software- und Hardware-Architekturen. Abb. 6 zeigt eine Struktur, die sich aus Anwendungen eines Konzerns oder Produktbereichs, seiner Werke und den Teilsystemen für Teilefertigung, Montage, Transport- und Fördersysteme sowie Hochregallager zusammensetzt.

Demzufolge wird differenziert in:

- eine Planungs-/Verwaltungsebene (Stufe 1), die in erster Linie die kommerziellen Systeme repräsentiert; die CA-Systeme sind auf einem eigenen Host angesiedelt, die Kommunikation und Synchronisation mit dem kommerziellen System ist realisiert (z. B. für Stücklisten, Sachmerkmale);
- eine Fertigungsleitebene (Stufe 2) mit operativen Produktionsplanungsfunktionen (Maschinenbelegung) und Durchsetzungsfunktionen;
- die Durchführungsebene (Stufe 3);
- die Ebene der Arbeitssysteme (Betriebsmittel) mit BDE (Stufe 4).

Die Real-time-Orientierung nimmt mit jeder Stufe zu, ebenso die individuellen Anforderungen des Unternehmens. Die Vorteile der hierarchischen Strukturierung liegen in der relativen Unabhängigkeit der Fertigung von der Verfügbarkeit des kommerziellen Host-Systems (Zeitbedarf für Batch work, Mehrschichtbetrieb), der erhöhten Ausfallsicherheit und der arbeitsplatznahen EDV. Die Systeme der einzelnen Stufen werden durch ein Netz von Transfer-, Kommunikations- und Synchronisationsroutinen verbunden (vertikale Integration).

Es ist evident, daß in einem solchen Modell eine Software-Segmentierung erfolgen muß; die Kapazitätsterminierung z. B. läuft als Grobterminierung auf Kostenstellen/Maschinengruppen auf Stufe 1, als Feinterminierung auf definierten Fertigungsmaschinen auf Stufe 2 und als Feinstterminierung bzw. Reihenfolgefestlegung auf Stufe 3. Damit sind neue Software-

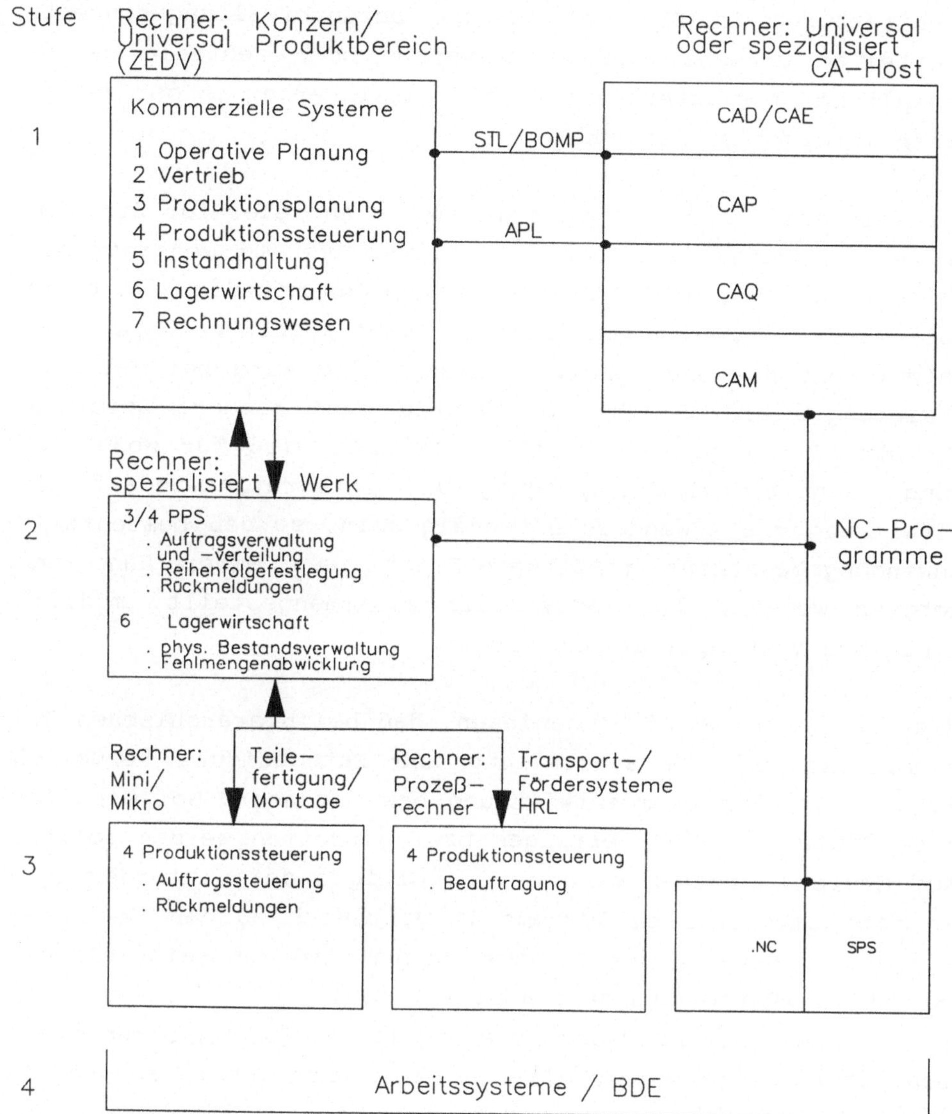

Abb. 6: Grobdarstellung eines hierarchischen Software- und Hardware-Modells[3]

(Die Funktionen der Datenverwaltung, des Report-Systems, der Belegerstellung und Textverarbeitung sind jeder Stufe zuzuordnen und in diesem Bild nicht explizit dargestellt; sie sind als stufenunabhängige bereichsübergreifende Module zu betrachten.)

Architekturen in PPS und moderne Datenverwaltungskonzepte (verteilte Datenbankmanagementsysteme oder zentrale Datenverwaltung im Cluster) zur Konsistenzsicherung in der vertikalen Integration notwendig.

Zur Zeit existieren nur spezialisierte Anbieter für die einzelnen dargestellten Stufen. Software-Systeme moderner Architekturen, die alle Stufen in einem Guß mit übergreifender Datenverwaltung umfassen, sind am Markt nicht verfügbar; das Datenredundanz- und Schnittstellenproblem wird bei der Realisierung hierarchischer Strukturen noch längere Zeit zum Projekt-Alltag gehören. Auch in Zukunft wird für Modellierung, Schnittstellenausprägung und Integrationsbedarf die Mitwirkung des Anwenders notwendig sein, so daß bestenfalls Anwendungsbausteine ("Software-IC's") aus einer Hand angeboten werden, die individuell zusammengestellt, modifiziert und verknüpft werden müssen.

Hier sei auch darauf hingewiesen, daß bei hierarchischen Systemstrukturen die Beurteilung und Entscheidung bezüglich Eigen- und/oder Fremdentwicklung bzw. Standard-Software für jede Stufe gesondert erfolgen bzw. getroffen werden sollte. Auf Stufe 1 ergeben sich u. U. völlig andere Anforderungen an die kommerziellen Systeme im Vergleich zu den CA-Anwendungen. Im Bereich der CA-Anwendungen wird man beispielsweise auf bewährte Standard-Applikationssysteme für CAD, CAE (z. B. FEM) oder NC-Programmierung (z. B. EXAPT) zurückgreifen, während im kommerziellen Bereich auch heute noch häufig die Meinung vorherrscht, daß mit Eigenentwicklungen der Wettbewerbsvorsprung gehalten oder erzielt werden kann (obgleich dies mit Standard-Software ebenso möglich ist). Für die Fertigungsleitebene und die darunter liegenden Stufen, wo die individuellen Anforderungen der Fertigung abzudecken sind (Einflußparameter: Grad der Mechanisierung/Automatisierung, Maschinenpark, Fertigungstechnologie), kann Eigen- oder Fremdentwicklung durchaus die wirtschaftlichste oder einzig mögliche Realisierungsform sein. Auch hier gilt, daß die richtigen Entscheidungen nur dann getroffen werden können, wenn sie auf der Basis eines Rahmenkonzeptes zur Informationslogistik abgeleitet werden können. Die Konzeption ist dabei umso wichtiger, je breiter (horizontal) und tiefer (vertikal) die Systemstrukturen sind.

4. Zentralisierung oder Dezentralisierung

Es gibt wahrscheinlich keine Fragestellung, die bei der Planung von Informationssystemen zwischen Planungsinstanz und Anwender so intensiv diskutiert wird, wie die der Zentralisierung oder Dezentralisierung der Systeme. Dezentralisierung soll hier so verstanden werden, daß die Software und Hardware in den Anwenderbereichen installiert wird, d. h. nicht nur eine dezentrale Funktionsausübung beim Anwender an einem zentralen Host-System erfolgt.

In der Regel haben dezentrale Installationen - durch die potentiell höhere Flexibilität - eine höhere Akzeptanz beim Anwender als Zentral-Installationen. Diese Frage kann aber nicht nur über die Akzeptanz entschieden werden, sondern durch Gewichtung und Bewertung aller Einflußfaktoren. Wesentliche Einflußfaktoren neben der Anwender-Akzeptanz sind:

- die Aufbauorganisation des Unternehmens und damit

  . der Funktionsinhalt von Zentralbereichen in einem Konzern. Übt der Zentralbereich Materialwirtschaft z. B. operative Beschaffungsfunktionen für Fertigungsmaterial aus, werden die Dispositions- und Beschaffungssysteme der Bedarfsträger (Werke) und des Zentralbereiches zwangsläufig entkoppelt, wenn auf beiden Seiten Systemunterstützung benötigt wird. Der Bedarfsträger disponiert primärbedarfs- oder verbrauchsorientiert, der Zentralbereich beschaffungsorientiert unter Berücksichtigung eventueller Mehrfachverwendung und der Beschaffungsmarktsituation. Es entstehen dezentrale und ein zentrales System, die mit Schnittstellen- bzw. Synchro-

nisationsprogrammen wieder teilintegriert werden müssen
(Probleme bzgl. Preis- und Lieferterminaustausch und
Materialstammsatzbewertung).

. die Rechtsform der Unternehmens- bzw. Betriebseinheiten
eines Konzerns. Rechtlich selbständige Einheiten (eigene
Bilanzierungskreise) sind geradezu prädestiniert für einen dezentralen Systemeinsatz, wenn sich die Kosten
"rechtfertigen" lassen. Rechtlich unselbständige Einheiten eignen sich potentiell um so weniger für eine dezentrale Installation, je geringer deren Autonomiegrad
in den auszuführenden Funktionsbereichen ist (z. B. Werke, die nur fertigen; Vertrieb, Disposition, Beschaffung, Kostenrechnung etc. werden zentral wahrgenommen).
Allerdings ist in diesem Fall denkbar, daß z. B. Werk-
stattsteuerungssysteme dezentral installiert werden, die
an das übergeordnete Produktionsplanungssystem angeschlossen sind und von dort ihre Aufträge erhalten. Dies
führt zu hierarchischen Systemstrukturen in der Misch-
form zentraler/dezentraler Installationen.

. die aufbauorganisatorische Zuordnung der Organisations-
einheit(en) für Planung und Realisierung von Informationssystemen. Zersplitterte Zuständigkeiten führen häufig auch zu zersplitterten Informationssystemen.

Dies gilt insbesondere für die organisatorische Eingle-
derung der kommerziellen und technischen Datenverarbeitung. Sind diese beiden DV-Kernbereiche unterschiedlichen Vorstands-Ressorts oder Geschäftsbereichen zugeordnet, entwickeln sich in der Praxis autonome DV-Dependan-
cen.

- der Verflechtungsgrad der Warenströme auf unterschiedlichen Wertschöpfungsstufen zwischen den Einheiten eines
Unternehmens. Je dichter die Warenströme sind - und damit
die Datenströme -, desto höher ist eine Zentral-Installa-
tion zur Koordination und Steuerung der gesamten Abwick-

lung zu bewerten, unabhängig vom Autonomiegrad oder der
Rechtsform der Leistungserbringer bzw. -empfänger.

- die technische Realisierbarkeit einer Installation, wobei
Entfernungen, Qualität der - öffentlichen - Kommunika-
tionsnetze und daraus resultierende Antwortzeiten zu beachten sind.

- die Verfügbarkeit eines Zentralsystems unter Berücksichtigung des täglichen Zeitbedarfes für Batch work und den Möglichkeiten, Back up-Kapazität zu installieren. Werke mit
Mehrschichtbetrieb werden in der Regel über Werkstatt-
steuerungssysteme verfügen müssen, um einen Auftragsvorrat
abarbeiten zu können, wenn das Host-Sytem mit Batch work
belastet ist (Tagesabschlußprozeduren etc.).

- die Standorte des Unternehmens. Ausländische Gesellschaf-
ten - die ohnehin über eine rechtlich selbständige Rechtsform verfügen - sind durch die nationalen Eigenheiten
(z. B. beim Sozialversicherungsrecht und der Steuergesetz-
gebung oder bezüglich der Sprache) noch mehr als inländi-
sche rechtlich selbständige Einheiten für dezentrale DV-
Lösungen prädestiniert. Trotzdem kann es mit erheblichen
Vorteilen verbunden sein, Rechenzentren für z. B. einen
Sprach- oder Wirtschaftsraum einzurichten, wenn dichte Warenströme fließen, die Installation technisch realisierbar
ist, die Verfügbarkeit gegeben ist etc.

- der Automatisierungsgrad von Betriebseinheiten. Werke, die
über eine maschinelle Auftragssteuerung, maschinelle Pro-
duktions-, Transport- und Fördersysteme und maschinelle
Hochregallager verfügen, müssen natürlich geeignete Dis-
positions- und Steuerungssysteme installieren.

- die Größe einer Installation; wenn eine DV-Installation
eine "kritische Masse" an Anwendern (Endgeräten) erreicht,
ist beim Einsatz von Standard-Software ein zügiger Releasewechsel nicht mehr gewährleistet. Das Unternehmen gerät

u. U. in einem Wettbewerbsnachteil, weil notwendige Funktionsergänzungen des Anwendersystems nicht implementiert werden können. Die kritische Masse hängt u. a. davon ab, wie groß das Projektteam ist, wieviele Module der Software implementiert sind, wieviele Sprachräume geschult werden müssen etc.; sie ist damit von Unternehmen zu Unternehmen verschieden.

- die jeweils betrachtete Funktion; wenn z. B. die kommerziellen Systeme in einem Unternehmen oder Produktbereich/ Werk als zentrale Host-Anwendungen laufen, ist der Trend erkennbar, daß man die Funktionen der Bürokommunikation (Textverarbeitung, Graphik, Tabellenkalkulation, Mailing) mit Hilfe von Lokalbereichsnetzen, Servern und intellegenten Workstations dezentralisiert. Mit Down/Up loads können auch lokale Datenbestände verwaltet, modifiziert und auf den Host zurückgeladen werden. Der Anwender kann individueller arbeiten.

- nicht zuletzt der Kostenvergleich einer zentralen zu einer dezentralen Installation.

Die Reihenfolge der genannten Einflußfaktoren ist naturgemäß nicht identisch mit deren Bedeutung bei der konkreten Planung von Installationstopologien für ein Unternehmen, teilweise sind sie interdependent. Die Aufzählung kann auch nicht vollständig sein, da jedes Unternehmen andere Voraussetzungen, Restriktionen und Organisationsmerkmale aufweist bzw. einbringt. Sie zeigt jedoch, daß Zentralisierung und/ oder Dezentralisierung keine Philosophie sein kann, sondern Ergebnis einer sorgfältigen Analyse der Anforderungen, Einflußfaktoren und technischen Möglichkeiten. So wie sich die Analysegrundlagen und die Unternehmensorganisation verändern, muß sich das Konzept für den Einsatz von Informationssystemen verändern. Dabei sollte der Anwender wie ein Kunde betrachtet werden, über dessen Zufriedenheit die Qualität der Dienstleistung "Systementwicklung" beurteilt werden kann.

B.   S i t u a t i o n s a n a l y s e

Der Zeitraum zur Installation einer modernen Informationslogistik hat mittel- bis langfristigen Charakter (auf jeden
Fall mehrere Kalenderjahre). Es ist deshalb nicht angezeigt,
eine Detail-Situationsanalyse - beispielsweise mit Ablauf-
plänen vom Auftragseingang bis zum Zahlungseingang - unmit-
telbar nach der Projektdefinition durchzuführen, da sich die
Unternehmen organisatorisch über die Projektlaufzeit weiter-
entwickeln und die Wartung der Dokumentation mit erheblichem
Aufwand verbunden sein kann. Das gleiche gilt für die
Schwachstellenanalyse, die auf eine geordnete Sammlung der
bedeutendsten Schwachstellen reduziert wird.

Wie die nachfolgende Abbildung zeigt, wird die Gesamtanalyse
sukzessive erhoben.

Projektphasen			
B. Situations- analyse	C. Grobkonzept, An- forderungsanalyse	// //	H. Feinkonzept
Unternehmensprofil Typisierung des Betriebes DV-Anwendungsumfang Organigramm Mengen-/Zeit-/ Wertgerüst Schwachstellen- sammlung	Qualitative Aus- prägung aller be- trieblichen Funk- tionen Ist : Soll (mit dem Standard- strukturplan An- forderungsanalyse*) DV-Durchdringungs- grad	// //	Ergänzende Detail- analysen pro Funktionsbereich

                    steigender Detaillierungsgrad ⟶

Abb. 7: Situationsanalyse im Phasenmodell
        *Zu "Standardstrukturplan Anforderungsanalyse"
          siehe C.3

Die Analysen bzw. Erhebungen der Phasen B und C dienen in erster Linie dazu, die Daten und Informationen zu gewinnen, die für die Produktentscheidung (Software, Hardware) notwendig sind. Die Analysen in der Phase Feinkonzept sind die Grundlage für das Realisierungskonzept, den Implementierungsrahmenplan und die Soll-Ablauforganisation, die in hohem Maße von der Standard-Software selbst vorgegeben wird. Die Soll-Ablauforganisation kann deshalb erst nach der Ausbildung des Projektteams am Anwendungs-System entwickelt werden. Systementwicklung (SE) und Organisationsentwicklung (OE) gehen Hand in Hand (Abb. 8).

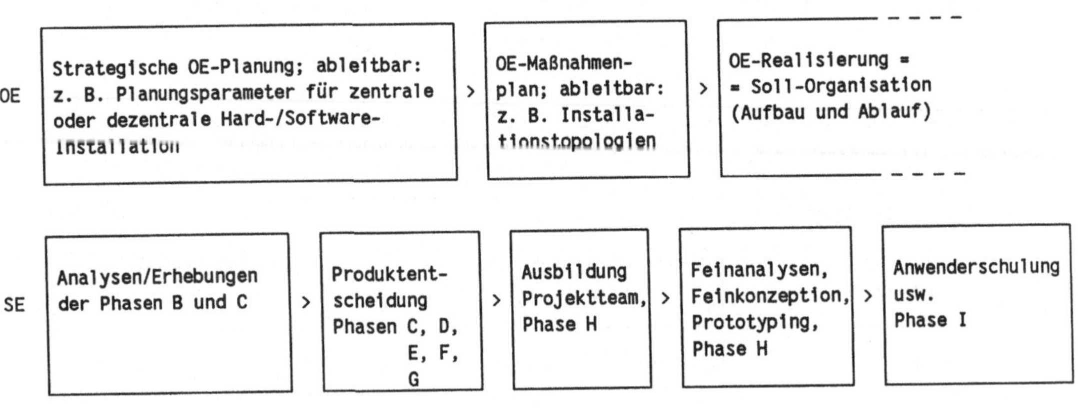

Abb. 8: Parallele System- und Organisationsentwicklung

1. Unternehmensprofil

Das Unternehmensprofil beschreibt die wesentlichen Unternehmensdaten wie

- Rechtsform, Beteiligungsverhältnisse, Standorte, Beschäftigte (Lohn-/Gehaltsempfänger);

- Umsatzentwicklung (nominal/real) z. B. der letzten 5 Jahre in der Aufteilung nach A-Kunden, Schlüsselmärkten und -branchen, Ergebnisentwicklung;
- Produktprogramm aktuell und geplant (F + E-Projekte, Konstruktionserzeugnisse);
- Produktionskapazitäten, Auslastung z. B. der letzten 5 Jahre, Durchlaufzeiten für Repräsentativ-Fertigungsaufträge, repräsentative Losgrößen.

Ergänzend dazu kann das Unternehmen in einem (betriebswirtschaftlichen) Kennzahlensystem dargestellt werden.

Das Unternehmensprofil ist sinnvollerweise so zu gliedern, daß sensible interne Daten und Kommentare von allgemein beschreibenden externen Daten getrennt sind. Der externe Teil wird in das Pflichtenheft zur Information der Anbieter übernommen.

2. Typisierung des Betriebes

Die Typisierung des Betriebes (Abb. 9) führt bereits zu ersten Anforderungen an das auszuwählende System. Das Merkmal "2. Technologie" führt z. B. bei mechanischer Technologie zu Stücklisten/Arbeitsplänen, bei chemischer Technologie zu Rezepturen und Mischungsvorschriften. Das Merkmal "7. Dispositionsart kunden- bzw. programmorientiert" korrespondiert mit der deterministischen bzw. stochastischen Bedarfsermittlung. Zur Darstellung eignet sich der "Morphologische Kasten".

Die betriebstypologischen Merkmale bzw. deren Zuordnung zu einem realen Betrieb werden im späteren Auswahlverfahren nicht dazu herangezogen, "Betriebstypen" und "Systemklassen" zu bilden, wie es beispielsweise das Bewertungs- und Auswahlverfahren BAPSY II des Forschungsinstitus für Rationalisierung der RWTH Aachen für die Vorauswahl von PPS-Systemen vorsieht[4]; sie dienen der systematisierten Darstellung gegebener Merkmalsausprägungen, die Hilfestellung bei der An-

bieterauswahl in der Marktanalyse leisten können und dem
Pflichtenheft bzw. den Angebotsunterlagen beigefügt werden.

Betriebstypisierung   Betrieb: ABC

Merkmal	Merkmalsausprägungen							
1. Art der Stoffverwertug	Industrie mit ana-lytischer Stoffver-wertung		Industrie mit durch-laufender Stoffver-wertung		Industrie mit synthe-tischer Stoffver-wertung	1		
2. Im Betrieb eingesetzte Technologie	mechanische Technologie	1	chemische Technologie					
3. Richtung der Spezialisierung	materialgebundene Spezialisierung		verfahrens- bzw. prozeßgebundene Spezialisierung		bedarfs- bzw. verwen-dungsgebundene Spezialisierung	1		
4. Erzeugnisspektrum	Erzeugnisse nach Kundenspezifi-kation	3	Typisierte Erzeugnis-se mit kundenspezifi-schen Varianten	3	Standarderzeugnisse mit Varianten	2	Standarderzeug-nisse ohne Varianten	
5. Erzeugnisstruktur	einteilige Erzeug-nisse		mehrteilige Erzeug-nisse mit einfacher Struktur		mehrteilige Erzeug-nisse mit komplexer Struktur	1		
6. Auftragsauslösungsart (Marktbeziehungen)	Produktion des Fer-tigerzeugnisses auf Bestellung mit Einzelaufträgen	2	Produktion des Fer-tigerzeugnisses auf Bestellung mit Rahmenaufträgen		Produktion des Fer-tigerzeugnisses auf Lager	3		
7. Dispositionsart	Disposition kunden-auftragsorientiert	2	Disposition programm-orientiert	3				
8. Beschaffungsart	Fremdbezug Fertigerzeugnisse	4	Fremdbezug Fertig-teile/Baugruppen	3	Fremdbezug Rohstoffe	1		
9. Fertigungsart	Einzelfertigung	3	Kleinserienferti-gung	2	Mittel-/Groß-serienfertigung		Massenfertigung	
10. Fertigungsablaufart	Baustellenferti-gung		Werkstattfertigung	1	Gruppen-/Linien-fertigung		Fließfertigung	

Legende: 1 = gänzlich   2 = überwiegend   3 = teilweise   4 = unbedeutend

Abb. 9: Beispiel zur Betriebstypisierung

3. DV-Anwendungsumfang

Der DV-Anwendungsumfang wird über alle Funktionsbereiche des
Unternehmens erhoben (im Beispiel: technisch-wissenschaftliche Anwendungen). Die Matrix-Darstellung in Abb. 10 läßt
beliebige Detaillierungen zu.

IST-Zustand: EDV-gestützte technisch-wissenschaftliche und CA-Anwendungen

Hardware	Software	Anwendungen		
		Betrieb A	Betrieb B	Betrieb C
IBM XT 256 KB	Spezialsoftware für Prüfplatz Fluke		Qualitätssicherung Prüf-Software-Erstellung für Meßplätze	
IBM AT 02 512 KB 1 Drucker	Standard		Physiklabor techn., wissenschaftliche Berechnungen	
IBM XT 256 KB 1 Drucker	Standard "Dash-2"		Elektronik-Konstruktion Stücklistenerstellung Schaltbildzeichnen für Leiterplatten CAE	
PDP11	Calay		Leiterplattenentflechtung Erstellung der Fabrikationsunterlagen CAE	
IBM XT 256 KB 1 Drucker	Standard		Applikation techn.-wissenschaftliche Berechnungen Kundenspezifische Meßplatzsoftware	
Commodore 8296 1 Drucker	Standard		Ersatzteilliste Kundensoftware Basic-Programmierung für kundenspezifische Geräteanpassungen	
DEC Host 750/780 2 Terminals 1 Drucker	Exapt	NC-Programmierung für 12 Maschinen		
Kontron	Unix V7 Eigenentwicklungen in C, Standardsoftware "PLOT"			Stücklistenverwaltung SPS-Software-Entwicklung Erstellen von Schaltskizzen (CAE)
IBM AT 03 512 KB 1 Drucker 2 Asynchronadapter zum Anschluß der Gildemeister CT40	"Gildemeister Datapilot"		NC-Programmierung Simulation von Bearbeitungsvorgängen Werkzeugverwaltung (NC-Maschinen)	

----- = CAE (Elektronik)

_._._ = NC-Programmierung

_____ = Technisch-wissenschaftliche Berechnungen, Softwareerstellung (SPS) usw.

Abb. 10: Situationsanalyse DV-Anwendungsumfang (Auszug)

Der DV-Durchdringungsgrad kann erst nach erfolgter "Anforderungsanalyse" ermittelt werden, wenn das DV-Einsatz-Idealprofil vorliegt (siehe C.5).

4. Organigramme

Im betrieblichen Alltag kommt der Pflege des Organigramms zur Darstellung institutionalisierter Funktionseinheiten oft geringe Bedeutung zu. Veränderungen werden meist nur dann dokumentiert, wenn sie Ergebnisse einer geplanten größeren Reorganisationsmaßnahme sind; Aufgabe, Kompetenz und Verantwortung von Stellen gemäß Stellenbeschreibung stimmen häufig nicht mit dem Organigramm überein.

Es ist deshalb angezeigt, eine Überprüfung bzw. Aktualisierung der Dokumentation der Aufbauorganisation vorzunehmen und den Kontakt mit der Instanz aufzunehmen, die für die (strategische) Organisationsentwicklungsplanung zuständig ist. Die aufbauorganisatorische Veränderungsplanung (vom Ist zum Soll) stellt - wie bereits angesprochen - nicht nur eine Randbedingung dar, sondern ist **prägende Größe** zukünftiger Systemstrukturen.

5. Mengen-/Zeit-/Wertgerüst

Die wesentlichen Struktur- und Kapazitätsdaten eines Unternehmens werden in Form eines Mengen-/Zeit-/Wertgerüstes dargestellt. Diesen Daten kommt deshalb hohe Bedeutung zu, weil sie als Parameter sowohl potentiell einsetzbare Applikationssysteme - und damit den groben Anbieterkreis - bestimmen, als auch die Basis für die spätere Hardware-Definition (Kapazitäts-Analysen) bilden. Mit dem Mengen-/Zeit-/Wertgerüst wird auch ein erstes Mengengerüst für die zukünftige Anzahl Bildschirme pro Organisationseinheit definiert.

Die Erhebung des Mengen-/Zeit-/Wertgerüstes erfolgt mit einem standardisierten Katalog; Abb. 11 zeigt einen Auszug für den Erhebungsbereich "Vertrieb".

Mengen-/Zeit-/Wertgerüst   - 11 -

Vertrieb

---

3. Mengenerhebung Vertriebsbelege, monatlich

Mengenerhebung Belege	Beleg-anzahl	davon Sammel-belege	Anzahl Artikel-Pos. pro Beleg ∅	Anzahl Textzeilen		Kommunika-tionsmittel	
				auftrags-bezogen ∅	positions-bezogen ∅	Post 1)	DFÜ/ BTX
Anfragen	400		10	5	1	x	
Angebote	400		10	8	3	x	
Aufträge	2.400		7	10	3	x	
Lieferabrufe	1.800		5	-	3		x
Auftragsbestätigung	2.100		20	10		x	
Versandanweisungen	3.200		10	4	1	x	
Lieferscheine	2.900	350	10	2	1	x	
Rechnungen	2.950	354	10	12	3	x	
Gutschriften	200		2	3	1	x	
Lastschriften	45		2	3	1	x	
Barverkäufe	20		1				
Ladelisten	683		15				
Adressaufkleber	3.065						
Frachtbriefe	749						
Expressgutkarten	544						
Sonstige							
Verpackungs-Etiketten	400.000						

1) unter Post: Briefsendungen, Fernschreiben, Telefax, Fernkopierer, Telefongespräche,
   Telegramme etc.

Abb. 11: Erhebungskatalog "Mengen-/Zeit-/Wertgerüst"
         (Auszug)

6. Glossar

In der Situationsanalyse muß damit begonnen werden, ein Pro-
jektglossar anzulegen, das alle in der Projektarbeit beleg-
ten Fachbegriffe für die Beteiligten inhaltlich verbindlich
festlegt. Das Glossar ist über die gesamte Projektlaufzeit
zu warten und zu ergänzen.

Die Notwendigkeit eines solchen Instrumentes zur Sprach-
regelung wird besonders deutlich, wenn man bedenkt, welche
unterschiedlichen Definitionsinhalte beispielsweise Begriffe
wie "PPS", "Materialwirtschaft" oder "Zeitwirtschaft" auch
in der Fachliteratur erfahren. Das Glossar ist ein wesentlicher Wirtschaftlichkeits- und Kommunikationsfaktor in der
Projektarbeit.

T - U	G L O S S A R	06/86
	—— Informationslogistik ——	

Transportzeit:

Die Transportzeit ist der durchschnittliche Zeitbedarf, der benötigt
wird, ein zu bearbeitendes Werkstück von einem Arbeitsplatz zum
nächsten Arbeitsplatz zu transportieren (einzeln oder in Losen).

Trigger-Funktion:

Das zeitlich oder statusabhängig definierte Auslösen eines Ablaufs
oder Programmes durch das System.

TVN:

Abkürzung für Teileverwendungsnachweis

Typisierte Erzeugnisse:

Typisierte Erzeugnisse sind Erzeugnisse, die aufgrund innerbetrieb-
licher Gesichtspunkte so gestaltet werden, daß eine weitgehende Vereinheitlichung der Produkte für einen bestimmten Gebrauchszweck erreicht wird (dadurch kommt es innerhalb des Fertigungsprozesses zu
Losgrößen- und Teilefamilienbildung).

Übergangszeit:

Die Übergangszeit ist die Zeitspanne zwischen zwei Arbeitsgängen.
Während dieser Zeitspanne wird das Erzeugnis nicht weiterbearbeitet.

Überlappung:

Überlappung ist das zeitliche Ineinandergehen von Arbeitsgang (n) und
Folgearbeitsgängen zur Verkürzung der Durchlaufzeit.

Umlaufmaterialbewertung:

Bewertung von im Fertigungsprozeß befindlichen Roh-, Hilfs- und Be-
triebsstoffen sowie Halb- und Fertigfabrikaten und Waren zu Herstellkosten zu einem Stichtag, um die durch Be-/Verarbeitung in der Produktion erfahrene Wertveränderung zu erfassen.

Umsatz extern:

Umsatz extern ist der Umsatz mit Drittkunden.

Umsatzfortschreibung:

Bei einer Umsatzfortschreibung wird beim Buchen von Rechnungen der Umsatz auf dem entsprechenden Debitoren-/Kreditorenkonto abgespeichert
(Erlös- und Wareneingangskonten).

Abb. 12: Glossar (Auszug)

C. Grobkonzept

Die Entwicklung des Grobkonzeptes hat die Schwerpunkte:

- Entwurf des Integrationsmodells zur **Informationslogistik/
Rahmenkonzept**;
- Weiterentwicklung der Struktur vom Funktionsbereich über
die Einzelfunktion bis zu deren möglicher Ausprägung;
- Fortführung der Situationsanalyse für die Einzelfunktionen
bzw. deren Ist-Ausprägung;
- Anforderungsanalyse beim Anwender mit Festlegung der Soll-
Ausprägung der Einzelfunktionen;
- Erstellung des Pflichtenheftes;
- Entwicklung eines **Werkzeuges**, das nach Möglichkeit die
Fortführung der Situationsanalyse, die Durchführung der
Anforderungsanalyse als auch die Pflichtenhefterstellung
unterstützt.

1. Entwicklung des Integrationsmodells zur Informationslogistik

Bei der Entwicklung eines Integrationsmodells für Informationssysteme ist es naheliegend, das Gedankengut, das dem
CIM-Modell zugrundeliegt, mit einfließen zu lassen. Im wesentlichen ist der CIM-Ansatz vergleichbar mit den Überle-
gungen, die zu hierarchischen Systemstrukturen führten
(siehe A.3.). Ausgehend von CIM wird auf den folgenden Seiten exemplarisch die Entwicklung einer informationslogistischen Systemlandschaft beschrieben, wobei als Kristallisa-
tionskern die kommerziellen Anwendungen gewählt wurden.

1.1 CIM (Computer Integrated Manufacturing)

Wesentlich für die begriffliche und inhaltliche Definition
des Computer Integrated Manufacturing waren folgende Überle-
gungen:

a) Gegenstand der Planung bzw. des Einsatzes von integrierten EDV-Lösungen ist nicht mehr der "Betrieb als Teilkomponente einer Wirtschaftseinheit", sondern das "Unternehmen als produktive Wirtschaftseinheit in seiner Ganzheit"; dadurch wird der Funktionsumfang von PPS (incl. Primärbedarfsverwaltung/Vertrieb) auf die primär betriebswirtschaftlich-planerischen Funktionen erweitert.

b) Die primär technischen Funktionen (CAD, CAE, CAP, CAM, CAQ) werden nicht diskret betrachtet, sondern als Unternehmensfunktionen integriert; z. B. ergibt sich eine natürliche Funktionsverquickung von betriebswirtschaftlichen und technischen Funktionen bei der Produktplanung und -entwicklung durch die konstruktionsbegleitende Kalkulation.

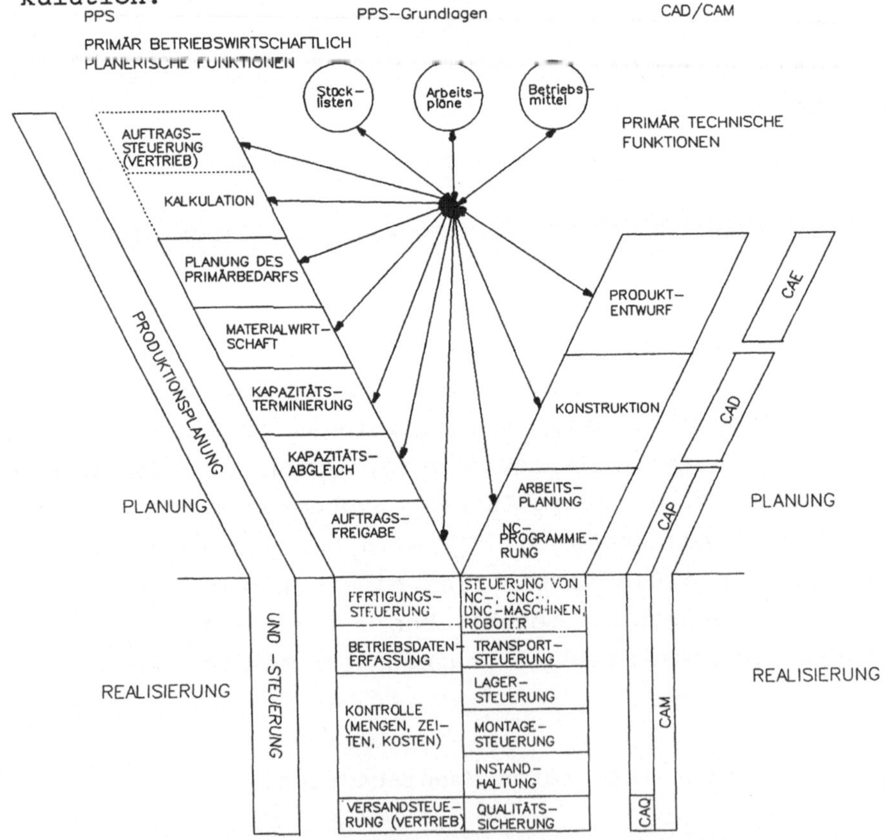

Abb. 13: Betriebswirtschaftliche und technische Funktionen in CIM-Systemen nach Scheer[5]

c) Die Struktur des Unternehmens hat Einfluß auf die Struktur der DV-Systeme. Dadurch ergibt sich - abgeleitet von der Funktionshierarchie - eine Systemhierarchie vom Konzern/Produktbereich bis zu den Arbeitssystemen in der Fertigung.

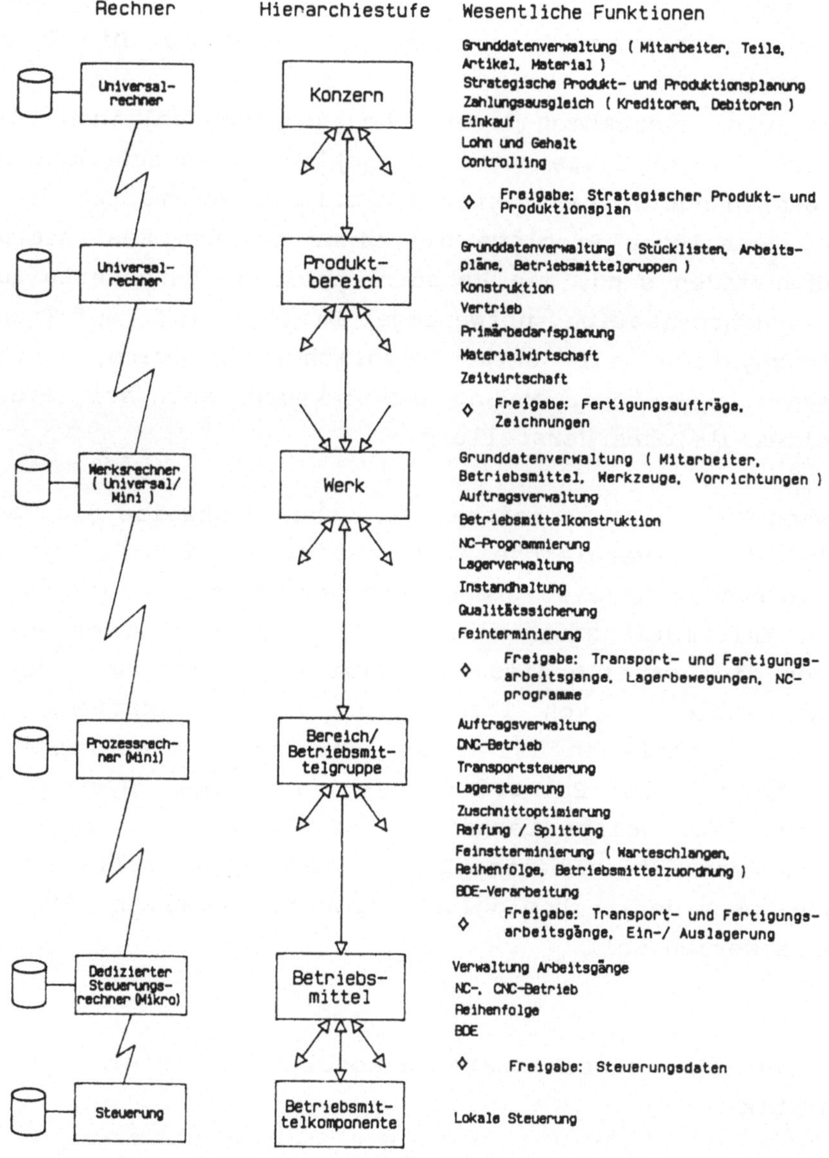

Abb. 14: Hierarchie der rechnergestützten Fertigung nach Scheer[5)]

Anmerkung zu Abb. 13: Die Funktionen des Rechnungswesens sind in diesem produktionsorientierten Modell auf die Kalkulationsfunktionen eingeschränkt. Andere Modelle - z. B. CAI von SIEMENS - beziehen das Rechnungswesen als betriebswirtschaftlich planerische Funktionen mit ein.

Produktive durchgängige CIM-Lösungen mit vergleichbarer Struktur sind bis heute erst selten realisiert. Die Gründe liegen darin, daß

- sich viele Unternehmen davor scheuen, einen völligen "Neuentwurf" ihrer Systementwicklungsplanung vorzunehmen und die bestehende Infrastruktur nicht in Frage stellen;
- viele technische Probleme bei einer solchen Realisierung zu überwinden sind, wie Rechnerkoppelung, Datenverteilung und -synchronisation, notwendiger Dialogzugriff auf Transaktionssysteme auf unterschiedlicher Hardware, unterschiedliche Systemanwendungsarchitekturen auch bei Hardware eines gleichen Herstellers.

Auch wenn CIM in Teilbereichen "... eher Denkweise als Technologie"[6] ist (vergleiche MIS), ist es ein innovatives zukunftsweisendes Modell. Große Unternehmen bzw. große Anwender der Informationstechnologie haben aufgrund ihrer Anforderungen die Vorteile dieser Denkweise erkannt und arbeiten mit den Anbietern von Informations-, Kommunikations- und Nachrichtentechnik an der Lösung der technischen Probleme. Wer heute mit dem Entwurf seiner zukünftigen Systeme beschäftigt ist, sollte technische Schwierigkeiten nicht als Planungs-Restriktion betrachten, sondern als Realisierungsaufgabe, wenn der technologische Anschluß gehalten oder hergestellt werden soll.

1.2 Entwicklung eines konkreten Modells zur Informationslogistik

Die Entwicklung dieses Modells soll im folgenden Beispiel mit den kommerziellen Systemen als Entwicklungskern demonstriert werden. Die kommerziellen Systeme sollen die opera-

tive Planung, den Vertrieb, PPS, Instandhaltung, Lagerwirt-
schaft/Bestandsführung, Konstruktion (Stücklistenwesen,
Sachmerkmale, Normen) und Rechnungswesen (Kostenrechnung,
Finanzbuchhaltung, Lohn und Gehalt) umfassen. Alle anderen
Anwendungen werden zunächst als Funktionscluster um die kommerziellen Anwendungen angeordnet. Es soll ein Produktbereich als Sachleistungsbetrieb zugrundegelegt werden, der
selbst bilanziert, aber an eine Zentrale berichten muß. Wesentlich ist die möglichst vollständige Erfassung der Anwendungen, aber noch nicht deren detaillierte Spezifizierung.

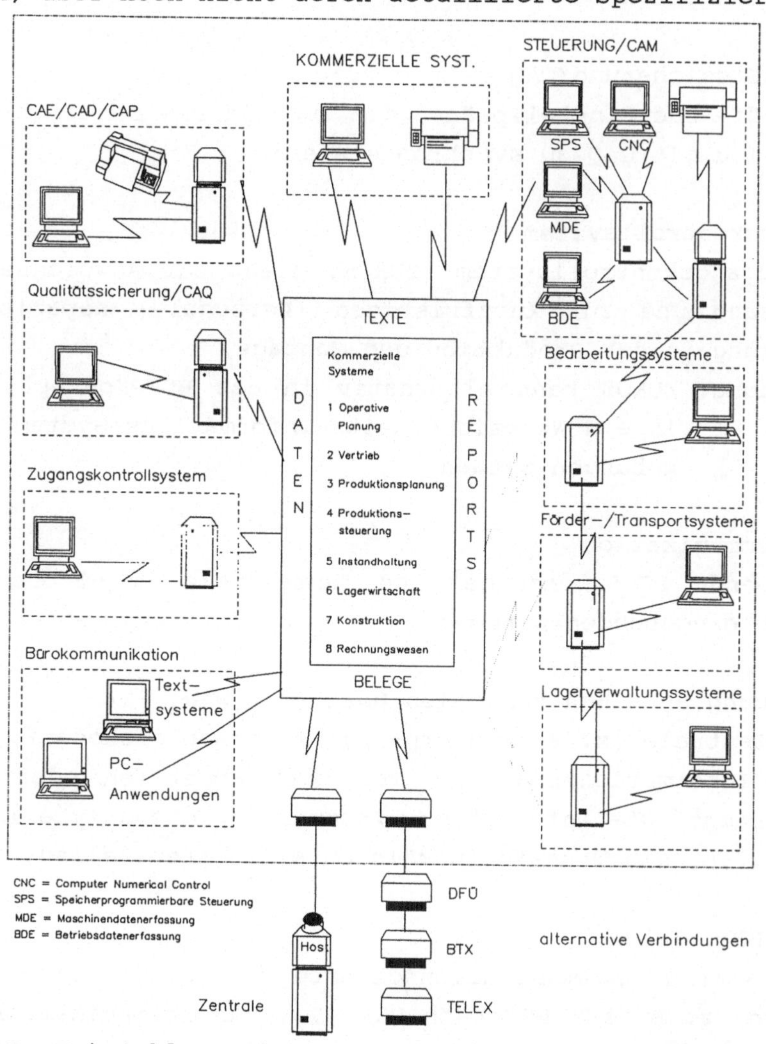

Abb. 15: Entwicklungsphase I zur Informationslogistik:
Entwicklungskern kommerzielle Systeme und seine
Umsysteme

Erläuterungen zu den Verbindungen der kommerziellen Systeme
zu den "Umsystemen" in der Graphik:

- CAE/CAD/CAP
  Die Arbeitspläne und Stücklisten werden in den kommerziellen Systemen **verwaltet** (Systembereich "7 = Konstruktion"
  verwaltet die Stücklisten, Sachmerkmale und technischen
  Vorschriften; die Arbeitsplanung ist Teil der Produktionsplanung); die Datensynchronisation von CAD/CAP zu PPS ist
  sicherzustellen;

- Qualitätssicherung/CAQ
  Die Prüf- und Einstellpläne, die auch in PPS benötigt werden, sind mit CAQ zu synchronisieren;

- Zugangskontrollsystem
  Ein Zugangskontrollsystem (ZUKOS) dient zur Anwesenheits-
  erfassung und zur kurzfristigen (Personal-) Kapazitäts-
  steuerung in der Produktion und Montage;
  Anmerkung: ZUKOS kann alternativ in das BDE-Konzept oder
             in ein Werksicherheits-Informations-System ein-
             gebunden werden.

- Bürokommunikation
  Bestehende PC-Anwendungen und Textsysteme im Bürobereich
  sollen eingebunden werden;

- Anbindung an einen zentralen Host (mit WAN)
  Eine Zentrale (z. B. Konzern) hat Informationsbedarf, bzw.
  Daten/Informationen werden von dort abgerufen oder dort
  hinterlegt. Die Informations-/Kommunikationsanalyse ist zu
  erstellen, die Transferfunktionen sind darzustellen;

- DFÜ, BTX, Telex
  Die externen Kommunikationsdienste sollen mit einbezogen
  werden, z. B. für DFÜ nach VDA 49.. zur Kommunikation mit
  Automobil-Erstausrüstern;

- Steuerung/CAM
  BDE und CAM bilden die Schnittstelle zur Produktionssteuerung;

  . Bearbeitungssysteme
  Programmgesteuerte Bearbeitungssysteme (Fertigungsmaschinen und -einrichtungen) werden an die Kommunikationsinfrastruktur angeschlossen;

  . Förder-/Transportsysteme
  (Teil-)Automatisierte Förder- und Transportsysteme (FTS, sonstige Fördereinrichtungen) müssen beauftragt und gesteuert werden können;

  . Lagerverwaltungssysteme
  Lagerverwaltungssysteme für automatisierte Paletten-/Kasten-Läger sind zu integrieren;

Die Planungsparameter für die weitere Entwicklung des Modells sind die gewünschte Integration und der Grad der Zentralisierung/Dezentralisierung der Systeme (siehe A.3/4) oder in anderen Worten:

- die globalen Anforderungen aus den betrieblichen Teilbereichen, insbesondere die des Marktes (Vertrieb) und der Produktion;
- die Struktur des Unternehmens selbst.

Der betrachtete Produktbereich soll folgende Merkmale und Anforderungen aufweisen:

- Er hat mehrere Werke und Standorte, die teilweise mehrschichtig produzieren und Güter auf unterschiedlichen Wertschöpfungsstufen austauschen. In den Werken laufen z. Z. die Planungen für die Automatisierung der Materialflußsysteme mit (teil-)automatisierten Lagerverwaltungssystemen. Die Werksstandorte sind ausnahmslos im Inland. Aufgabe der Werke ist ausschließlich die Produktion.
- Die Funktionsbereiche operative Planung, F + E, Vertrieb,

Beschaffung und Rechnungswesen werden im Produktbereich zentral wahrgenommen. Die Datenverwaltung, die Belegerstellung, das Report-System, die Methoden/Modelle (z. B. für Bedarfsermittlung/Prognose) und die Bürokommunikation sollen für den gesamten Produktbereich einheitlich sein ("bereichsübergreifende Module"); falls das nicht realisierbar ist, soll die Einheitlichkeit zumindest für die zentralen Funktionsbereiche einerseits und die Werke andererseits gegeben sein. Die führende Datenverwaltung ist der Ebene Produktbereich zugeordnet.

- Die Werke werden von den zentralen Funktionsbereichen beauftragt. Die Produktionsplanung (und Produktionsprogrammplanung) erfolgt zentral. Werksübergreifende Stücklisten und Arbeitspläne unterstützen die zentrale Termin- und Warenstrom-Steuerung; die Werke sollen über Feinterminierungsfunktionen, Produktionssteuerung und Lagerverwaltung verfügen.

- Die CA-Systeme sollen auf **einer** Methoden-/Modell-, Dokumentations- und Verfahrensdatenbank basieren.

Diese Beschreibung soll ausreichen, die zweite Entwicklungsphase für die Systemlandschaft des Produktbereiches anzugehen. Die Merkmale und Anforderungen werden zunächst nach den Kriterien

- zentral (dem Produktbereich zuzuordnen)
- dezentral (den Werken zuzuordnen)

klassifiziert.

Der **Produktbereich** benötigt für die Durchführung seiner Aufgaben kommerzielle Systeme für die operative Planung, für Vertrieb, Produktionsplanung, Beschaffung und Rechnungswesen. Diese sollten auch die Auftragsveranlassung (für die Bildung und Weitergabe von Fertigungsaufträgen an die Werke) und die Auftragsüberwachung (Termine, Mengen) umfassen. Für die F + E, CAM und Qualitätssicherung soll er über CA-Systeme mit einheitlicher Datenbasis verfügen.

Die **Werke** benötigen Systeme für die Auftragsverwaltung, die Feinterminierung (Termin- und Kapazitätsplanung), Lagerwirtschaft, Auftragsveranlassung und -überwachung. Die (Steuerungs-)Systeme für Teilefertigungen/Montagen, Transport- und Fördersysteme sowie für die Läger sind Bestandteil der Werks-Infrastruktur.

Es kann bei den Werken noch feiner klassifiziert werden nach:

- Funktionen für das gesamte Werk (Auftragsverwaltung, Zeitwirtschaft, Bestandsführung, Steuerung);
- Funktionen für Teilbereiche des Werkes (Teilefertigung etc.);
- Funktionen bezüglich der Arbeitssysteme (z. B. NC-Programmversorgung).

Die zweite Entwicklungsphase führt zu einer Struktur, die fünf Stufen für den Produktbereich und die (Konzern-)Zentrale umfaßt (Abb. 16):

Stufe 1: Die Zentrale, an die berichtet werden muß;

Stufe 2: Der Produktbereich mit kommerzieller und technischer Datenverarbeitung;

Stufe 3: Die Werke des Produktbereiches, deren Systeme als Fertigungsleitsysteme bezeichnet werden können;

Stufe 4: Die Teilbereiche der Werke, deren Systeme als Durchsetzungssysteme bezeichnet werden können;

Stufe 5: Die Arbeitssysteme, durch die die Produktionstechnik im Werk bestimmt wird;

Stufe 6: Die lokalen Steuerungen, durch die die CAM-Fähigkeit der Produktion bestimmt wird.

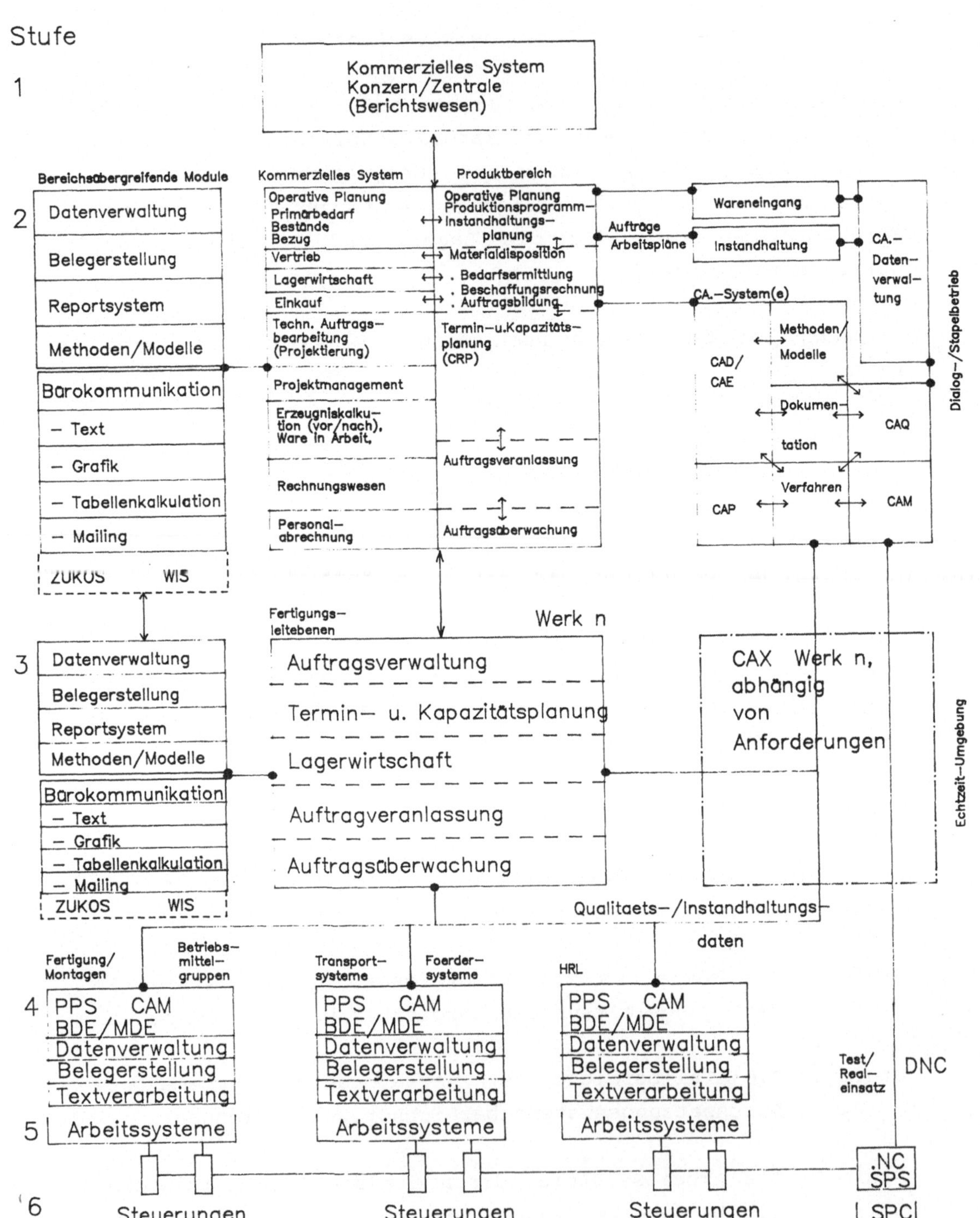

Abb. 16: Entwicklungsphase II zur Informationslogistik:
Konkretes Modell für einen Produktbereich

Das Modell in Abb. 16 ist hinreichend entwickelt, um es gleichzusetzen mit dem zukünftigen Modell zur Informationslogistik für den Produktbereich. Bei der Diskussion des Modells wird auch klar, weshalb der "Neuaufwurf" der Planung zur Informationslogistik für ein Unternehmen so wichtig ist. Wenn wir die kommerziellen Systeme der Stufe 2 betrachten, ist eine nahezu beliebige Kombination von bestehenden Systemen des Unternehmens und Standard-Software-Modulen nebeneinander denkbar; z. B. eine Eigenentwicklung für Vertrieb und Bestandsführung (für Fertigerzeugnisse) neben Standard-Software für das Rechnungswesen und die Beschaffung. Dadurch entsteht eine Daten- und Funktionsredundanz (z. B. für die Bestandsführung Fertigerzeugnisse, Fertigteile/Baugruppen und Roh-/Hilfs-/Betriebsmaterial), die das Unternehmen organisatorisch und technisch erheblich belastet. Die Systeme weisen in der Regel unterschiedliche Benutzeroberflächen auf, sind in unterschiedlichen Software-Entwicklungssprachen geschrieben und haben unterschiedliche Datenverwaltungssysteme (index-sequentiell organisierte Systeme, Systeme mit hierarchischen Datenbanken etc.). Die Verwaltung, Wartung und die Schnittstellenorganisation belasten die DV-Fachabteilung erheblich, für Weiterentwicklungen und unbedingt notwendige Funktionsergänzungen bleibt häufig nur ein Bruchteil der Gesamtkapazität.

Gleiches gilt für die technischen Systeme und die Produktentwicklungssysteme, die sich mit der Zeit zersiedeln, wenn den Beschaffungsmaßnahmen keine langfristige Entwicklungsplanung zugrunde liegt. Dann wird jeder Fachbereich seine eigenen "Standard-Systeme" für die Konstruktion von mechanischen/elektrotechnischen Komponenten, Leiterplattenentflechtung, Software-Entwicklung (für die Produkte selbst) oder NC-Programmierung installieren.

Das in Abb. 2 dargestellte Phasenmodell für die Auswahl und den Einsatz von Standard-Software unterscheidet sich von einem Phasenmodell für Eigenentwicklung im wesentlichen dadurch, daß der Inhouse-Software-Produktionsprozess durch eine externe Beschaffung (Phasen D bis G) substituiert wird.

Unternehmen, die nahezu ausschließlich eigenentwickeln, neigen dazu, den Anwendungs-Stau zu verwalten, zu priorisieren und sukzessive zu realisieren. Die Prioritätenvergabe hat dabei u. U. Entscheidungseinflüsse (z. B. Machtstellung des Anforderers), die einer zielgerichteten Anwendungsentwicklung nicht förderlich sind. Standard-Software zwingt dazu, sich mit größeren Anwendungsbereichen zu befassen (z. B. mit PPS und nicht mit Materialwirtschaft, danach mit Zeitwirtschaft usw.).

Es soll hier nicht der Eindruck entstehen, daß mit der Entscheidung für Standard-Software die betrieblichen Probleme in der Systementwicklung gelöst sind, sondern daß die langfristige SE-Planung Voraussetzung für eine erfolgreiche Eigenentwicklung und den erfolgreichen Einsatz von Standard-Software ist. Standard-Software und Eigenentwicklung können und müssen im Unternehmen auch erfolgreich koexistieren.

Damit zurück zu unserem Produktbereich und zu den "großen" Entscheidungen:

- Welche Funktionsbereiche werden eigen-/fremdentwickelt, wo wird Standard-Software eingesetzt?
- Welche Betriebssysteme (Hardware) sollen auf welcher Stufe eingesetzt werden?
- Welche Datenbasis-Systeme sollen eingesetzt werden?
- Welche Systeme für die Bürokommunikation? Zentral auf dem kommerziellen Host oder dezentral?
- Welche Lokalbereichsnetze werden eingesetzt?
- usw.

Diese Entscheidungen ziehen sich hin bis zur Grobauswahl, weil dann sowohl der bestehende DV-Durchdringungsgrad (Bewertung der bestehenden Inhouse-Systeme) als auch der Erfüllungsgrad marktgängiger Systeme für die relevanten Funktionsbereiche vorliegt. Damit der Leser einen Eindruck davon erhält, wie das Modell zur Informationslogistik später in **reale** Strukturen umgesetzt wird, sei unterstellt, daß die Projektgruppe der Geschäfts-/Betriebsleitung (nach der Phase

Grobkonzept) ein Rahmenkonzept präsentiert, das folgende Empfehlungen ausspricht:

- Die Informationslogistik mit der Struktur von Abb. 16 soll langfristig realisert werden.
- Die bestehenden kommerziellen (Insel-)Systeme der Stufe 2 sollen gesamthaft durch Standard-Software abgelöst werden, wenn marktgängige integrierte Modularprogrammsysteme einen Erfüllungsgrad von 85 ± 5 % nachweisen können (wenn nicht, wird eigenentwickelt). Die Bürokommunikation soll vom gleichen Software-Anbieter geliefert werden können.
- Die bestehenden technischen Systeme unter VMS (DEC) sollen beibehalten werden (in Abb. 17 EUCLID und EXAPT).
- Die Systeme für die Stufen 3 ff sollen von dem Generalunternehmer geliefert werden, der auch mit der Planung und Realisierung von Materialflußautomatisierung, Lagerverwaltungssystemen in der Produktion etc. beauftragt ist.

Die Geschäfts-/Betriebsleitung entscheidet die Empfehlungen der Projektgruppe wie vorgeschlagen. Jetzt setzt der eigentliche Auswahlprozess mit Anforderungsanalyse, Marktanalyse und den Evaluationsphasen ein. Wir nehmen das Ergebnis der Software-Auswahl vorweg und unterstellen, daß die SAP R/2-Systeme für die kommerziellen Anwendungen und die Bürokommunikation entschieden werden. Abb. 17 zeigt die zukünftige Systemstruktur, die sich von Abb. 16 lediglich dadurch unterscheidet, daß anstelle der Funktionsbezeichnungen (z. B. Vertrieb) die Produktnamen der Software-Module (z. B. SAP RV) eingetragen wurden. Die Planung für die Systeme der Stufen 3 ff sei von dem beauftragten Generalplaner abgeschlossen (s. Seite 33), um die gesamte Struktur darstellen zu können.

In Abb. 18 ist die zugehörige Hardware-Struktur dargestellt, indem die Hardware-Entscheidungen vorweggenommen wurden. Anzumerken ist, daß die SAP-Systeme sowohl auf SIEMENS-BS2000-Maschinen (Modellreihen C30, C40, 7.5xx, H120) als auch auf IBM-Maschinen der /370-Architektur (Modellreihen 9370, 43xx, 30xx) und Kompatiblen lauffähig sind. Kommer-

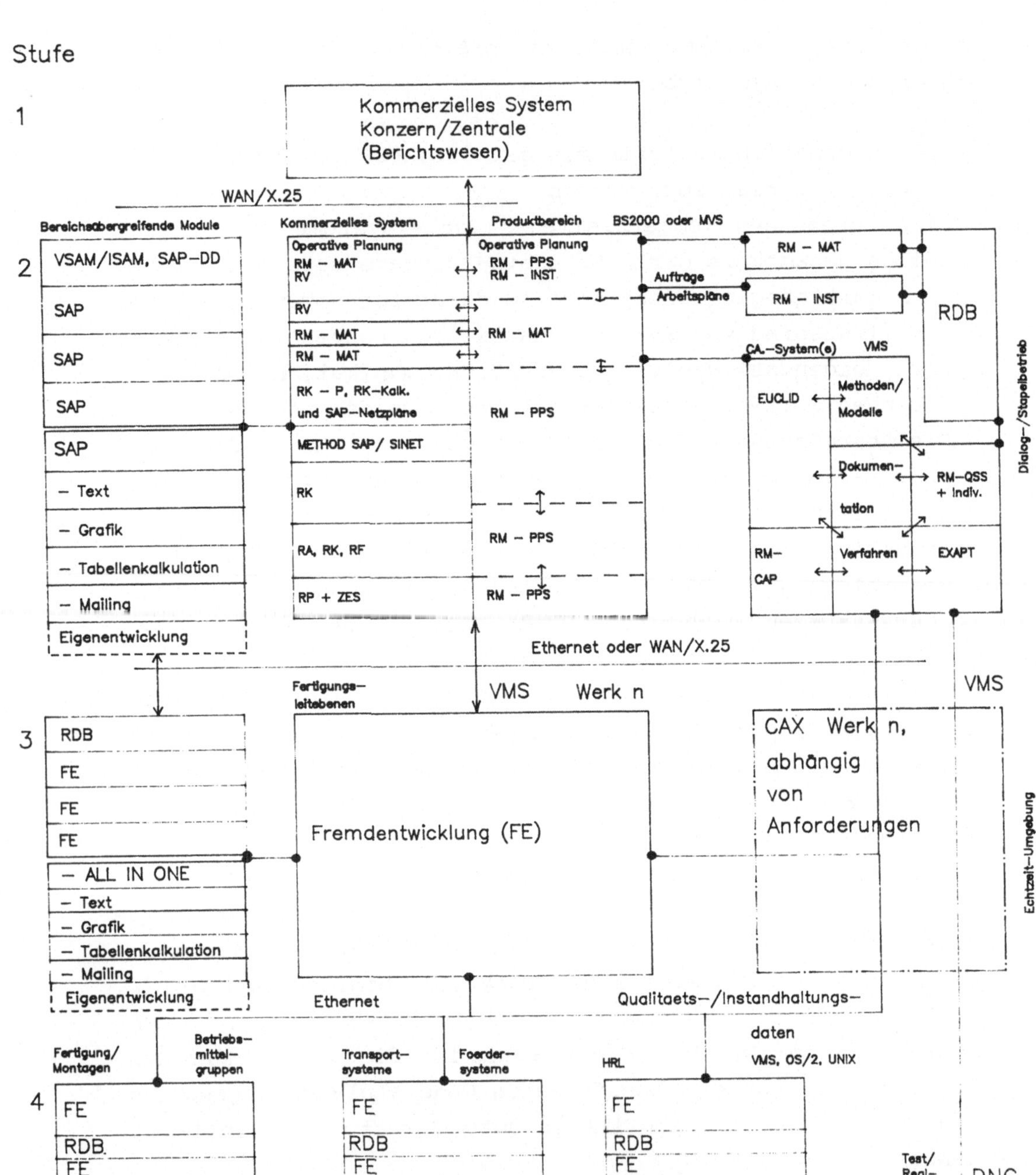

Abb. 17: Entwicklungsphase III zur Informationslogistik:
Zukünftige Systemstruktur mit konkreten Produkten

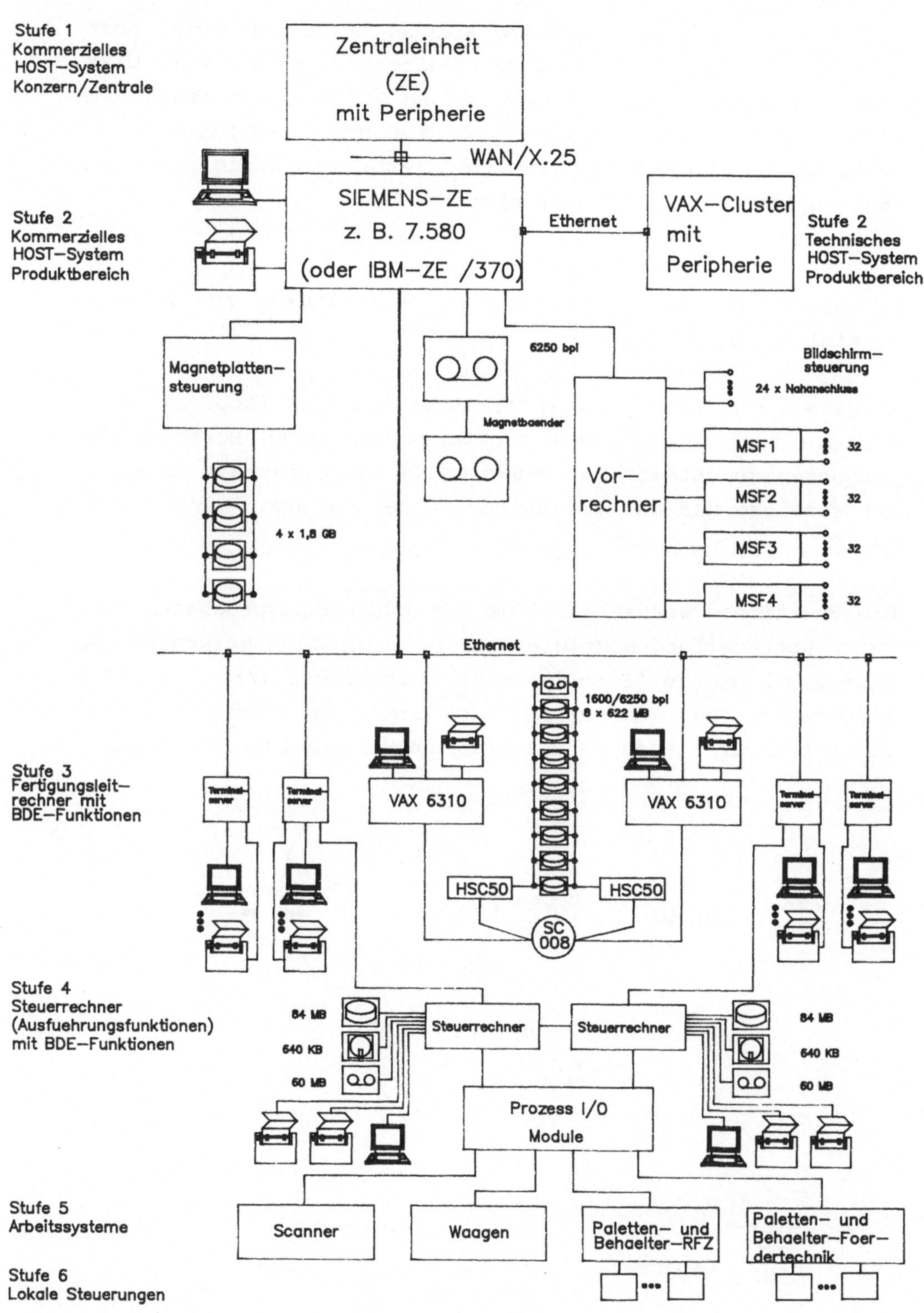

Abb. 18: Entwicklungsphase IV zur Informationslogistik:
Hardware-Struktur unter Einbezug eines Werkes

zielle und technische Systeme könnten auch auf **einem** Host laufen, wenn die Installation dadurch nicht zu groß wird (Anm.: Die SAP-Module RM-CAP und RM-QSS wären ohnehin dem kommerziellen Host zuzuordnen, da sie unter VMS nicht lauffähig sind). Die Planungsstruktur (Abb. 16) wurde damit in reale Systemstrukturen umgesetzt!

2. Entwicklung der funktionalen Feinstrukturen für kommerzielle Anwendungen

Ausgehend vom Modell zur Informationslogistik (Abb. 16) werden die funktionalen Feinstrukturen und deren Merkmalsausprägungen so entwickelt, daß sie als Basis für die Anforderungsanalyse und das Pflichtenheft herangezogen werden können.

Die Funktionen werden dabei um die schon angesprochenen "bereichsübergreifenden Module" sowie "allgemeine Merkmale" und gegebene/kommende "Schnittstellen" erweitert (Abb. 19). Die allgemeinen Merkmale können auch als "übergeordnete Kriterien" bei der Standard-Software-Auswahl bezeichnet werden.

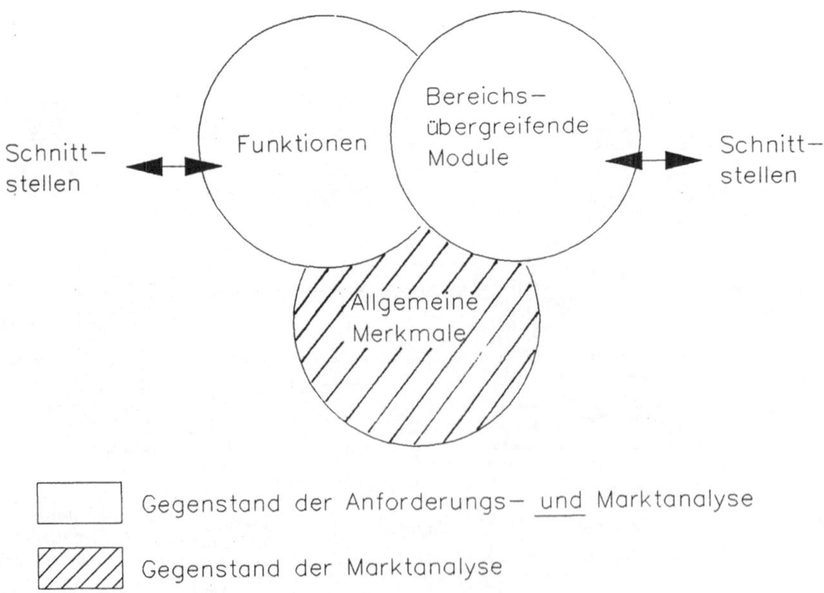

Abb. 19: Umfang der Funktionsfeinanalyse

2.1 Funktionen

Für kommerzielle Anwendungen führt die Strukturierung nach
dem Top-down-Ansatz zur Bildung von Systembereichen, Funktionsbereichen und Einzelfunktionen mit den signifikantesten
Schnittstellen (Abb. 20). Ein Systembereich ist z. B. die
Produktionsplanung, die in die Funktionsbereiche Materialdisposition, Fertigungsvorbereitung und Termin- und Kapazitätsplanung zerfällt; die Materialdisposition hat wiederum
die Funktionen Bruttobedarfsermittlung, Nettobedarfsermitt-
lung, Auftragsbildung intern usw.

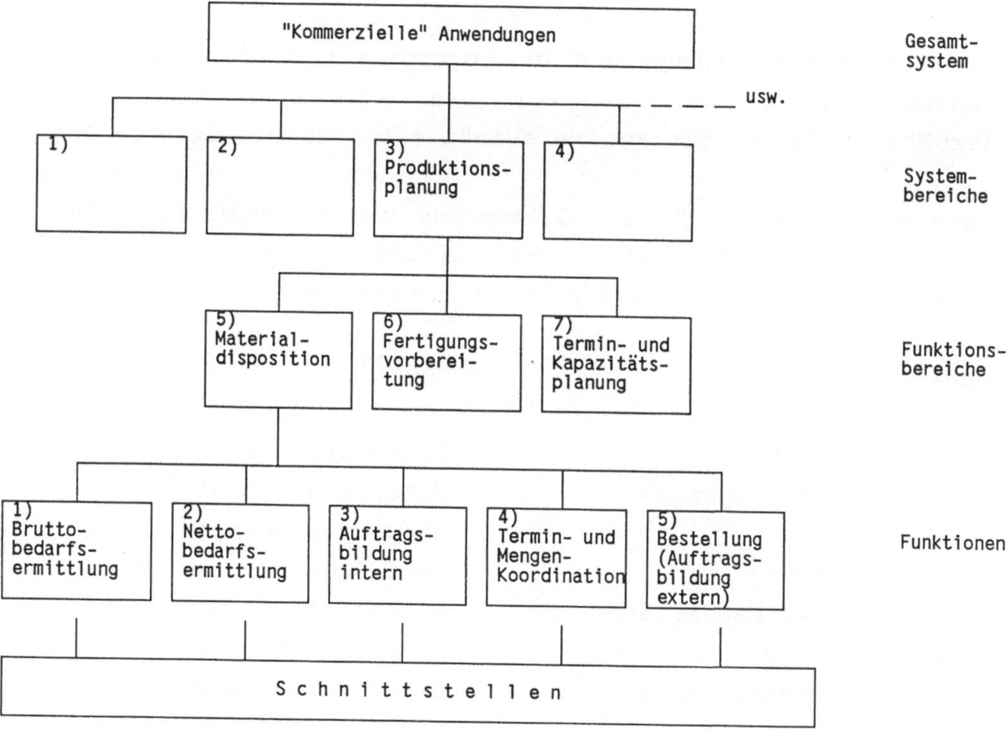

Abb. 20: Funktionsstrukturbaum

Die Numerierung wurde wie folgt vorgenommen:

Bereich	Reserviert für
1 bis 20	System-/Funktionsbereiche/ Funktionen (jeweils beginnend mit "1")
21 bis 30	Bereichsübergreifende Module
31 bis 40	Allgemeine Merkmale

Der Applikationsumfang von der operativen Planung bis zum Zahlungseingang bzw. Lohn-/Gehaltsabrechnung wird in einer Strukturübersicht blockweise erfaßt (Abb. 21 bis 24).

Anmerkung zu PPS: Für die Gliederung von PPS gibt es in der Fachliteratur unterschiedliche Ansätze. So gliedern z. B. Hackstein und Scheer in die Funktionsbereiche:

Hackstein[2]:

- Datenverwaltung
- Produktionsprogramm-
  planung
- Mengenplanung
- Termin- und Kapazitäts-
  planung
- Auftragsveranlassung
- Auftragsüberwachung

Scheer[7]:

- Primärbedarfsverwaltung
- Materialwirtschaft
  (Bedarfsplanung)
- Zeit- und Kapazitäts-
  wirtschaft
- Auftragsfreigabe
- Feinterminierung
- Betriebsdatenerfassung
- Produktionsdatenanalyse

Die in Abb. 22 vorgenommene Gliederung wurde im Rahmen des Projektes entwickelt; es liegen demzufolge andere Gliede-rungsaspekte zugrunde.

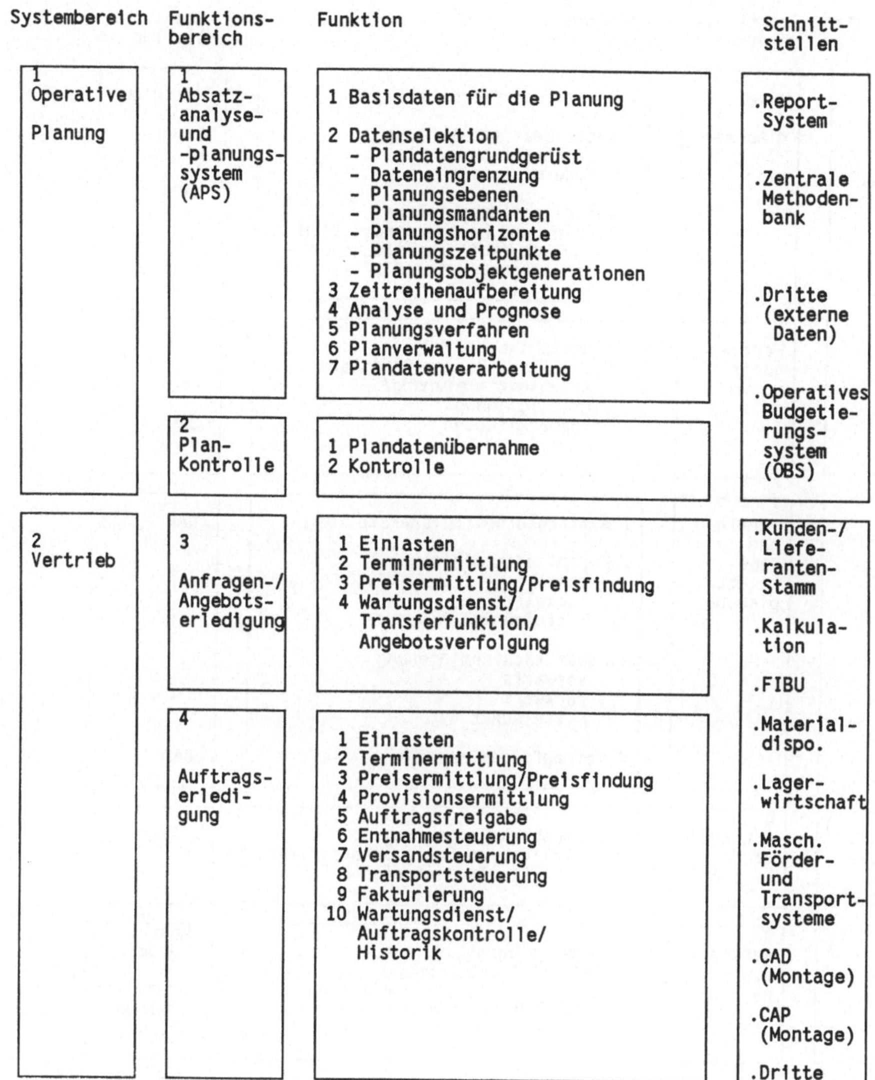

Abb. 21: Strukturübersicht: Operative Planung und Vertrieb

Die Funktionalität der operativen Planung konzentriert sich
auf die Planung des Primärbedarfes bzw. auf die Budgetierung
der Absatzmärkte, die der Beschaffungsplanung (Produktions-
und Bezugsprogramm) vorgelagert ist. Produktions- und Be-
zugs(programm)plan ergeben sich durch die Einspielung des
Absatzplanes in die Produktionsplanung (siehe Systembereich
3) mit Auflösung (Sekundärbedarf), Bedarfsermittlung und Zuordnung Eigenfertigung <-> Fremdbezug.

Systembereich	Funktions-bereich	Funktion	Schnitt-stellen
3 Produk-tions-planung	5 Material-disposi-tion	1 Bruttobedarfsermittlung 2 Nettobedarfsermittlung . stochastisch . deterministisch 3 Auftragsbildung intern 4 Termin- und Mengenkoordination 5 Bestellung(Auftragsbildung extern) (Wareneingang unter 6.12.1)	.Vertrieb .Lager-wirtschaft .CAD .Dritte
	6 Ferti-gungs-vorbe-reitung	1 Arbeitsplanung 2 Qualitätssicherung/Prüfplanung 3 Betriebsmittelplanung/ Einstellplanung 4 Vorgabezeitwesen	.CAP .CAQ .CAM
	7 Termin-und Kapa-zitäts-planung	1 Auftragsarbeitsplanerstellung 2 Durchlaufterminierung . vorwärts . rückwärts . Mittelpunkt 3 Kapazitätsterminierung . vorwärts . rückwärts . Mittelpunkt 4 Reihenfolgeplanung	.CAP .CAM
4 Produk-tions-steuerung	8 Auftrags-veran-lassung	1 Verfügbarkeitsprüfung 2 Erstellen von Freigabevorschlägen 3 Werkstattauftragsfreigabe	.CAM/NC
	9 Auftrags-über-wachung	1 Materialbereitstellung 2 Reihenfolgefestlegung 3 Arbeitsfortschrittserfassung 4 Kapazitätsüberwachung	.Masch. Förder-und Transport-systeme .BDE/MDE
5 Instand-haltung	10 Wartung Inspektion Reparatur	1 Instandhaltungsplanung 2 Instandhaltungssteuerung 3 Regeln	.CAD/CAP .PPS .KORE .Dritte

Abb. 22: Strukturübersicht: PPS und Instandhaltung

Für den Funktionsbereich 5 wurde bewußt der Begriff Materialdisposition - und nicht Materialwirtschaft - gewählt,
weil die Lagerwirtschaft unter Systembereich 6 gesondert betrachtet wird.

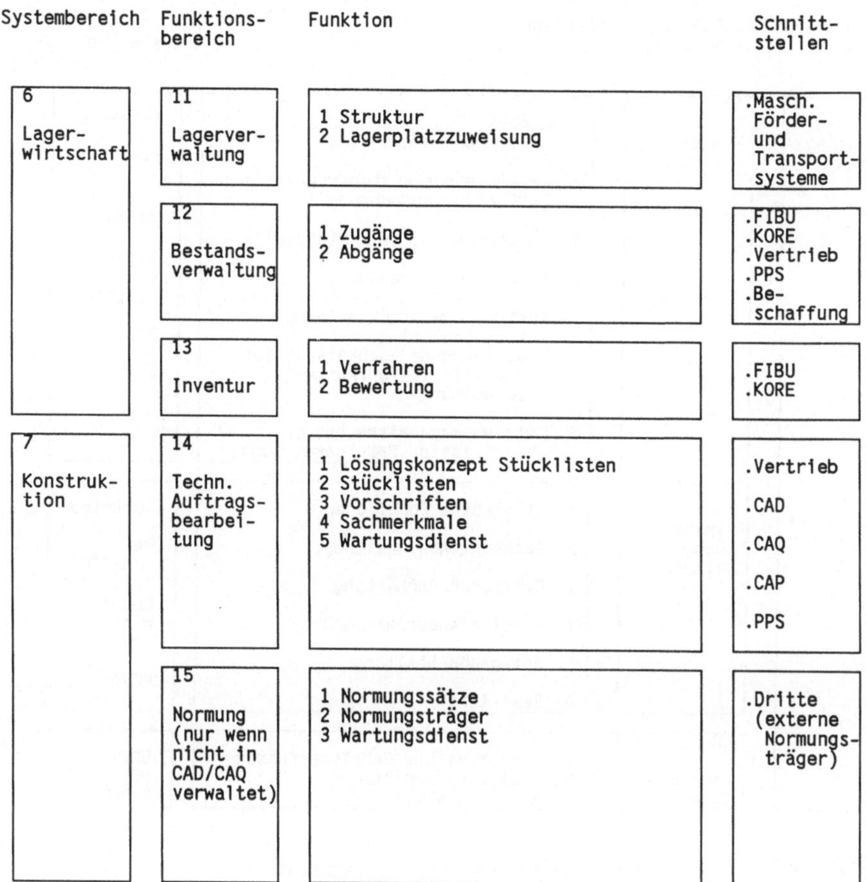

Abb. 23: Strukturübersicht: Lagerwirtschaft und Konstruktion

Der Systembereich 7 Konstruktion ist kein Äquivalent zu CAD, sondern ein Modul, das die "Rohdaten" aus CAD/CAE (Mengenübersichten, Belastungsdaten, Geometrien) PPS-gerecht aufbereitet und verwaltet (z. B. strukturierte Stücklisten aus Mengenübersichten, Übernahme der Belastungsdaten in den Sachmerkmalkatalog). Umgekehrt kann der CAD-Konstrukteur auf Vorschriften, Sachmerkmale und Normen dieses Verwaltungssystems zugreifen, wenn diese Informationen nicht originär im CAD-System "resident" sind.

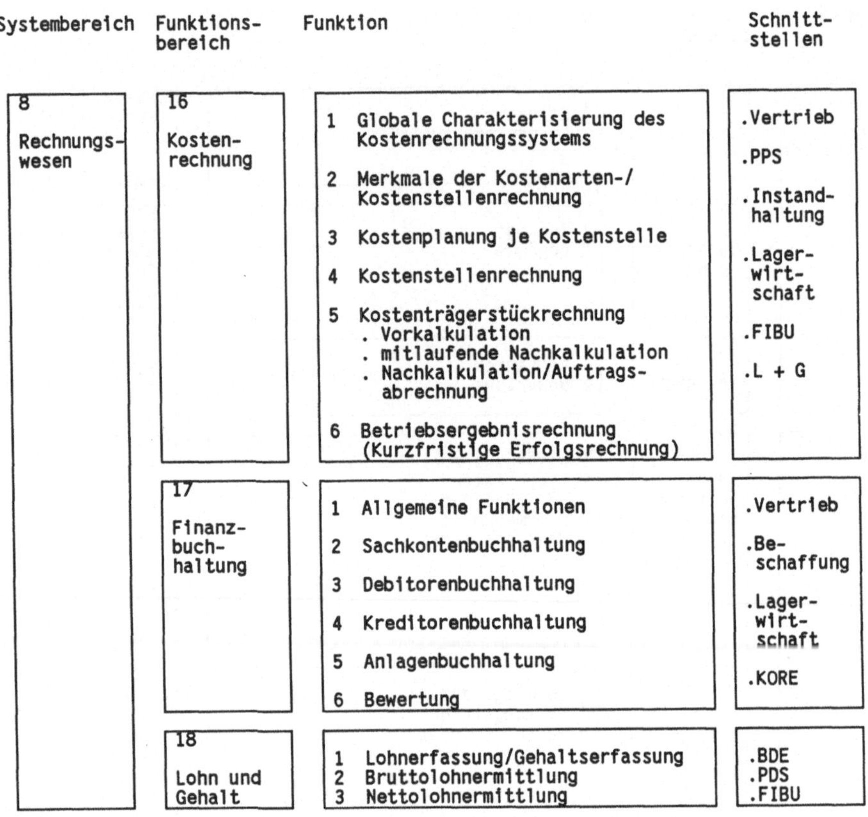

Abb. 24: Strukturübersicht: Rechnungswesen

Haberstock[8] gliedert das Rechnungswesen in die Teilgebiete

- Kostenrechnung

- Finanzbuchhaltung

- Material-, Lohn- und Gehalts- sowie Anlagenabrechnung

- Planungsrechnung

- Betriebsstatistik

Die Material- und Anlagenbuchhaltung wurde in Abb. 24 dem
Funktionsbereich Finanzbuchhaltung subsumiert. Die Planungsrechnung setzt sich aus Funktionen mehrerer Funktionsbereiche zusammen (z. B. Make or by: Herstellkosten -> Kalkulation, Kapazitätsbelastung der Fertigung -> PPS, Konditionen
von Lieferanten -> Beschaffungssystem). Die Betriebsstatistik ist Teil des bereichsübergreifenden Moduls Report-
System.

Die Entwicklung der funktionalen Feinstrukturen wird abgeschlossen durch die Formulierung aller möglichen/bekannten Ausprägungen bzw. Einzelmerkmale einer Funktion. Exemplarisch sei dies an der Funktion (4.8.3) Werkstattauftragsfreigabe dargestellt (Abb. 25). Die Ausprägungen können sich ergänzen (z. B. können vom Anwender mehrere unterschiedliche Freigabekriterien für den Werkstattauftrag benötigt werden), teilweise schließen sie sich gegenseitig aus.

Systembereich: 4. Produktionssteuerung	
Funktions-bereich	Funktion/Merkmalsausprägung
8. Auftrags-veran-lassung	4.8.3 Werkstattauftragsfreigabe 1 = manuelle Initiierung im System 2 = automatisch nach Verfügbarkeitsprüfung - Freigabekriterien 1 = pro Fertigungsauftrag 2 = pro Terminbereich 3 = pro Baugruppe 4 = pro Kapazitätseinheit 5 = belastungsorientiert 6 = pro Disponent - Belegerstellung 1 = zwangsweise nach TKP* 2 = bei Bedarf nach TKP 3 = auch ohne vorherige TKP 4 = nach Verfügbarkeitsprüfung - Beleganzahl bzw. Art der Belegerstellung 1 = satzweise 2 = teileartbezogen 3 = arbeitsgangbezogen - usw.

Abb. 25: Formulierung von Einzelmerkmalen je Funktion
     * TKP = Termin- und Kapazitätsplanung

Bei der Erstellung des Merkmalkataloges können Publikationen wie die PPS-Studie des EDV STUDIO PLOENZKE[9] oder der FIR-Leistungsvergleich "PPS-Systeme auf dem Prüfstand" erste Hilfestellung leisten. Wenn der betrachtete Funktionsumfang auch die operative Planung und das Rechnungswesen umfassen soll, ist jedoch weitgehend Eigeninitiative gefragt.

Für die Anforderungsanalyse ist noch eine Erweiterung um die Eingabe-/Verarbeitungsform SOLL notwendig. Daneben wird die Situationsanalyse ergänzt, da in Phase B keine Detail-Analyse durchgeführt wurde. Irrelevant-Zuordnungen sind durch "-" gekennzeichnet.

Bedeutung der Einzelsymbole in Abb. 26:

IST

S = Funktion läuft bereits im IST systemgestützt
P = Funktion wird im IST personell (manuell) ausgeführt
n = Funktion wird in dieser Ausprägung im IST nicht ausge-
    führt

SOLL

M = Funktion muß zukünftig systemgestützt laufen
E = Funktion stellt im SOLL eine sinnvolle Ergänzung dar
n = Systemunterstützung ist für diese Funktion im SOLL
    nicht notwendig

Anmerkung zum "Standardstrukturplan" (SSP):

In der in Abb. 26 dargestellten Form wurden die zukünftig möglichen bzw. denkbaren Funktionsausprägungen für alle Funktionen und die bereichsübergreifenden Module durch die Projektgruppe vorgegeben. Insgesamt wurden dabei im Referenzprojekt ca. 1.400 unterschiedliche Funktions- bzw. Merkmal-Ausprägungen erfaßt (in Abb. 26 z. B. 15 Ausprägungen). Diese Erhebungsunterlage zur Ermittlung des IST- und

Systembereich: 4. Produktionssteuerung   Seite 2

Funktions-bereich	Funktion/Merkmalsausprägung	IST		SOLL				
		Ausführ. art	Syst./ Hilfs- mittel	Syst. gest.	Eingabeform Dial. /on- line	Batch	Transakt. verarbeit. akt.	Stap.
8.	4.8.3 Werkstattauftragsfreigabe	S P		M E	- -	- -	- -	- -
Auftrags- veran- lassung	1 = manuelle Initiierung im System	S P		M E	M E	M E	M E	M E
	2 = automatisch nach Verfügbarkeitsprüfung	S P		M E	- -	- -	M E	M E
	- Freigabekriterien	S P		M E	- -	- -	- -	- -
	1 = pro Fertigungsauftrag	S P		M E	- -	- -	- -	- -
	2 = pro Terminbereich	S P		M E	- -	- -	- -	- -
	3 = pro Baugruppe	S P		M E	- -	- -	- -	- -
	4 = pro Kapazitätseinheit	S P		M E	- -	- -	- -	- -
	5 = belastungsorientiert	S P		M E	- -	- -	- -	- -
	6 = pro Disponent	S P		M E	- -	- -	- -	- -
	- Belegerstellung	S P		M E	- -	- -	- -	- -
	1 = zwangsweise nach TKP*	S P		M E	M E	M E	M E	M E
	2 = bei Bedarf nach TKP	S P		M E	M E	M E	M E	M E
	3 = auch ohne vorherige TKP	S P		M E	M E	M E	M E	M E
	4 = nach Verfügbarkeitsprüfung	S P		M E	M E	M E	M E	M E
	- Beleganzahl bzw. Art der Belegerstellung	S P		M E	- -	- -	- -	- -
	1 = satzweise	S P		M E	- -	- -	- -	- -
	2 = teileartbezogen	S P		M E	- -	- -	- -	- -
	3 = arbeitsgangbezogen	S P		M E	- -	- -	- -	- -

Abb. 26: "Standardstrukturplan Anforderungsanalyse" für die Funktion Werkstattauftragsfreigabe vor Bearbeitung durch den Anwender bzw. Anforderer (Auszug), *TKP = Termin- und Kapazitätsplanung

SOLL-Profils wird als "Standardstrukturplan Anforderungsanalyse" bezeichnet, weil

- jeder Anwender die gleiche Erhebungsunterlage erhält,
  auch wenn mehrere Unternehmen bzw. Betriebsstätten zu betrachten sind;
- lediglich durch geänderte Spaltensymbole der Standardstrukturplan **Marktanalyse** für Funktionen und bereichsübergreifende Module gewonnen werden kann (als Bestandteil des
  Pflichtenheftes);
- durch die Struktur-Identität der Erhebungsunterlagen für
  Anforderungs- und Marktanalyse die Basis einer späteren
  maschinellen Auswertung (Erfüllungsgrade) gegeben ist.

Anmerkung zur Seitennumerierung:

Es empfiehlt sich, jeweils bei Wechsel eines Funktionsbe
reiches von neuem von 1 bis n zu numerieren, um in der Entwicklungsphase des Standardstrukturplanes den Wartungsauf-
wand bei Änderungen (Kürzungen/Erweiterungen der Merkmale)
zu minimieren.

2.2 Bereichsübergreifende Module

Module, die innerhalb eines DV-gestützten Systems "Quer-
schnittsfunktionen" erfüllen, werden neben dem Funktionsstrukturbaum gesondert dargestellt. In erster Linie sind
dies die aus Abb. 16 bekannten Module Datenverwaltung,
Report-System, Belegerstellung und die Bürokommunikation.
Für die Bürokommunikation wird repräsentativ die Textverarbeitung näher betrachtet. Die Ausprägung der Methoden/Mo-
delle wird innerhalb der jeweils relevanten Funktion behandelt. Dies bedeutet keine Abstriche am Konzept einer zentralen Methoden-/Modelldatenbank, sondern eine funktionsbezoge-
ne Behandlung der Methoden/Modelle in der Anforderungs- und
Marktanalyse. Marktgängige Systeme weisen i. d. R. noch keine eigenständige Methoden-/Modellverwaltung auf.

21 Datenverwaltung	22 Report-System	23 Belegerstellung	24 Textverarbeitung
1 Struktur der Bestandsführung 2 Journalisierung/ Sicherung (Logbuch) 3 Historik 4 Stammdaten- durchsatz 5 Tabellenverwaltung und -verarbeitung 6 Wartungsdienst 7 Objekte der Datenverwaltung	1 Datenorganisation 2 Berichts-Perioden 3 Aktualität 4 Konsolidiertes Berichtswesen	1 Formular- Erstellung 2 Maskenprint	1 Organisation 2 Formatierung, Erfassung 3 Textandruck- steuerung 4 Verkettbarkeit von Textkonserven 5 Mehrsprach- fähigkeit

Abb 27: Bereichsübergreifende Module

Auch hier steht am Ende des Auflösungsprozesses die Darstellung möglicher Funktionsausprägungen.

2.2.1 Datenverwaltung

Die Datenverwaltung als Querschnitts-Kernfunktion stellt besondere Anforderungen an die weitere Auflösung:

- welche Struktur muß die Bestandsführung/-verwaltung in welcher Ausprägung aufweisen (z. B. Hierarchien des Produktstammes, Aggregationsniveau von Reservierungsketten, Bestandsführung von physischen und Bestell-Beständen, Chargenverfolgung, Ursprungskennung);
- wann, wie (Medium) und in welcher Form (Verdichtung) werden Transaktionen gesichert; Verwaltung der Historikdaten (Anzahl Generationen im Direktzugriff, im maschinell zugänglichen Massenspeicher, off-line; Detailinformationen und Summeninformationen);
- Durchsatz geänderter Stammdaten auf aktuelle Bewegungsdatenbestände;
- Wartungsdienste (Massendatenänderungsfunktionen, z. B. Bruttopreise über Tabellen; logisches und physisches Löschen; Anlegen von Stammsätzen oder Strukturen bei unvollständigem Datengrundgerüst, z. B. Stücklistenerfassung bei fehlendem Teilestamm);
- Tabellenverwaltung und -verarbeitung; von besonderen Interesse sind die Benutzertabellen mit den Zugriffsberechtigungen;
- Verwaltung der Betriebsmitteldaten; neben den Materialstammdaten müssen moderne Systeme die Betriebsmittel (Maschinen, Werkzeuge, Vorrichtungen, Prüfmittel) nicht nur als Stammdaten verwalten können, sondern als Reservierungsobjekte, um die Verfügbarkeit mit dem Fertigungsmaterial bzw. dem Fertigungsfortschritt zu synchronisieren;
- für wichtige Schlüssel/Primärindizes ist die Formatierung abzufragen, wenn Standards (z. B. VDA) beachtet werden müssen.

Bereichsübergreifende Module								Seite 6
Modul	Funktion/Merkmalsausprägung	IST		SOLL				
		Aus-führ. art	Syst./ Hilfs-mittel	Syst. gest.	Eingabeform Dial. /on-line	Batch	Transakt. verarbeit. akt.	Stap.
21. Daten-verwaltung	- Anlage von Stammsätzen oder Strukturen bei unvollständigem Datengrundgerüst (z. B. STL ohne Teilestamm)	S P n		M E n	- -	- -	- -	- -
	1 = Unterbrechung des Erfassungsprogrammes erforderlich	S P n		M E n	- -	- -	- -	- -
	2 = Erfassung der fehlenden Grunddaten ohne Programmwechsel	S P n		M E n	- -	- -	- -	- -
	3 = automatische Anlage eines Rumpfsatzes ohne Aktionsmeldung für den verantwortlichen Stammdaten-Sachbearbeiter	S P n		M E n	- -	- -	- -	- -
	4 = 3 mit Aktionsmeldung für den verantwortlichen Stammdaten-Sachbearbeiter	S P n		M E n	- -	- -	- -	- -
	- Vollständigkeitsüberprüfung von APL* anhand der STL*	S P n		M E n	- -	- -	- -	- -
	1 = Anzeige aller APL	S P n		M E n	- -	- -	- -	- -
	2 = Anzeige nur der fehlenden APL	S P n		M E n	- -	- -	- -	- -
	- Betriebsmitteldatenverwaltung, Lokalität	S P n		M E n	- -	- -	- -	- -
	1 = im Teilestammsatz	S P n		M E n	- -	- -	- -	- -
	2 = in der STL	S P n		M E n	- -	- -	- -	- -
	3 = im APL/Alternativ-APL	S P n		M E n	- -	- -	- -	- -
	4 = eigener Satztyp	S P n		M E n	- -	- -	- -	- -

Abb. 28: Beispiel zur Funktionsausprägung: Datenverwaltung (Auszug aus dem "SSP Anforderungsanalyse")
*APL = Arbeitsplan, STL = Stückliste

2.2.2 Report-System

Das Berichtswesen zählt zu den sensibelsten Funktionsbereichen eines Unternehmens und ist in der Praxis sehr individuell. Obgleich es heute geeignete Werkzeuge für die Unterstützung des Berichtswesens gibt (Endbenutzer-Abfragesprachen, Information-Centre-Konzepte mit PC-Unterstützung etc.), ist die durchgängige funktionsadäquate Information aller Hierarchie-Ebenen eines Unternehmens noch mangelhaft. Dies ist nicht nur bedingt durch die teilweise lückenhafte Software-Integration, sondern vor allem durch den Mangel an einer (z. B. relationalen) Berichts-Datenbank, die alle möglichen Zeitreihen inner-/außerbetrieblicher Berichtsobjekte nach definierten Regeln verwaltet, verdichtet, verknüpft und bei Bedarf zur Verfügung stellt.

Ergänzt wird diese ideale Berichts-DB durch eine Reihe von Parametertabellen (z. B. historische, aktuelle und zukünftige Preisveränderungsraten, Alt-Neu-Relationen Kunde/Artikel etc.), die konsistente Zeitraum-Betrachtungen zulassen sowie grafischen Visualisierungsfunktionen. Wahlfreie Berichtsperioden (z. B. bis zu 5 Jahren Daten-Historik) und Periodenlängen und vor allem ein konsolidiertes Berichtswesen bei Mandantensystemen runden das Report-System ab.

Wenn die Funktionalität des ausgewählten Standard-Systems die Anforderungen an das Berichtswesen nur unvollständig abdeckt, muß die Standard-Software durch Individualisierungen ergänzt werden.

Das kann dadurch realisiert werden, daß mit der Endbenutzer-Abfragesprache das Berichtswesen ergänzt wird oder parallel zum Standard-System ein eigenständiges Berichtsmodul entwickelt wird. Die Datenintegration und -synchronisation aus den operativen Systemen und den Planungssystemen ist grundsätzlich technisch kein Problem, es ist aber zu beachten, daß diese Schnittstellen mit jedem Releasewechsel abgeglichen und gegebenenfalls angepaßt werden müssen. Dies gilt im übrigen für jede Individualisierung am Standardpaket.

Bereichsübergreifende Module							Seite 2	

Modul	Funktion/Merkmalsausprägung	IST		SOLL				
		Aus- führ. art	Syst./ Hilfs- mittel	Syst. gest.	Eingabeform Dial. /on- line	Batch	Transakt. verarbeit. akt.	Stap.
22.	22.3 Aktualität	S P n		M E n	- -	- -	- -	- -
Report- system	- Fortschreibung der Ergebnisse berichtsrelevanter Transaktionen (z. B. Fakturierung) in den Stamm-DB (z. B. Kunden-/Artikelstamm)	S P n		M E n	- -	- -	- -	- -
	1 = Tages-Batch	S P n		M E n	- -	- -	- -	- -
	2 = nach Abschluß der Transaktion (Echtzeit)	S P n		M E n	- -	- -	- -	- -
	- Fortschreibung der Ergebnisse berichtsrelevanter Transaktionen in der Berichts-DB (betrifft 21.1 von 2 bis 7)	S P n		M E n	- -	- -	- -	- -
	1 = Monats-/Quartals-Batch	S P n		M E n	- -	- -	- -	- -
	2 = Tagesbatch-Batch	S P n		M E n	- -	- -	- -	- -
	3 = Echtzeit	S P n		M E n	- -	- -	- -	- -
	22.4 Konsolidiertes Berichtswesen bei mehreren Mandanten	S P n		M E n	- -	- -	- -	- -
	1 = im Batch möglich mit abweichender Berichtsstruktur	S P n		M E n	- -	- -	- -	- -
	2 = im Batch möglich mit gleicher Berichtsstruktur wie auf Mandantenebene	S P n		M E n	- -	- -	- -	- -

Abb. 29: Beispiel zur Funktionsausprägung: Report-System (Auszug aus dem SSP Anforderungsanalyse)

2.2.3 Belegerstellung

Belege externer/interner Art können auch von einem hochintegrierten DV-Informationssystem nur teilweise ersetzt werden. Kunden-Auftragsbestätigungen, Lieferscheine, Fakturen, Arbeitspapiere in der Fertigung, Kontoauszüge (Debitoren, Kreditoren) sind Objekte der bereichsübergreifenden Funktion Belegerstellung.

Ausprägungen dieser Funktion, die vom Anwender gefordert werden können, sind z. B.

- beim Formularwesen der feste Formularaufbau (Vordrucke), Free form-Belege oder Standards nach DIN und VDA;
- Ausdruck des jeweiligen Dateninhalts am Bildschirm auf einen Terminaldrucker (Maskenprint);
- Ausdruck von internen/externen Belegen sowohl zentral (im Rechenzentrum oder auf einem Abteilungsdrucker) als auch direkt am Arbeitsplatz auf einem Terminaldrucker; Belegerstellung im periodischen Batchverfahren oder Ausgabe im Spool-Betrieb;
- beliebige Wiederholung des Druckvorganges für Durchschläge oder nach technischen Störungen am Terminaldrucker;
- ein Sperrkennzeichen, das die Erstellung von Belegen (z. B. Bearbeitungsunterlagen) auf Wunsch unterdrückt;
- Nutzung von öffentlichen Diensten/DFÜ für den Belegtransport.

Beispiel:

Für eine eilige Beschaffungsmaßnahme soll das System die im Dialog generierte Bestellung direkt per Telex an den Lieferanten senden, ohne daß sie nochmals erfaßt werden muß.

Abb. 30 zeigt eine Matrix, mit der für jede Belegart (Druck-Objekt) der Erstellungsmodus durch Ankreuzen festgelegt werden kann.

| Bereichsübergreifende Module | | | | | | | | Seite 1 |

Modul	Funktion/Merkmalsausprägung	IST		SOLL				
	O = KZ für IST X = KZ für SOLL	Aus- führ. art	Syst./ Hilfs- mittel	Syst. gest.	Eingabeform Dial. /on- line	Batch	Transakt. verarbeit. akt.	Stap.
23. Beleg- erstellung	23.4.3,4 Funktionsbereichsbezogene Belegerstellung Anfragen-/Angebotserledigung, Auftragserledigung	S P n		M E n	– –	– –	– –	– –

Objekt	Ausdruck, Organisation				Wdh.	Sperr Druck	PD*
	zen.	dez.	Batch	Spoo.			

Objekt	Aus- führ. art	Syst./ Hilfs- mittel	Syst. gest.	Dial. /online	Batch	akt.	Stap.
o Angebote	S P n		M E n	– –	– –	– –	– –
o Auftragsbest.	S P n		M E n	– –	– –	– –	– –
o Entnahmebeleg	S P n		M E n	– –	– –	– –	– –
o Warenbegleit- schein	S P n		M E n	– –	– –	– –	– –
o Packliste	S P n		M E n	– –	– –	– –	– –
o Adressaufkleber	S P n		M E n	– –	– –	– –	– –
o Lieferscheine	S P n		M E n	– –	– –	– –	– –
o Frachtbriefe	S P n		M E n	– –	– –	– –	– –
o Speditionsauftr.	S P n		M E n	– –	– –	– –	– –
o Konnossemente	S P n		M E n	– –	– –	– –	– –
o Expreßgutkarten	S P n		M E n	– –	– –	– –	– –
o Faktura	S P n		M E n	– –	– –	– –	– –

Abb. 30: Beispiel zur Funktionsausprägung: Belegerstellung (Auszug aus dem SSP Anforderungsanalyse)
  * PD = Postdienste wie Telex, Teletex, Telefax, DFÜ

2.2.4 Textverarbeitung

Die Textverarbeitung muß heute Bestandteil kommerzieller Systeme sein, da viele externe Belege mit Texten zusätzlich konditioniert werden. Daneben kann nicht davon ausgegangen werden, daß jeder Anwender kommerzieller Systeme über leistungsfähige Bürokommunikations-Systeme oder PC-Systeme (Integration!) verfügt, also auch seine Geschäftskorrespondenz mit dem kommerziellen System abwickeln will. Dazu muß die Textverarbeitung Merkmale aufweisen wie:

- standardisierte Textkonservendatei, Verkettbarkeit von Textkonserven;
- ein integriertes Text-Recherche-System;
- Silbentrennung, Randausgleich;
- Sperren und Entsperren von Texten;
- Konvertieren des Textes in Groß-/Kleinschreibung;
- Tabulartorfunktion;
- Einlesen von Daten aus der Spool-Datei;
- Textzeilen horizontal verschieben;
- Blättern, Kopieren, Übertragen;
- Möglichkeit der Belegung von Funktionstasten;
- usw.

In Abb. 31 ist - in Anlehnung an die vorherige Abbildung - eine Matrix dargestellt, mit der festgelegt werden kann, auf welchen Belegen der Textandruck in welcher Form erfolgen soll:

- am Anfang des Beleges ("Kopf-Texte");

- vor oder nach der Position im Auftrag, in der Bestellung etc.;

- am Ende des Beleges ("Fuß- oder Schluß-Texte");

- mit Textkonserven (oder Eingabe).

Bereichsübergreifende Module   Seite 1

Modul	Funktion/Merkmalsausprägung O = KZ für IST X = KZ für SOLL	IST		SOLL			
		Aus- führ. art	Syst./ Hilfs- mittel	Syst. gest.	Eingabeform Dial. /on- line / Batch	Transakt. verarbeit. akt.	Stap.
24. Textver- arbeitung	24.6.3,4 Funktionsbereichsbezogene Textverarbeitung Anfragen-/Angebotserledigung, Auftragserledigung	S P n		M E n	- - / - -	- -	- -

Objekt	Text Anfang Beleg	vor POS*	nach POS*	Ende Beleg	Kon- serven					
o Angebote						S P n		M E n	- - / - -	- - / - -
o Auftragsbest.						S P n		M E n	- - / - -	- - / - -
o Entnahmebeleg						S P n		M E n	- - / - -	- - / - -
o Warenbegleit- schein						S P n		M E n	- - / - -	- - / - -
o Packliste						S P n		M E n	- - / - -	- - / - -
o Adressaufkleber						S P n		M E n	- - / - -	- - / - -
o Lieferscheine						S P n		M E n	- - / - -	- - / - -
o Frachtbriefe						S P n		M E n	- - / - -	- - / - -
o Speditionsauftr.						S P n		M E n	- - / - -	- - / - -
o Konnossemente						S P n		M E n	- - / - -	- - / - -
o Expreßgutkarten						S P n		M E n	- - / - -	- - / - -
o Faktura						S P n		M E n	- - / - -	- - / - -
o Verzugsmitteil.						S P n		M E n	- - / - -	- - / - -

Abb. 31: Beispiel zur Funktionsausprägung: Textverarbeitung (Auszug aus dem SSP Anforderungsanalyse)
          * POS = Position

2.3 Allgemeine Merkmale

Die Funktionen und bereichsübergreifenden Module bilden die Applikationsfunktionalität im engeren Sinne. Darüber hinaus sind bei der Software-Auswahl Eigenschaften von Applikationssystemen, deren Anbieter, der gegebenen Hardware- und Betriebssystem-Alternativen etc. relevant, die als "allgemeine Merkmale" bezeichnet werden können.

Zu den allgemeinen Merkmalen zählen Eigenschaften der **Applikations-Software**, die den Funktionsumfang überhaupt nicht oder nur indirekt tangieren, z. B. die Ausliefer-Version der Software und die Portabilität (auf welcher Hardware lauffähig?). Der **Anbieter** muß als potentieller langfristiger Partner beurteilt werden und damit seine Präsenz im Markt, die Verbreitung seiner Produkte, seine Leistungsfähigkeit und das Service-Konzept. Die **Basis-Software** soll durch ein leistungsfähiges Konzept gekennzeichnet sein, wozu die Organisation der Datenbasis, das Data Dictionary, Programmiersprachen und die Tools gezählt werden müssen. Durch die Portabilität der Software ergeben sich u. U. Alternativen bezüglich der **Hardware**. Preis- und Kosten-Informationen sind für eine Produkt-Entscheidung so wichtig wie die Funktionalität selbst.

Allgemeine Merkmale können i. d. Regel nicht einfach mit "Ja/Nein" durch den jeweiligen Anbieter beschrieben werden; deshalb werden diese Merkmale mit einem standardisierten Fragenkatalog abgeklärt, den die Projektgruppe erstellt und die Anbieter in der Marktanalyse beantworten. Auf den folgenden Seiten werden mögliche Fragenobjekte als Anregung für die Katalogerstellung aufgezeigt.

Abb. 32 zeigt die allgemeinen Merkmale in der Übersicht; die vorgenommene Gliederung setzt sich bis zur Feinauswahl durch, in der die Gesamtsysteme, bestehend aus Anwendungs-Software (Applikation, Anbieter, Basis-Software) und Hardware (Hardware-System, Betriebssystem, Anbieter), abschließend beurteilt werden.

31 Applikations-Software	32 Applikations-Anbieter	33 Basis-Software	34 Hardware und Betriebs-systeme	35 Preise/Kosten
1 Ausliefer-version 2 DV-technischer Aufbau 3 Individuali-sierungs-möglich-keiten 4 Benutzerober-fläche 5 Portabilität 6 Datenschutz 7 Schnittstellen zu Umsystemen 8 Anbindungs-freundlichkeit an Zentral-stellen-Systeme	1 Anbieterprofil 2 Entwicklungs-organisation 3 Einflußnahme-möglichkeiten des Anwenders 4 Service-Konzept 5 Releases 6 Projekt-management-Unterstützung 7 Schulung 8 Produkt-verbreitung	1 Datenbasis 2 Programmier-sprachen 3 Data Dictionary 4 Tools	1 Hardware 2 Betriebssysteme 3 Anbieter	1 Applikation und Basis-Software 2 Wartungs-aufwand Applikation 3 Hardware und Betriebs-systeme 4 Wartungs-aufwand Hardware 5 Schulung, Projekt-management, Installation

Abb. 32: Allgemeine Merkmale (übergeordnete Kriterien)

2.3.1 Applikations-Software

Potentielle Fragenobjekte zur Applikation (für die Marktana-lyse)

Gliederungs-punkte laut Abb. 32	Fragenobjekte
1 Ausliefer-version	Source Code oder Object Code
2 DV-technischer Aufbau	- Mandantenspezifische Differen-zierungsmöglichkeiten - Integrationsgrad (der Module) - Modularität bzw. modulare Ab-hängigkeiten bei der Implementierung - Aktions-DB: integrierte Aktions- und Triggermeldungen
3 Individuali-sierungs-möglich-keiten für Schnitt-stellenan-passungen und Aus-wertungen	- Art und Umfang der Parametrierbar-keit, Hilfsmittel (z. B. Generatoren oder Tabellen) - Endbenutzersprache (auch als Ent-wicklungswerkzeug?) - Funktionsergänzungen (Sprachgeneration)
4 Benutzer-oberfläche	- Help-Funktionen (Help-Erläuterungen durchgängig in deutscher Sprache? Felddokumentation im Data Dictio-nary möglich?) - On-line-Dokumentation (Durchgängig in deutscher Sprache? Hierarchische Dokumentation "System-/Funktionsbereich -> Funktion -> Transaktion -> Maske -> Feld" realisiert?) - Menue-Technik (Laien- und Experten-modus, Menue-Zusammenstellung durch Anwender möglich?)

Tabelle setzt sich fort ...

		- Funktionstasten (Abhängigkeiten zur Hardware)
		- Masken-Design (Einheitlichkeit, auch in der Sprache; Übersichtlichkeit)
		- Graphik/Farbe (Umfang der Unterstützung durch die Applikation)
5	Portabilität	- Hardware und Betriebssysteme (lauffähig auf ...)
		- Software-Segmentierung/ hierarchisches Konzept: Entwicklungen, Entwicklungspartner bzw. kompatibel zu ...?
6	Datenschutz (Änderungsberechtigungen, Zugriffsberechtigungen, Nachweis der Zugriffsversuche)	- Bis zu welcher Ebene (Transaktion? Feld?)
		- Mit Password? Sichtschutz bei Eingabe? Ausweisleser? Password-Verwaltung (Tabellen)?
		- Nachweis der Zugriffsversuche (Journalisierung oder Transaction-History-Files)
7	Schnittstellen zu Umsystemen	- zu CA-Systemen (zu welchen? wo realisiert?)
		- zu Lagerverwaltungs-/Transportsystemen (wo realisiert)?
		- PC-Host-Verbindung, Down Load/Up Load
		- Unterstützung der DFÜ (z. B. nach VDA)
8	Anbindungsfreundlichkeit an Zentralstellen-Systeme	- Zentralstellen-Systeme unternehmensspezifisch beschreiben, Anbindungsvorschlag erbitten

Anmerkung zu den Schnittstellen (Gliederungspunkt 7):

Sind die Schnittstellen der kommerziellen Systeme sehr umfangreich, sollten sie klassifiziert und im Detail beschrieben werden. Schnittstellen 1. Ordnung existieren innerhalb des betrachteten Unternehmens, Schnittstellen 2. Ordnung ergeben sich durch eventuelle Anbindung an Zentralstellen-Funktionen (im Konzern) und Schnittstellen 3. Ordnung durch die Öffnung der Systeme gegenüber Dritten (Kunden, Lieferanten, Behörden etc.).

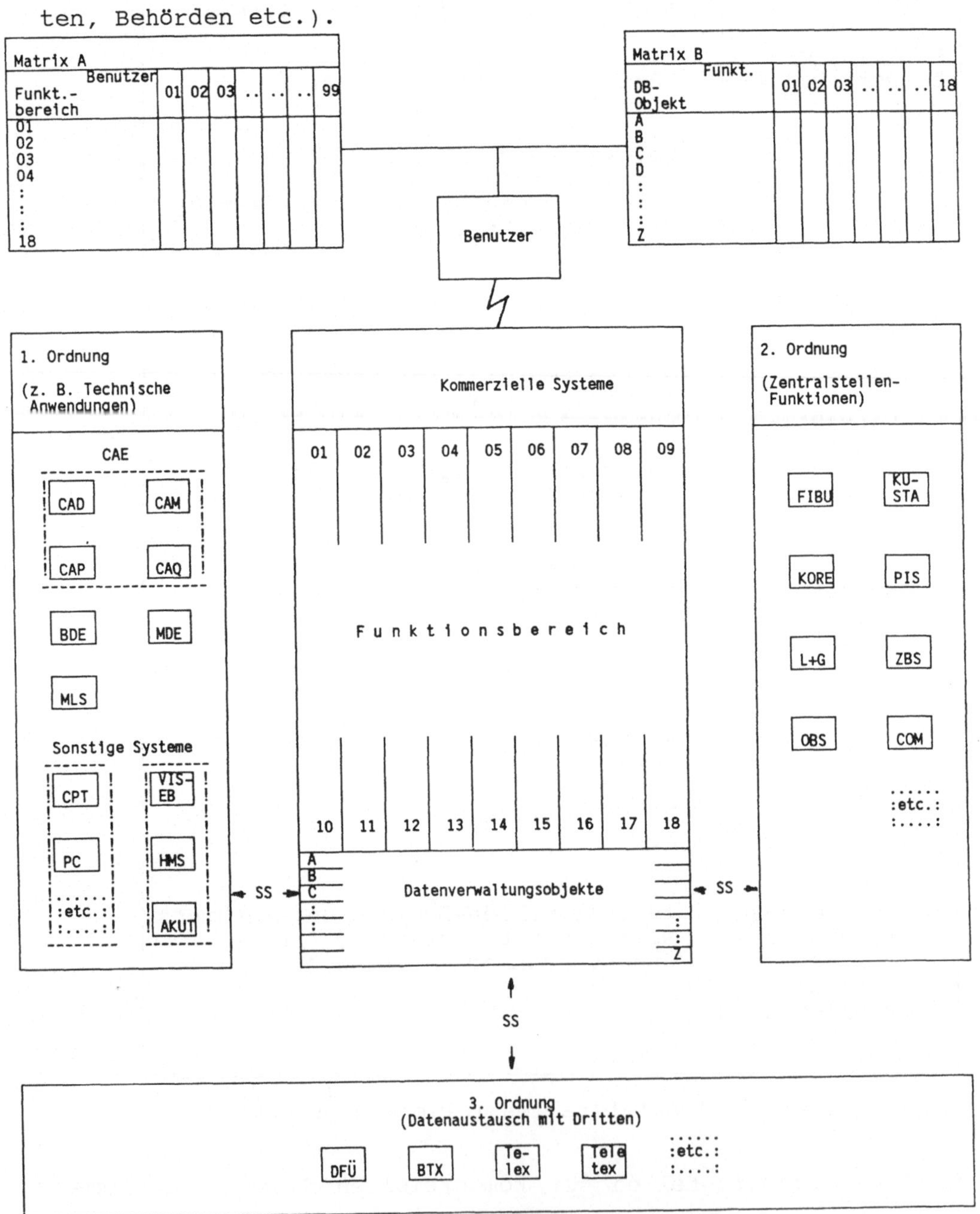

Abb. 33: Schnittstellen 1., 2. und 3. Ordnung

2.3.2 Applikations-Anbieter

Potentielle Fragenobjekte zum Applikations-Anbieter (für die
Marktanalyse)

Gliederungs-punkte laut Abb. 32	Fragenobjekte
1 Anbieter-profil	- Rechtsform - Gründungsjahr - Kapitalverhältnisse/-verteilung - Umsatz(entwicklung) - Stammhaus - Anzahl der Mitarbeiter in Entwicklung, Anwenderunterstützung, Vertrieb, Verwaltung - Beteiligungen - etc.
2 Entwick-lungs-organi-sation	- Programmentwicklung im deutsch-sprachigen Raum? - Programmdokumentation durchgängig in deutscher Sprache? - Schwerpunkte zukünftiger Entwick-lungen (CIM-Orientierung? Stufen-Konzept? Schnittstellen-Entwick-lungen? Benutzer-Tools? MRP2-Kon-zept?)
3 Einfluß-nahme-möglich-keiten des Anwenders	- Bereitschaft auch zur kurzfristigen Realisierung und Übernahme von Anwender-Anforderungen in den Standard-Applikationsumfang durch den Anbieter - Einflußnahmemöglichkeiten auf laufende Anbieter-Entwicklungen - Möglichkeit von gemeinsamen Ent-wicklungen (Anwender - Anbieter) - Benutzer-Kreise

Tabelle setzt sich fort ...

	- Releasefähigkeit von Anwender-Entwicklungen bzw. Abgrenzbarkeit von Individualisierungen gegenüber Standard-Applikationen durch z. B. Data Dictionary
4 Service-Konzept	- Nächster Stützpunkt - Fernwartung/-diagnose - Testverfahren (z. B. on-line-Debugger) - Schnelligkeit bei der Fehlerbehandlung (Hot-line-Telefondienst, Fehlerdatenbank)
5 Releases	- Zeitversatz (besonders dann, wenn die Entwicklung nicht im deutschsprachigen Raum erfolgt) - Frequenz - Dokumentation (durch Data Dictionary?), Installationsmanual - Einsatzhilfen (Migrations-Tools?)
6 Projekt-management-Unter-stützung	- Tools für Projektplanung/Implementierungsunterstützung, Systemdokumentation, Schulung, Datenkonvertierung
7 Schulung	- Umfang der notwendigen Schulungsmaßnahmen - Möglichkeit von Inhouse-Schulungen - Schulungskapazitäten beim Anbieter, adäquate Einrichtung der Schulungsräume - Master-Slave-Schaltung für Schulungsmaßnahmen realisiert?
8 Produkt-verbrei-tung	- Installationsdichte für Einzelmodule und für das Gesamtsystem - Referenzen - Zukünftige Einschätzung

2.3.3 Basis-Software

Potentielle Fragenobjekte zur Basis-Software (für die Marktanalyse)

Gliederungs- punkte laut Abb. 32	Fragenobjekte

1 Datenbasis	- Typ des Datenbasissystems
	
	  . Datenbank (relational?
	    hierarchisch? Netzwerk?)
	  . Konventionelles Dateiverwaltungs-
	    system
	
	- Automatisierungsgrad und Aufwand
	  für die Verwaltung
	
	- Einheitlichkeit der Datenbasis
	
	- Redundanz- und Reorganisations-
	  freiheit
	
	- Portabilität/Ausbaufähigkeit

2 Programmier-
   sprachen
	- Anwenderfreundlichkeit
	
	- Sprachgeneration
	
	- Strukturierung
	
	- Durchdringung der Applikation mit
	  der jeweiligen Programmiersprache
	  (Mischprogrammierung?)
	
	- Integration zum Data Dictionary

3 Data Dictionary	Verwaltung von - Daten- und Maskendefinitionen - Prozeduren - Programmen - Nachrichten - Prüfregeln - Zugriffsberechtigungen

Tabelle setzt sich fort ...

4 Tools	Qualität von – Masken- und Listgeneratoren – Endbenutzersprachen – Testwerkzeugen – Migrationstools – Programmgeneratoren

2.3.4 Hardware und Betriebssysteme

Potentielle Fragenobjekte zu Hardware und Betriebssystemen
(für die Marktanalyse)

Gliederungs- punkte laut Abb. 32	Fragenobjekte

1 Hardware	– Durchgängigkeit und Leistungsbreite
	  der Rechnerfamilien
	
	  . Modellreihen
	
	  . Leistungsdaten
	
	    : CPU
	    : Zentralperipherie (Platten,
	      Bänder, Drucker)
	    : Dezentralperipherie (z. B. End-
	      geräte: Tastaturen, Farbdar-
	      stellung, Kontrastierung,
	      Frequenz)
	
	  . Upgrade-Möglichkeiten im Feld für
	    Rechner und Peripherie
	
	  . Aufwärtskompatibilität (z. B.
	    Weiterverwendung der Peripherie
	    bei Wechsel der Rechnerfamilie)
	
	  . Installationsbedingungen
	
	  . Verkabelungskonzept

Tabelle setzt sich fort ...

		− Ausfallsicherheit/Verfügbarkeit
		• Redundanz wichtiger/kritischer Komponenten
		• Automatische Lastverteilung im Normalbetrieb
		• Automatische Kontrolle von Hardware-Fehlern im laufenden Betrieb
		− Technologie (z. B. Modularität, Einschubtechnik)
		− Architektur (z. B. Pipelining, Cache-Memory, intelligente Peripherie)
2	Betriebssysteme	− Funktionalität
		• Unterstützung der Peripherie (z. B. mit dynamischem Kanalsubsystem)
		• TP- und DB-Funktionen integriert
		− Kompatibilität bzw. Durchgängigkeit des Betriebssystems bei den Hardware-Modellreihen
		− Umfang der zum Betriebssystem verfügbaren Software (Applikations- und Basis-Software)
		− Konzept und Architektur
		• Realtime- oder batchorientiert
		• Struktur und Kapazität des virtuellen Adressraumes
		• Durchsatz in On-line und Batch (Multiprogramming, Multitasking, Multiprocessing, Time-Sharing)
		− Nutzung von Standards (Schnittstellen und Protokolle)
		− Erlernbarkeit/Beherrschbarkeit/ Schulungsaufwand
3	Anbieter	− Größe des Unternehmens, Marktpräsenz
		− Service-Konzept
		− Produktverbreitung

2.3.5 Preise/Kosten

Potentielle Fragenobjekte zu Preisen/Kosten (für die Marktanalyse)

Gliederungs- punkte laut Abb. 32	Fragenobjekte
1 Applikation und Basis- software	- Listenpreise - Lizenzgebühren (einmalig) - Preisgestaltung bei Mandanten- systemen - Preisgestaltung für Einsatz im Cluster
2 Wartungs- aufwand Applikation	- Wartungsaufwand (monatlich oder jährlich) - laufende Lizenzgebühren
3 Hardware und Be- triebs- systeme	- Listenpreise auf der Basis einer groben Referenz-Installation - Preisgestaltung beim Betriebs- system/Lizenzen
4 Wartungs- aufwand Hardware	- siehe Applikation

5 Schulung,
Projekt-
management,
Installa-
tion
	- Schulungsaufwand gem. Schulungs-
	plan des Anbieters
	
	- Kostenvergleich mit einer
	Inhouse-Schulung
	
	- Kostensätze Projektmanagement für
	
	  . Projektleiter
	  . Projektmitarbeiter
	  . Systemanalytiker
	  . Programmierer
	
	- Einmalige Installationskosten für
	Software/Hardware

Für die Grobauswahl ist die Erhebung der jeweiligen Preis-
Aufwand-Dimension mit Listenpreisen bzw. Lizenzgebühren ausreichend.

In der Feinauswahl werden detaillierte Preis-/Aufwand-Infor-
mationen auf der Basis der geplanten Installationstopologien
mit Angeboten eingeholt.

3. Anforderungsanalyse

Funktionen und bereichsübergreifende Module wurden mit ihren
möglichen Merkmalsausprägungen in einem "Standardstrukturplan Anforderungsanalyse" zusammengestellt (vgl. C.2.1/2.2).
Der Anforderer (= späterer Anwender) hat jetzt die Aufgabe,

- den IST-Zustand pro Funktion in Kurzform darzustellen
  (Ausführungsart IST: Systemgestützt; Personell; Funktion
  wird nicht ausgeführt, z. B. aufgrund von Kapazitätseng-
  pässen personeller Art; im IST genutztes System oder
  Hilfsmittel, z. B. Kartei);
- seinen Ideal-SOLL-Zustand darzustellen (Ausführungsart
  SOLL: Funktion muß systemgestützt laufen; stellt systemgestützt eine sinnvolle Ergänzung dar; wird nicht systemgestützt benötigt; bei Systemunterstützung: gewünschte
  Eingabe- und Transaktionsverarbeitungsform).

Abb. 34 zeigt einen Auszug aus dem "Standardstrukturplan
Anforderungsanalyse" nach Bearbeitung durch den Anforderer,
der bei Erstellung seines Anforderungsprofiles durch die
Projektgruppe unterstützt wird. Diese Unterstützung ist
wichtig, weil

- der Anwender einen erheblichen Zeitgewinn erzielen kann,
  wenn er Erläuterungen zum SSP sofort erhält;
- die Projektgruppe darauf achten kann, daß keine überzoge-
  nen Anforderungsprofile formuliert werden.

Systembereich: 3. Produktionsplanung

Seite 1

Funktions-bereich	Funktion/Merkmalsausprägung	IST Ausführ.art	IST Syst./Hilfsmittel	SOLL Syst.gest.	SOLL Eingabeform Dial./on-line	SOLL Eingabeform Batch	SOLL Transakt.verarbeit. akt.	SOLL Transakt.verarbeit. Stap.
6. Fertigungs-vorberei-tung	3.6.1 Arbeitsplanung	(S)P n	AKUT	(M)E n	- -	- -	- -	- -
	- Arbeitsplanerstellung	(S)P n		(M)E n	- -	- -	- -	- -
	1 = mit Standard-APL-Datei	(S)P n		(M)E n	(M)E	M E	(M)E	M E
	2 = mit Arbeitsgangkatalog (incl. Text)	S P(n)		M (E)n	(M)E	M E	(M)E	M E
	- Feststellen von Ähnlichkeitsbeziehungen zu bestehenden Stamm-APL	(S)P n	AKUT	(M)E n	- -	- -	- -	- -
	1 = über Vergabe von Produkt-/Teilegruppenschlüssel aus der Konstruktion	(S)P n		(M)E n	(M)E	M E	(M)E	M E
	2 = über Sachmerkmalskatalog	S (P)n		(M)E n	(M)E	M E	(M)E	M E
	3 = über Produktkonfigurator	S P(n)		M E(n)	M E	M E	(M)E	M E
	4 = Standardarbeitspläne für Produkt- bzw. Teilegruppen	(S)P n		(M)E n	(M)E	M E	(M)E	M E
	- Erstellen von Nacharbeitsplänen	S(P)n	AKUT	(M)E n	(M)E	M E	(M)E	M E
	- Erstellen von Alternativarbeitsplänen	(S)P n		(M)E n	- -	- -	- -	- -
	1 = mit unterschiedlicher Teilenummer	S P(n)	AKUT	M E(n)	M E	M E	M E	M E
	2 = mit gleicher Teilenummer	(S)P n		(M)E n	(M)E	M E	(M)E	M E
	3 = mit unterschiedlicher Gültigkeitsdauer	S P(n)		(M)E n	(M)E	M E	(M)E	M E

Abb. 34: Anforderungsanalyse mit Standardstrukturplan (Auszug)
*AKUT = bestehendes Zeitwirtschafts-System; Eingabeform = Dialog/on-line oder Batch; Transaktionsverarbeitung = aktuell oder Stapel

Beispiel zur Erläuterung:

Die Arbeitsplanerstellung (erster Spiegelstrich in Abb. 34) erfolgt bereits im IST systemgestützt ("S" wurde markiert) mit "AKUT" und muß auch zukünftig systemgestützt laufen ("M" wurde markiert) usw.

4. Pflichtenheft

Für das Pflichtenheft soll der Standardstrukturplan, der als Blanko-Exemplar die "Mutter-Matrize" aller erhobenen Anforderungsprofile darstellt, weiterverwendet werden. Für die Funktionen und bereichsübergreifenden Module sind zunächst geänderte Spaltensymbole gegenüber dem "Standardstrukturplan Anforderungsanalyse" notwendig:

I = Funktion ist DV-gestützt implementiert/realisiert;
P = Funktion ist für das nächste Release in Planung/Entwick-
    lung (in diesem Fall wichtig: geplanter Release-Termin
    und Hinweis, in welchem Software-Modul die Funktion rea-
    lisiert wird).

Der Anbieter, der das Pflichtenheft erhält, kennt somit die dedizierten Anforderungsprofile der Benutzer nicht, sondern stellt benutzerneutral das Leistungsprofil seines Produktes dar.

Das Pflichtenheft umfaßt neben dem "Standardstrukturplan Marktanalyse" für Funktionen und die bereichsübergreifenden Module

- den Fragenkatalog zu den allgemeinen Merkmalen (siehe
  2.3);
- eine Projektbeschreibung;
- die Unternehmens-/Betriebsprofile (externer Teil);
- die Betriebstypisierungen;

- Auszüge aus dem Mengen-/Zeit-/Wertgerüst (Mengengerüste
  Stammdaten, Stücklisten, Arbeitspläne, Bewegungsdatenbestände);
- eine Anleitung zur Bearbeitung der Unterlagen durch den
  Anbieter;
- das Glossar.

Es empfiehlt sich, den Anbieter im Pflichtenheft (Vorwort)
darauf hinzuweisen, daß seine Angaben im Falle der späteren
Auftragsvergabe zur verbindlichen Leistungsbeschreibung werden. Dadurch wird die Gefahr, daß Anbieter allzu großzügige
Leistungsprofile liefern, kalkulierbar.

Das Anschreiben wird mit der Bitte ergänzt, die Unterlagen
mit der notwendigen Vertraulichkeit zu behandeln.

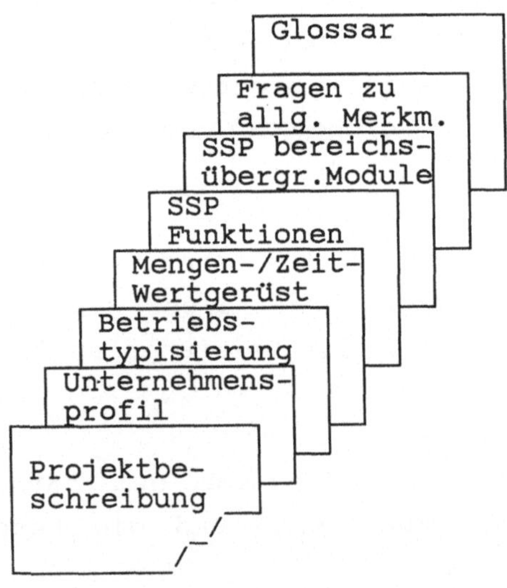

Abb. 35: Bestandteile des Pflichtenheftes
         SSP = "Standardstrukturplan" (Marktanalyse)

Abb. 36 zeigt einen Auszug aus dem Standardstrukturplan
Marktanalyse für Funktionen mit geänderten Spaltensymbolen
(I, P).

Systembereich: 3. Produktionsplanung   Seite 1

Funktions-bereich	Funktion/Merkmalsausprägung	Syst. gest.	Eingabe-form		Transakt.-verarbeit.		gepl. Realt MM.JJ	Bemer-kungen/ realisiert in Modul:
			Dial/on-line	Batch	aktu-ell	Sta-pel		
6.	3.6.1 Arbeitsplanung	I P	- -	- -	- -	- -		
Fertigungs-vorberei-tung	- Arbeitsplanerstellung	I P	- -	- -	- -	- -		
	1 = mit Standard-APL-Datei	I P	I P	I P	I P	I P		
	2 = mit Arbeitsgangkatalog (incl. Text)	I P	I P	I P	I P	I P		
	- Feststellen von Ähnlichkeitsbeziehungen zu bestehenden Stamm-APL	I P	- -	- -	- -	- -		
	1 = über Vergabe von Produkt-/Teilegruppenschlüssel aus der Konstruktion	I P	I P	I P	I P	I P		
	2 = über Sachmerkmalskatalog	I P	I P	I P	I P	I P		
	3 = über Produktkonfigurator	I P	I P	I P	I P	I P		
	4 = Standardarbeitspläne für Produkt- bzw. Teilegruppen	I P	I P	I P	I P	I P		
	- Erstellen von Nacharbeitsplänen	I P	I P	I P	I P	I P		
	- Erstellen von Alternativarbeitsplänen	I P	- -	- -	- -	- -		
	1 = mit unterschiedlicher Teilenummer	I P	I P	I P	I P	I P		
	2 = mit gleicher Teilenummer	I P	I P	I P	I P	I P		
	3 = mit unterschiedlicher Gültigkeitsdauer	I P	I P	I P	I P	I P		

Abb. 36: Standardstrukturplan Marktanalyse als Bestandteil des Pflichtenheftes vor Bearbeitung durch Anbieter (Auszug)

5. Bestehende Inhouse-Systeme und DV-Durchdringungsgrad

Bestehende Inhouse-Systeme - unabhängig ob Eigenentwicklungen oder zugekaufte Produkte - sind vom Inhouse-Systementwickler bzw. -betreuer ebenfalls auf der Grundlage des Standardstrukturplanes Marktanalyse in ihrem Leistungsumfang darzustellen. Dadurch wird der Inhouse-Dienstleister wie ein dritter Softwarelieferant behandelt.

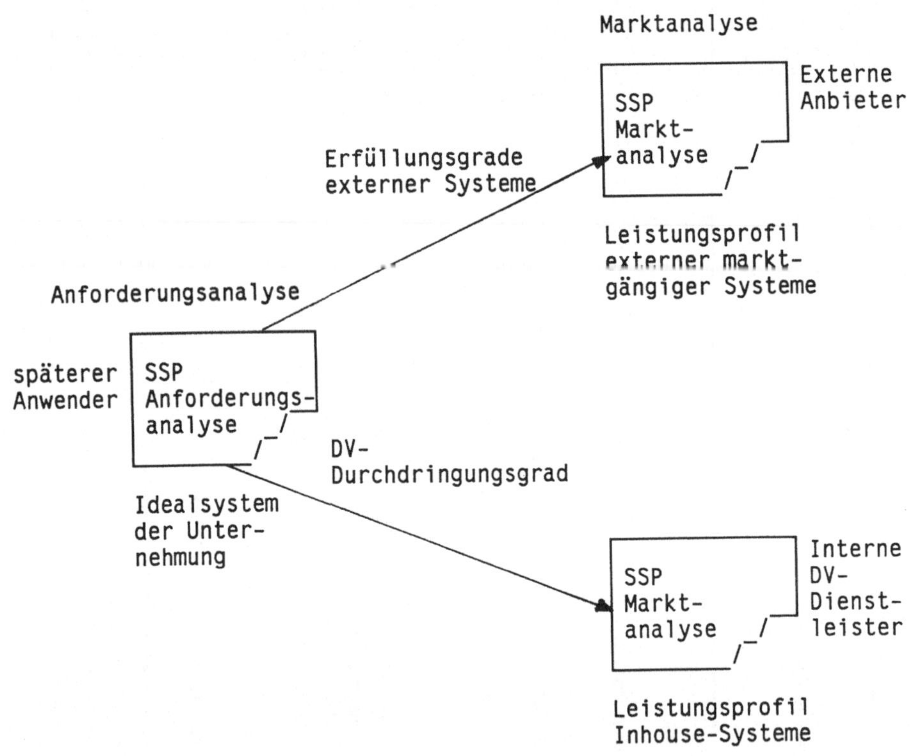

Abb. 37: Ermittlung von Erfüllungs- und Durchdringungsgrad

In der Gegenüberstellung des Idealsystems der Unternehmung zu den Ergebnissen der Marktanalyse (siehe Phase D/E) ergeben sich die Erfüllungsgrade marktgängiger Systeme, im Vergleich mit den Ergebnissen der Leistungsprofilerhebung der Inhouse-Systeme ergibt sich der IST-DV-Durchdringungsgrad.

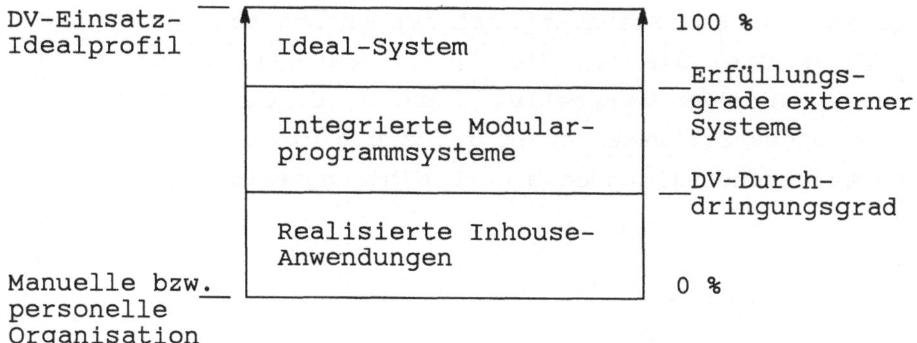

Abb. 38: Erfüllungs- und Durchdringungsgrad im Vergleich
zum DV-Einsatz-Idealprofil

Liegen DV-Durchdringungsgrad und die Erfüllungsgrade externer Systeme relativ eng zusammen, stellt sich die Frage, ob
der Zukauf externer Systeme noch wirtschaftlich ist oder ob
- beispielsweise durch weitere Eigenentwicklungen - der DV-
Durchdringungsgrad in einem überschaubaren Zeitraum das
gleiche Niveau erreichen kann.

Für die Wirtschaftlichkeitsbetrachtung des Einsatzes externer Software ist grundsätzlich eine Abschätzung des Aufwandes vorzunehmen, der für die notwendige Erhöhung des DV-
Durchdringungsgrades in der geforderten Merkmalsausprägung
bei Eigen- oder Fremdentwicklung entstehen würde. Wird die
Wirtschaftlichkeitsbetrachtung in der Phase Grob- bzw. Feinauswahl vorgenommen, kann als Zielgröße der durchschnittliche Erfüllungsgrad externer Systeme herangezogen werden.
Fordern die Entscheidungsträger des Projektes eine grobe
Wirtschaftlichkeitsbetrachtung bereits in der Phase Grobkonzept, sind 85 ± 5 % Ziel-Durchdringungsgrad auch aus be-
triebswirtschaftlicher Sicht eine realistische Größe (Meß-
latte: DV-Einsatz-Idealprofil der späteren Anwender).

Fehlt im Haus die Erfahrung bei der Abschätzung des Aufwandes für Module, die für die Inhouse-Entwickler völlig neue Aufgabenstellungen darstellen, kann u. U. der Entwicklungsaufwand eines Software-Hauses für die gleiche oder eine ähnliche Aufgabenstellung eine gute Näherungsgröße sein.

6. Berater-Einsatz

Bei komplexen Projekten ist die Einschaltung eines externen Beratungsunternehmens für die Strategieentwicklung bzw. auch für einzelne Projektphasen angezeigt.

Die Auswahl des Beraters muß gründlich vorbereitet werden:

a) Aus welchem Grund wird der Berater eingeschaltet?
   Z. B. Beratung in Technologie-/Strategiefragen oder Absicherung eines bereits entwickelten Konzeptes;

b) Wie ist der Beratungsumfang definiert?
   Form der Beratung: Moderation, Teilaufgaben oder Abwicklung einer geschlossenen Aufgabenstellung durch den Berater;

c) Laufzeit des Beratungsauftrages?
   Klare Aufgabenstellung mit Aktivitäten-/Zeitplan;

d) Beratungsbudget?
   Zeitlicher Umfang und Beratungsbudget müssen harmonieren;

e) Welcher Berater?
   Unter Umständen ergeben sich Synergie-Effekte, wenn der Auftrag an einen Berater erteilt wird, der bereits im Hause tätig ist/war; vor "Hausberatern" für alle möglichen Aufgabenstellungen sei jedoch gewarnt.

Die Ausschreibungsunterlagen zur Beraterauswahl müssen klar strukturiert und so aufgebaut sein, daß die Aufgabenstellung die Abgabe vergleichbarer Angebote zuläßt; das Angebot soll einen Richtpreis auf der Basis einer Aufwandschätzung in Manntagen, den Tagessatz für Projektleiter/-mitarbeiter, Nebenkosten für Reise und Verpflegung sowie für Dokumentation/Rechnerleistung beim Berater und die Zahlungsbedingungen beinhalten.

Es empfiehlt sich grundsätzlich, mehrere Berater anzuschreiben, auch wenn die Präferenz für ein Beratungshaus bereits gegeben ist. Wesentlich für jeden Beratereinsatz ist jedoch, daß beim Anforderer der Beratungsleistung bereits (alternative) Lösungsmöglichkeiten vorliegen, um sich in der Projektarbeit gegenseitig ergänzen/beraten zu können. Die Beratung im "Problemnebel" ist ansonsten für beide Partner wenig effizient.

Daneben ist es sinnvoll, den Berater aufzufordern, potentielle Mitarbeiter im Projekt durch ein Mitarbeiterprofil (beruflicher Werdegang, Ausbildung, Referenzprojekte) vorzustellen.

D. Marktanalyse

Der Kern der Marktanalyse liegt in der Erfassung der wesentlichen potentiellen Anbieter. Die Auswahl der Anbieter läuft in der Regel iterativ über mehrere Eingrenzungsstufen. In der Informationsphase können z. B. der ISIS Software Report[10], die PPS-Studie von PLOENZKE, der FIR-Report "PPS-Systeme auf dem Prüfstand" bzw. auch Messe- und Kongreßbesuche (z. B. CeBIT, SYSTEMS, PPS) oder die Empfehlungen eines externen Beraters unterstützend wirken.

Die Grundanforderung an einen potentiellen Anbieter besteht darin, daß er den definierten Funktionsumfang mit eigenen Produkten (in vergleichbarer Technologie, gleiches DB-System etc.) abdecken kann.

1. Spezialisierte Branchenlösungen für Einzel-, Serien- und Variantenfertiger

Bei der Auswahl der anzuschreibenden Anbieter in der Marktanalyse ist die Erzeugnisstruktur, die Dispositions- und die Fertigungsart (siehe Betriebstypisierung) u. U. von entscheidender Bedeutung, wenn

- Applikations-Software für ein **einzelnes** Unternehmen/Betriebsstätte ausgewählt werden soll;
- zwar mehrere Unternehmen/Betriebsstätten, für die auch das Anforderungsprofil erhoben wurde, zu betrachten sind, diese aber **homogene Betriebstypisierungen** aufweisen.

In diesen Fällen werden Anbieter interessant, die spezialisierte Branchenlösungen für Einzel-, Serien- oder Variantenfertiger vertreiben. Diese Branchenlösungen zeigen spezialisierte Leistungsprofile, die zu hohen Erfüllungsgraden führen können und anhand folgender Beispiele charakterisiert werden können:

Systeme für Einzelfertiger bieten in der Regel

- eine leistungsfähige Vorkalkulation;
- Varianten-Stücklisten und Alternativ-Arbeitspläne mit Arbeitsgangkatalog;
- Kopierfunktionen für Stücklisten, Arbeitspläne, Produktstämme, Kunden-, Lieferantenstämme etc.;
- ein gut ausgebautes Sachmerkmalklassensystem;
- den Verwendungsnachweis für Teile und Baugruppen;
- die Möglichkeit, Phantomteile mit Zeitbezug zu verwalten;
- gute Funktionsunterstützung für Aufträge der verlängerten Werkbank;
- die Verwaltung des Auftragsnetzes;
- Reservierungsroutinen auf disponible Bestellbestände;
- evtl. belastungsorientierte Auftragsfreigabe (insbesondere auch für Kleinserienfertigung).

Systeme für Serienfertiger bieten in der Regel

- eine ausgeprägte Arbeitsplanung mit Vorgabezeitwesen und Übergangszeitenmatrix;
- losgrößenabhängige Arbeitspläne;
- eine leistungsfähige Termin- und Kapazitätsplanung mit Vorwärts-/Rückwärts-/Mittelpunktterminierung und Simulationsmodus;
- Qualitätssicherungsfunktionen, integrierte Prüfpläne;
- Splitten/Überlappen von Arbeitsgängen mit Teilmengenrückmeldungen;
- Montage-Stücklisten, die in der Kunden-Auftragserledigung bei der Lieferterminermittlung aufgerufen werden können, um die Verfügbarkeit der Montagekomponenten im Dialog zu prüfen;
- Instandhaltungsfunktionen.

Systeme für Variantenfertiger zeichnen sich in erster Linie aus durch:

- ausgeprägte Vorkalkulation;

- sehr gute Sachmerkmalklassensysteme;
- mehrstufige Varianten-Stücklisten und Alternativ-Arbeits-
  pläne mit Arbeitsgangkatalog;
- Montage-Stücklisten in der Lieferterminermittlung analog
  Serienfertiger (s. oben);
- Instandhaltungsfunktionen.

Für Serien-/Variantenfertiger der Branche **Automobilzuliefe-**
rer werden zunehmend angeboten:

- Datenaustausch mit DFÜ nach VDA 49..- Empfehlung;
- Fortschrittszahlensysteme;
- Chargentrennung und -verfolgung;
- eigenständige Qualitätssicherungssysteme mit ausgeprägter
  Prüfdokumentation.

Ist also das Unternehmen bzw. die Betriebsstätte, für das
eine Applikation ausgewählt werden soll, eindeutig einer der
genannten Kategorien zuzuordnen, kann eine spezialisierte
Lösung folgende Vorteile gegenüber einem hochfunktionalen,
nahezu universell einsetzbarem System bringen:

- geringer Umfang an Funktionsübererfüllung;
- in der Regel geringerer Schulungsaufwand und kürzere Im-
  plementierungszeiten;
- günstigere Konditionen.

Gegenargumente sind:

a) Die Grundanforderungen eines Einzel-/Kleinserienfertigers
   sind von denen eines Serienfertigers nicht allzu verschieden; z. B. muß auch der Einzel-/Kleinserienfertiger
   über eine stochastische Bedarfsermittlung verfügen, wenn
   die Mehrfachverwendung von Komponenten hoch ist.
b) Wenn sich das Produktprogramm, die Zukaufpolitik oder die
   Erzeugnisstruktur verändern, kann das eingesetzte Appli-
   kationssystem zur restringierenden Größe werden.

Grundsätzlich ist es immer sinnvoll, auch spezialisierte Anbieter anzuschreiben, sofern die Prämissen erfüllt sind; den Ausschlag geben später die nachvollziehbaren Leistungsprofile.

2. Applikationssysteme auf Microcomputern, MDT- und Universalrechnern

Eine Vorselektion des Anbieterkreises ist neben der Betriebstypisierung auch über das Mengen-/Zeit-/Wertgerüst und damit aufgrund der Hardware-Anlagengröße möglich, da viele Standard-Applikationssysteme an die Hardware gebunden sind, auf der sie entwickelt wurden. Diese Vorgehensweise bietet sich einerseits für sehr kleine Unternehmen und andererseits für große Konzerne an.

Bei mittelständischen Unternehmen und kleineren Konzernen sollte dagegen auf diese Möglichkeit der Vorselektion verzichtet werden, wenn hardwareneutral bis zur Phase Feinauswahl vorgegangen werden kann, da

- naturgemäß erhebliche Leistungsprofilunterschiede zwischen Applikationssystemen der drei Hardware-Kategorien vorliegen, die durch den Preisunterschied nicht aufgewogen werden;
- bei mehreren Unternehmen bzw. Betriebsstätten eines Konzerns die Hardware für die Planungs-/Verwaltungsfunktionen evtl. zentralisiert werden kann und kleinere Systeme für die Werkstattsteuerung dezentral installiert werden können. Dies hat Einfluß auf die Anlagengrößen;
- erst nach der Grobauswahl die Hardware-Lieferanten der engeren Wahl bekannt sind und alternative Installationstopologien entworfen werden können. Jede Kombination Applikation <-> Hardware kann zu neuen Installationsarchitekturen führen;
- Hersteller von großen Universalmaschinen heute in der Regel auch Rechner der MDT (und Micros) anbieten, teilweise

mit gleichem Betriebssystem.

3. Ausschreibung

In Hinsicht auf den Umfang der später notwendigen Evaluation der Anbieter-Unterlagen sollten nicht mehr als maximal 10 Anbieter angeschrieben werden. Die Übergabe des Pflichtenheftes ist sinnvollerweise mit einem Gesprächs-Termin beim Anbieter zu verbinden, der dazu dient,

- das Pflichtenheft gegenüber dem Anbieter zu erläutern;
- dem Anbieter Gelegenheit zu geben, sich in einer "Firmen-/ Produkt-Präsentation" darzustellen.

Für die Rückgabe der Ausschreibungsunterlagen bzw. des bearbeiteten Pflichtenheftes wird ein verbindlicher Termin mit den Anbietern vereinbart. Realistischerweise sollten den Anbietern 5 bis 10 Kalenderwochen zur Bearbeitung der Unterlagen eingeräumt werden.

Mit der Übergabe des Pflichtenheftes an die Anbieter startet die "externe" Phase der Marktanalyse; die Zeit bis zur Abgabe der bearbeiteten Pflichtenhefte kann genutzt werden, um sich z. B. Fragen der Gewichtung bzw. der Auswertung und der Wirtschaftlichkeitsbetrachtung als Vorbereitung zur Grobauswahl zu widmen.

In Abb. 39 ist ein Auszug aus dem Standardstrukturplan Marktanalyse dargestellt, **nachdem** er durch einen Anbieter bearbeitet wurde. Die jeweilige Ausprägung der Funktionen in dem angebotenen System wurde durch Einkreisen gekennzeichnet. Zur leichteren Vergleichbarkeit mit dem Standardstrukturplan Anforderungsanalyse wurde in diesem Beispiel ebenfalls die Funktion "Arbeitsplanung" - aus dem Funktionsbereich Fertigungsvorbereitung - gewählt (vgl. Abb. 34 "Anforderungsanalyse mit Standardstrukturplan").

Systembereich: 3. Produktionsplanung — Seite 1

Funktions-bereich	Funktion/Merkmalsausprägung	Syst. gest.	Eingabe-form		Transakt.-verarbeit.		gepl. Realt. MM.JJ	Bemer-kungen/ reali-siert in Modul:
			Dial/ on-line	Batch	aktu-ell	Sta-pel		
6. Fertigungs-vorberei-tung	3.6.1 Arbeitsplanung	(I) P	- -	- -	- -	- -		
	- Arbeitsplanerstellung	(I) P	- -	- -	- -	- -		
	1 = mit Standard-APL-Datei	(I) P	(I) P	I P	(I) P	I P		
	2 = mit Arbeitsgangkatalog (incl. Text)	(I) P	(I) P	I P	(I) P	I P		
	- Feststellen von Ähnlichkeitsbeziehungen zu bestehenden Stamm-APL	(I) P	- -	- -	- -	- -		
	1 = über Vergabe von Produkt-/Teilegruppenschlüssel aus der Konstruktion	(I) P	(I) P	I P	(I) P	I P		
	2 = über Sachmerkmalskatalog	(I) P	(I) P	I P	(I) P	I P		
	3 = über Produktkonfigurator	I P	I P	I P	I P	I P		
	4 = Standardarbeitspläne für Produkt- bzw. Teilegruppen	(I) P	(I) P	I P	(I) P	I P		
	- Erstellen von Nacharbeitsplänen	(I) P	(I) P	I P	(I) P	I P		
	- Erstellen von Alternativarbeitsplänen	(I) P	- -	- -	- -	- -		
	1 = mit unterschiedlicher Teilenummer	I P	I P	I P	I P	I P		
	2 = mit gleicher Teilenummer	(I) P	(I) P	I P	(I) P	I P		
	3 = mit unterschiedlicher Gültigkeitsdauer	(I) P	(I) P	I P	(I) P	I P		

Abb. 39: Standardstrukturplan Marktanalyse als Bestandteil des Pflichtenheftes **nach** Bearbeitung durch den Anbieter (Auszug)

4. Vorbereitung der Grobauswahl

4.1 Gewichtungsprobleme

Der Gewichtung kommt im Evaluationsprozeß zentrale Bedeutung zu; es ist ein verträglicher Kompromiß zwischen wünschenswerter Gewichtung auf Funktions-/Merkmalsebene und vertretbarem Aufwand für Auswertung und Darstellung zu entwickeln.

Potentielle Objekte der Gewichtung	potentieller Aufwand für Evaluation	
1. Funktional		K. O.
1.1 Systembereiche (bzw. bereichsübergreifende Module)	gering	–
1.2 Funktionsbereiche (bzw. Gliederungspunkte der bereichsübergreifenden Module gemäß Abb. 27)	gering	K R I T E R I E N
1.3 Funktionen	hoch	
1.4 Merkmalsausprägungen von Funktionen	sehr hoch	
2. Allgemeine Merkmale	hoch, überwiegend manuell	

Abb. 40: Gewichtung: Objekte und Aufwand

Eine transparente Gewichtungs-Methode mit vertretbarem Evaluationsaufwand ergibt sich durch die Festlegung von Gewichtungsstufen:

a) "Freie" Gewichtung der System-/Funktionsbereiche
b) "Feste" Gewichtung auf Funktions-/Merkmalsebene

Ergänzt wird die Auswertungssystematik durch die Formulierung realistischer K.O.-Kriterien.

In der Phase Grobauswahl wird dieses Verfahren am Beispiel der System-/Funktionsbereiche und Funktionen/Merkmalsausprägungen von Funktionen angewandt, das für die bereichsübergreifenden Module in gleicher Weise geeignet ist.

4.1.1 "Freie" Gewichtung der System-/Funktionsbereiche

Auf dieser Ebene werden vom späteren Benutzer insgesamt 100 Gewichtungspunkte unter der Prämisse vergeben, daß das betrachtete Unternehmen geschlossene Module mit dem vereinbarten Funktionsumfang ohne Berücksichtigung eventuell bestehender Zwänge wählen und einsetzen kann. Die Vergabe einer hohen Gewichtungspunktzahl läßt Rückschlüsse zu auf

a) die Schwerpunkte einer DV-gestützten Organisation im Unternehmen;
b) die mögliche Implementierungsreihenfolge.

Dabei ist selbstverständlich zu berücksichtigen, daß der Umfang der Funktionalität pro Funktionsbereich mit einfließt (z. B. ist der Funktionsbereich Materialdisposition mächtiger als die Normung). Eine Plausbilitätsprüfung zur vorgenommenen Verteilung der Gewichtungspunkte (durch den späteren Anwender) sollte durch die Projektgruppe erfolgen.

Bei den bereichsübergreifenden Modulen werden 100 Gewichtungspunkte auf die Gliederungspunkte gemäß Abb. 27 verteilt.

Die Abstufung der Bedeutung der System-/Funktionsbereiche gegenüber den bereichsübergreifenden Modulen kann in der Grobauswahl durch die Bildung einer übergeordneten Gewichtungsebene erfolgen, der Gesamt-Anwendung (siehe Abb. Seite 91).

Abb. 41 zeigt die Erhebungsunterlage zur Gewichtung der System-/Funktionsbereiche.

<table>
<tr><td colspan="2" align="center">Evaluation</td><td>12.05.86</td></tr>
<tr><td colspan="3" align="center">Informationslogistik</td></tr>
</table>

Gewichtung der System-/Funktionsbereiche   Unternehmen: __ABC__

Systembereich	Funktionsbereich	Gewichtung
1 Operative Planung	1 Absatzanalyse- und Planungssystem (APS) + 2 Plankontrolle	5,0
2 Vertrieb	3 Anfragen-/Angebotserledigung 4 Kundenauftragserledigung	2,5 20,0
3 Produktions- planung	5 Materialdisposition 6 Fertigungsvorbereitung 7 Termin- und Kapazitäts- planung	12,5 7,5 7,5
4 Produktions- steuerung	8 Auftragsveranlassung 9 Auftragsüberwachung	5,0 7,5
5 Instandhaltung	10 Wartung Inspektion Reparatur	5,0
6 Lagerwirtschaft	11 Lagerverwaltung 12 Bestandsverwaltung 13 Inventur	22,5
7 Konstruktion	14 Techn. Auftragsbearbeitung 15 Normung	2,5 2,5
8 Rechnungswesen	16 Kostenrechnung 17 Finanzbuchhaltung 18 Lohn und Gehalt	0 0 0
Summe Gewichtungspunkte		100,0

Abb. 41: Gewichtung der System-/Funktionsbereiche

Das Beispiel bezieht sich auf ein Unternehmen ABC, das im Systembereich 8 an Zentralstellen-Funktionen angebunden ist, für die bereits DV-Systeme im Einsatz sind (Gewichtungspunktzahl "Null").

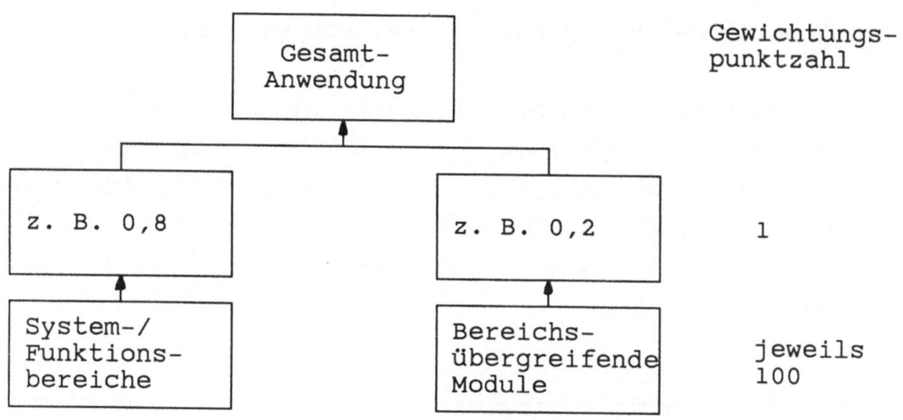

4.1.2 "Feste" Gewichtung auf Funktions-/Merkmalsebene

Die Gewichtung auf Merkmalsebene reduziert sich auf eine Konvention zur Differenzierung von Muß-Funktionalität ("M" im Standardstrukturplan zur Anforderungsanalyse) und Kann-Funktionalität ("E" = sinnvolle Ergänzung). Im Beispiel (siehe Phase E Grobauswahl) wurden die Gewichtsfaktoren 5 ("M") und 2 ("E") gewählt.

4.1.3 K.O.-Kriterien

Die Formulierung realistischer K.O.-Kriterien ist äußerst anspruchsvoll; der unbefangene Umgang mit diesem Auswahl-Instrument kann dazu führen, daß kein Software-System den Ansprüchen genügt. Daneben kann der Fall eintreten, daß die Funktionalität in genau der formulierten Qualität von einem System nicht abgedeckt wird, aber die gegebene Ausprägung in Verbindung mit geringen (ablauf-)organisatorischen Änderungen ausreichend ist.

Es empfiehlt sich deshalb, die K.O.-Kriterien nicht starr vorzugeben, sondern im einzelnen in der Grobauswahl zu definieren (z. B. relationale Datenbank als unabdingbares Muß?).

4.2 Problematik der Wirtschaftlichkeitsbetrachtung

Die Problematik der Wirtschaftlichkeitsrechnung für die Realisierung einer durchgängigen DV-gestützten Funktionserfüllung wird klar, wenn man auf die konventionellen Methoden der Berechnung zurückgreift. Vor allem für die Quantifizierung des realtiven und schwer faßbaren Nutzens fehlt oft die Bewertungsgrundlage.

Nutzen- kategorie Kriterien	1	2	3
Bezeichnung	Direkte Nutzen	Relative Nutzen	Schwer faßbare Nutzen
Beschreibung	- Einsparung bestehender Kosten	- Einsparung zukünftiger Kosten - Einsparungen aufgrund der Leistungsfähigkeit des DV-Systems bzw. der neuen Anwendungen	- Sekundäre Wirkungen, die nichts mit dem Einsatz der DV zu tun haben - Immaterielle Vorteile
Beispiele	- Personalkosten - Maschinenkosten - Materialkosten - Raumkosten	- Automatische Kreditkontrolle reduziert die uneinbringlichen Forderungen z. B. um 30 % - Durch die maschinelle Bestands- und Bestellrechnung wird der Lagerbestand um 20 % reduziert	- Der Außendienst erhält Kennziffern über die Bestellweise der Kunden. Die Vertreter sind - wenn sie diese Information nutzen - in der Lage, mehr Umsatz bzw. Gewinn zu erzielen - Verbesserung . der Sicherheit bei der Datenerfassung . des Firmen-Image . der Arbeitsmoral durch Übernahme interessanter Aufgaben
Bewertungs- problem	- Bewertung ist relativ einfach, da die Kosten bereits vorliegen - Auch bei wesentlich späteren Installationen (vom Berechnungstag) läßt sich der Wert durch Hochrechnung ermitteln	- Im Gegensatz zur Kategorie 1 sind diese Einsparungen zukunftsorientiert - Bewertungsgrundlage können Schätzungen oder Vergleiche (z. B. wie hoch wären die Kosten bei einer manuellen Organisationsform) sein, wenn die Kosten nicht bereits vorliegen (z. B. durch Fehler)	- Vergleiche mit ähnlichen Auswertungen - Anmahnungen und Schätzungen in Verbindung mit der Fähigkeit und Bereitschaft, Vorteile zu nutzen - Für die Auswirkungen der immateriellen Vorteile ist normalerweise kein Bewertungsmaßstab anwendbar (sie sollten jedoch ohne Wertansatz aufgeführt werden)

Abb. 42: Nutzenkategorien (nach Nagel[11])

Die Unzufriedenheit mit vorhandenen Methoden drückt sich auch in einer CIM-Expertenbefragung[12] aus: mehr als 70 % der Befragten halten sie für nicht ausreichend für die Beurteilung einer CIM-Realisierung aus ökonomischer Sicht. Schwächen wurden vor allem in folgenden Punkten gesehen:

- nicht alle Nutzen lassen sich rechnen;
- sehr viele nicht quantifizierbare Nutzen (Beispiel Flexibilität am Markt);
- Problem der Verschiebung der Wirtschaftlichkeit in indirekte Bereiche;
- vorhandene Methoden behandeln nur Teilbereiche;
- ungenügende Sicherheit der Ergebnisse, da zu viele Annahmen gemacht werden müssen;
- Kosten der Unterlassung bleiben unberücksichtigt.

Alternative Methoden werden gesehen in

- strategischer Investitionsplanung;
- diskontiertem Cash Flow;
- Renditerechnung;
- Gemeinkostenwertanalyse.

Erschwert wird die Wirtschaftlichkeitsrechnung durch die Unsicherheit bei der Einschätzung der Einführungszeiten, die von den befragten Experten mit 1,5 bis 3,5 Jahren (im arithetischen Mittel) für Einzelkomponenten (CAQ, CAP, CAM, CAD, PPS) angegeben wurden. Amortisationszeiten z. B. für PPS werden mit vergleichbarer Häufigkeit mit 2 Jahren, 2 bis 3 Jahren und mehr als 3 Jahren angegeben.

Mehr als 70 % der Befragten sind der Meinung, man müsse bereits heute mit dem Aufbau von CIM beginnen, auch wenn der Wirtschaftlichkeitsnachweis noch aussteht.

Es ist jedoch selbstverständlich, daß der Kosten- bzw. Aufwandrahmen und ein terminierter Realisierungsplan die Minimalgrundlage einer unternehmerischen Entscheidung bilden müssen.

E.   G r o b a u s w a h l

Die Grobauswahl ist der Meilenstein bei der Leistungsprofil-
Analyse von marktgängigen Modularprogrammsystemen, da sie
aufzeigt, ob

- marktgängige Modularprogrammsysteme einen Gesamterfül-
  lungsgrad von 80 % und höher - bezogen auf die Anforderungsprofile - erzielen können;
- innerhalb definierter Programmsysteme nur tolerierbare
  Streuungen der Erfüllungsgrade in den Funktionsbereichen
  auftreten;
- die geforderte Integration innerhalb der Programmsysteme
  gegeben ist.

Die Dokumentation der Grobauswahl sollte folgenden Umfang
aufweisen:

a) Erfüllungsgrade (Funktionalität)
b) Preise/Kosten
c) Prüfergebnisse in Kurzform
d) Anbieterprofile und Referenzen
e) Stärken-/Schwächenprofile der Software-Systeme
f) Wirtschaftlichkeitsbetrachtung

1. Erfüllungsgrade

Zur Ermittlung der Erfüllungsgrade von externen Systemen als
auch von Inhouse-Systemen ist maschinelle Unterstützung angezeigt; ausreichend ist in der Regel PC-Unterstützung. Der
Evaluationsprozeß für die Funktionen und bereichsübergreifenden Module läuft dann wie folgt:

a) Eingabe der Anforderungsprofile, die mit dem Standardstrukturplan (SSP) Anforderungsanalyse festgelegt wurden;

Eingabewerte:

- Gewichtsfaktor 5 für Muß-Ausprägungen;
- Gewichtsfaktor 2 für sinnvolle Er-
  gänzungen;
- Wert 1 für die geforderte Ausprägung;
- Wert 0 für nicht·benötigte Funktionen
  im SSP.

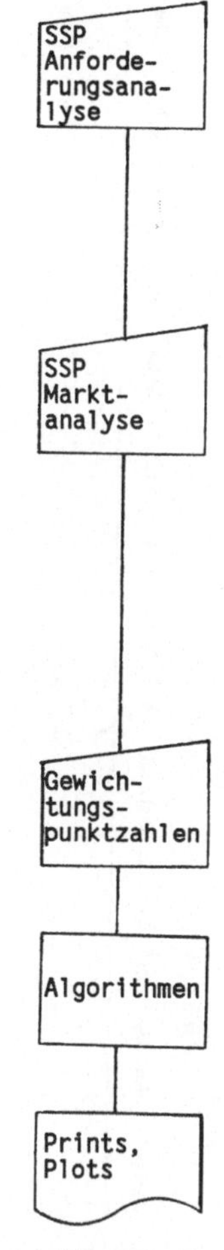

b) Eingabe der Leistungsprofile marktgängiger Applikationssysteme, die mit dem
   Standardstrukturplan (SSP) Marktanalyse
   bei den Anbietern erhoben wurden; analog:
   Eingabe der Leistungsprofile für Inhouse-
   Systeme, die mit dem SSP Marktanalyse
   beim Inhouse-Entwickler bzw. -Betreuer
   abgefragt wurden;

c) Eingabe der vergebenen Gewichtungspunktzahlen auf System-/Funktionsbe-
   reichs-Ebene gemäß Abb. 41;

d) Maschineller Abgleich mit Gewichtung
   (Leistungsprofile : Anforderungsprofile);

e) Dokumentation, z. B. Abb. 43 bis 46.

Diese Vorgehensweise läßt die n : n-Darstellung für Anforderungsprofile : Leistungsprofile mit vertretbarem Aufwand zu.

Die Abb. 43 zeigt eine Seite des Ergebnisausdruckes nach der
PC-gestützten Erfüllungsgradermittlung. Zum besseren Verständnis einige Erläuterungen zu diesem Print:

- Die Spalten "Soll" korrespondieren mit den Angaben des Anforderers ABC in Abb. 34, die Spalten "System" mit den Angaben des Anbieters von Softwarepaket 1 in Abb. 39.

Funktion/Merkmal	Syst. gest. Soll	Syst. gest. Syst.	Eingabe Dialog Soll	Eingabe Dialog Syst.	Eingabe Batch Soll	Eingabe Batch Syst.	Verarbeitung aktuell Soll	Verarbeitung aktuell Syst.	Verarbeitung Stapel Soll	Verarbeitung Stapel Syst.	Summe Merkmal Soll	Summe Merkmal System	Summe Spiegels. Soll	Summe Spiegels. System	Summe Funktion Soll	Summe Funktion System	Summe Funktionsb. Soll	Summe Funktionsb. System	Gew	% Erf.
3.6.Fertigungsvorbereitung																	35980	29730	7,5	82,62
3.6.1 Arbeitsplanung	5	5													12330	8830				
- Arbeitsplanerstellung	5	5											70	70						
1=mit Standard-APL-Datei	5	5	1	1	0	0	1	1	0	0	10	10								
2=mit Arbeitsgangkatalog (incl. Text)	2	2	1	1	0	0	1	1	0	0	4	4								
- Feststellen von Ähnlichkeitsbeziehungen zu bestehenden Stamm-APL	5	5											150	150						
1=über Vergabe von Produkt-/Teilegruppenschlüssel aus der Konstruktion	5	5	1	1	0	0	1	1	0	0	10	10								
2=über Sachmerkmalskatalog	5	5	1	1	0	0	1	1	0	0	10	10								
3=über Produktkonfigurator	0	0	0	0	0	0	0	0	0	0	0	0								
4=Standardarbeitspläne für Produkt- bzw. Teilegruppen	5	5	1	1	0	0	1	1	0	0	10	10								
- Erstellen von Nacharbeitsplänen	5	5	1	1	0	0	1	1	0	0			50	50						
- Erstellen von Alternativarbeitsplänen	5	5	-	-	-	-	-	-	-	-			100	100						
1=mit unterschiedlicher Teilenummer	0	0	0	0	0	0	0	0	0	0	0	0								
2=mit gleicher Teilenummer	5	5	1	1	0	0	1	1	0	0	10	10								
3=mit unterschiedlicher Gültigkeitdauer	5	5	1	1	0	0	1	1	0	0	10	10								

Abb. 43: PC-Print Erfüllungsgrade (Auszug aus dem Funktionsbereich Fertigungsvorbereitung)

Die beiden vorletzten Spalten zeigen die Gewichtungspunktzahl (7,5 aus Abb. 41) und den erzielten Erfüllungsgrad des Funktionsbereiches Fertigungsvorbereitung von 82,62 %.

- "M" wurde umgesetzt in den Gewichtsfaktor "5", "E" wurde umgesetzt in den Gewichtsfaktor "2", die Angaben des Anbieters (I, P) erhalten bei Deckung mit den Anforderungen identische Werte, ansonsten "0". Funktionsübererfüllungen wurden negiert.
- Die verwendeten Algorithmen sind relativ einfach am Beispiel des Spiegelstriches "Arbeitsplanerstellung" nachvollziehbar:

Merkmal 1 = mit Standard-APL-Datei

SOLL   = 1 (Dialog-Eingabe) + 1 (akt. Verarb.) = 2
(Anwender)   2 x 5 (aus Spalte 1) = 10 (Summe Merkmal)

System   = analog
(Anbieter)

Merkmal 2 = mit Arbeitsgangkatalog

Soll   = 1 (Dialog-Eingabe) + 1 (akt. Verarb.) = 2
(Anwender)   2 x 2 (aus Spalte 1) = 4 (Summe Merkmal)

System   = analog
(Anbieter)

Summe   = (10 + 4) x 5 = 70 für Soll und System
Spiegelstrich

Summe   = Summen Spiegelstriche x 5 (z. B. für 3.6.1
Funktion   Arbeitsplanung)

Summe   = Summen Funktionen
Funktionsbereich

Würde Abb. 43 nicht nur einen Ausschnitt aus dem Funktionsbereich "Fertigungsvorbereitung" zeigen, ergäbe sich im Beispiel ein Erfüllungsgrad von 100 %.

Die **Gesamtauswertung** für alle Funktionsbereiche und alle

ERFÜLLUNGSGRADE MARKTGÄNGIGER MODULARPROGRAMMSYSTEME

Unternehmen: ABC Funktionsbereiche	Gewichtung	Software-paket 1	Software-paket 2	Software-paket 3	Software-paket 4	Software-paket 5	Software-paket 6	Software-paket 7	Software-paket 8	Software-paket 9	Software-paket 10
1.1/1.2 Absatzanalyse- und -planungssystem/Plankontrolle	5,0	2,93	71,09	100,00	0,00	86,31	35,75	0,00	0,00	0,00	0,00
2.3 Anfragen-/Angebotserledigung	2,5	93,38	90,35	77,98	85,44	70,93	81,60	69,91	69,72	64,41	0,00
2.4 Auftragserledigung	20,0	86,40	90,98	76,20	73,72	68,97	81,64	64,22	46,33	62,75	0,00
3.5 Materialdisposition	12,5	75,04	78,96	81,02	73,82	68,58	83,42	73,30	58,13	74,90	74,37
3.6 Fertigungsvorbereitung	7,5	82,62	79,22	74,38	57,83	49,31	39,60	63,92	26,27	21,11	30,05
3.7 Termin- und Kapazitätsplanung	7,5	88,19	72,60	53,36	66,70	47,81	47,46	59,03	32,46	36,95	14,16
4.8 Auftragsveranlassung	5,0	88,85	89,37	74,30	45,29	52,78	52,35	77,17	56,62	45,12	49,47
4.9 Auftragsüberwachung	7,5	94,17	81,56	83,32	48,27	65,88	47,65	74,70	43,49	31,21	58,26
5.10 Wartung, Inspektion, Reparatur	5,0	64,82	0,00	66,34	54,39	0,00	0,00	0,00	83,93	0,00	0,00
6.11/12/13 Lager-/Bestandsverwaltung, Inventur	22,5	95,09	85,29	81,79	88,37	92,57	65,54	59,80	55,74	53,50	59,52
7.14 Technische Auftragsbearbeitung	2,5	91,44	89,53	84,51	63,72	45,78	68,20	63,85	49,59	33,42	39,94
7.15 Normung	2,5	100,00	85,71	100,00	57,14	0,00	0,00	0,00	0,00	0,00	0,00
Summe: GEWICHTETER GESAMTERFÜLLUNGSGRAD:	100,0	82,88	79,42	78,17	66,96	65,29	59,76	57,49	46,75	45,35	33,85

Abb. 44: PC-Print Erfüllungsgrade für ein Unternehmen ABC; zehn Softwarepakete wurden untersucht

betrachteten Unternehmen kann als Tabelle oder PC-Plot ausgegeben werden. Die Abb. 44 und 45 zeigen beide Darstellungsalternativen für ein Unternehmen ABC, das in den Funktionsbereichen Kostenrechnung, Finanzbuchhaltung und Lohn/
Gehalt an Zentralstellen-Funktionen angebunden ist. Die Gewichtung für die System-/Funktionsbereiche ist identisch mit
den Angaben in Abb. 41.

Die Auswertung der bereichsübergreifenden Module zeigt den
gleichen Aufbau und bringt für das Verständnis des Auswahlverfahrens keine zusätzlichen Erkenntnisse.

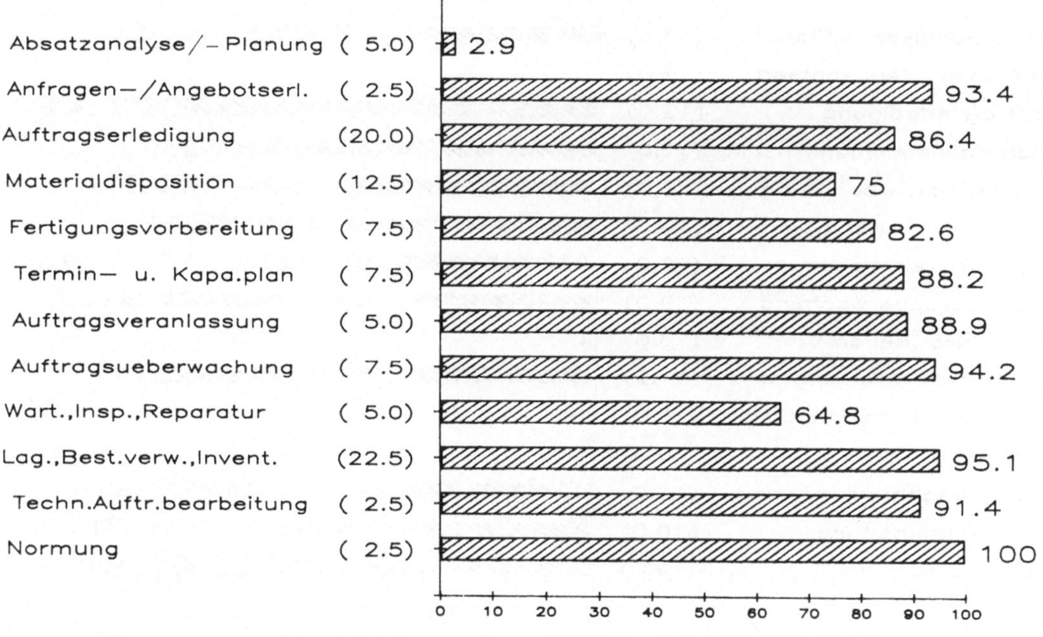

Abb. 45: PC-Plot Erfüllungsgrade des Softwarepaketes mit
Rang 1 bei Unternehmen ABC

Die Darstellungsform kann natürlich auch auf autonome, selbständig bilanzierende Unternehmen übertragen werden. Voraussetzung ist lediglich eine Gewichtung, die auch Kostenrechnung, Finanzbuchhaltung und Lohn und Gehalt umfaßt.

Abb. 46 illustriert das Ergebnis für ein autonomes Unternehmen, das in den Funktionsbereichen

- Anfragen-/Angebotserledigung
- Techn. Auftragsbearbeitung
- Normung

keinen Software-Bedarf hat (jeweils Gewichtungspunktzahl "Null"); die Instandhaltung (Wartung, Inspektion, Reparatur) wird durch das untersuchte Softwarepaket nicht abgedeckt; es ist identisch mit Softwarepaket 2 in Abb. 44.

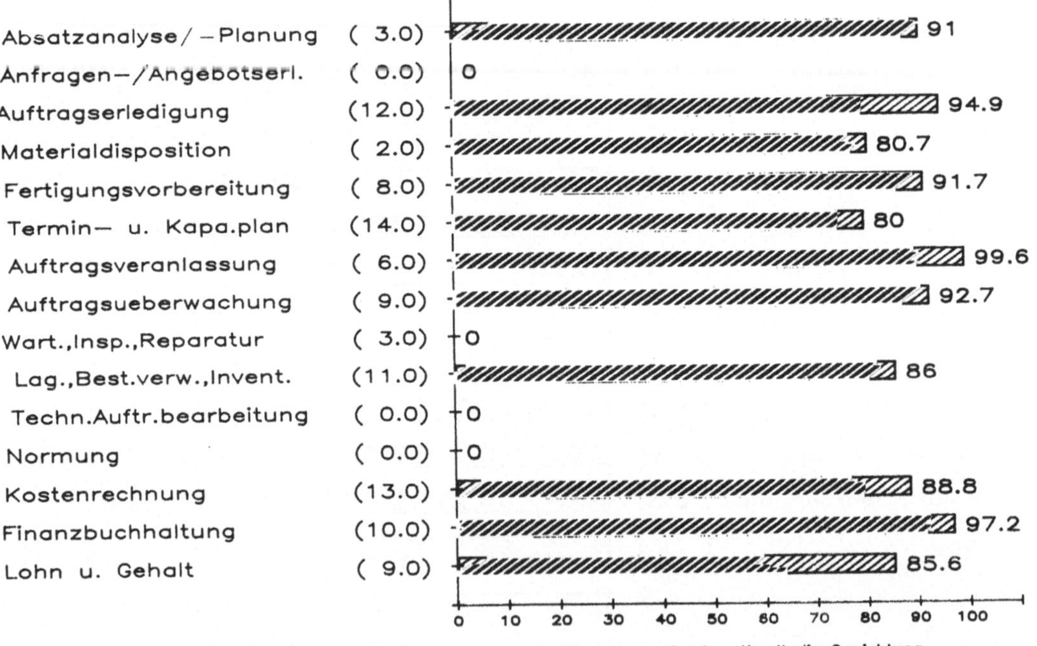

Abb. 46: PC-Plot Erfüllungsgrade für das autonome Unternehmen XYZ und das Softwarepaket 2 aus Abb. 44

Durch geänderte Gewichtung und das differente Anforderungsprofil haben sich die Rangplätze verschoben.

2. Preise/Kosten

Die Preise und Kosten sind in der Grobauswahl keine ausge-
handelten Daten, sondern Listenpreise bzw. Standardkonditio-
nen. Sie werden aus dem beantworteten Fragenkatalog zu den
allgemeinen Merkmalen gewonnen. Sie können nach Hardware,
Software, Wartung, Schulung in sich differenziert dargestellt werden oder in Verbindung mit dem erzielten Erfüllungsgrad.

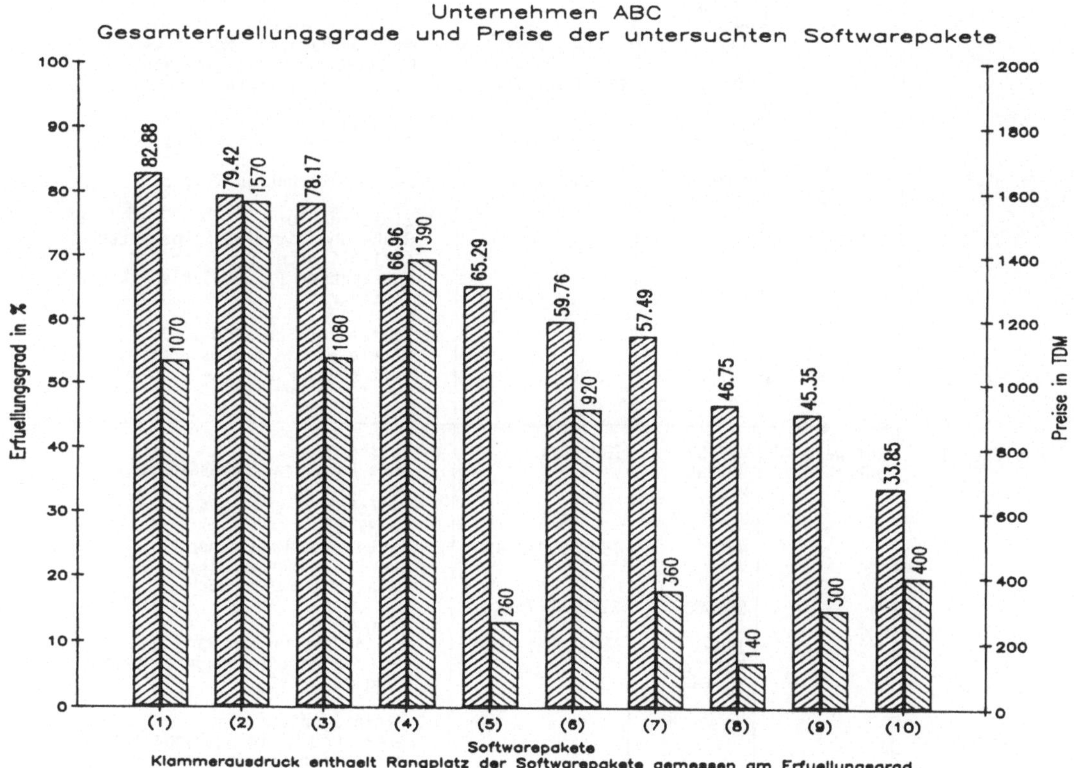

Abb. 47: PC-Plot der erzielten Gesamterfüllungsgrade und
Einmalpreise (Listenpreise/Applikation) für Unternehmen ABC.

3. Prüfergebnisse in Kurzform

Die Prüfergebnisse in Kurzform sind eine verdichtete Darstellung der wesentlichsten Ergebnisse aus dem Pflichtenheft, das die Anbieter in der Marktanalyse bearbeitet haben. Sie können in Tabellenform übersichtlich präsentiert werden:

Applikations-Anbieter	Applikation	Betriebs-systeme	Hardware	Prüfergebnis
Anbieter 1	Software-paket 1	VSE/SP VM/VSE	IBM 9370	a) Leistung: Erfüllungsgrad gemessen an den Anforderungen der Benutzer zwischen 79 % - 87 % (Ø 83 %). Deutsches Produkt, das jedoch im Bereich "operative Planung" noch sehr schwach ist (z. Z. in Entwicklung).
		VSE/SP VM/VSE MVS	IBM 43xx	
		MVS	IBM 3080/3090	
		BS2000	SIEMENS 75xx	b) Rangstufe: Bei 5 Unternehmen Rang 1, bei 3 Unternehmen Rang 2, bei 1 Unternehmen Rang 3.
		NIDOS VSE/SP	NIXDORF 8890	
				c) Einsatzgebiet: Groß- und Mittelbetriebe unterschiedlichster Branchen und Fertigungen (z. B. Serien-/Einzelfertiger).
				d) Listenpreis ca. TDM 1.070, mittleres bis oberes Preisniveau; (mit KORE, FIBU, L + G ca. TDM 1.880).
Anbieter 2	Software-paket 2	VSE/SP VM/VSE MVS	IBM 43xx	a) Leistung: Abdeckungsgrad gemessen an den Anforderungen der Benutzer zwischen 77 % - 86 % (Ø 82 %). System amerikanischer Herkunft mit MRP2-Logik, relationale Datenbank.
		MVS	IBM 3080/3090	
		BS2000	SIEMENS 75xx	b) Rangstufe: Bei 4 Unternehmen Rang 1, bei den restlichen Unternehmen Rang 2.
		IBM-Betriebs-systeme	IBM-Kompatible	
				c) Einsatzgebiet: Groß- und Mittelbetriebe unterschiedlichster Branchen und Fertigungen.
				d) Listenpreis TDM 1.570, mittleres bis oberes Preisniveau; (mit KORE und FIBU ca. TDM 1.930).

Abb. 48: Prüfergebnisse der Grobauswahl in Kurzform (Auszug)

4. Anbieterprofile und Referenzen

Die Anbieter werden nach den im Punkt C.2.3 definierten Merkmalen charakterisiert, wobei die wesentlichen Informationen zu den potentiellen Lieferanten aus dem beantworteten Fragenkatalog zu den allgemeinen Merkmalen gewonnen werden. Abb. 49 zeigt ein Anbieterprofil, dessen Gliederung für alle Anbieter standardisiert sein sollte.

Für die Anbieter der Softwarepakete mit dem Rang 1 bis 3 sollten Referenzkundenlisten mit Angabe der jeweils eingesetzten Module für die Dokumentation der Grobauswahl vorliegen.

5. Stärken-/Schwächenprofile der Systeme

Das Stärken-/Schwächenprofil ist eine verbale Analyse, bei der insbesondere potentielle K.O.-Kriterien hervorgehoben werden müssen. Es bildet die Ergänzung zur Erfüllungsgradermittlung der Softwarepakete. Abb. 50 zeigt ein Stärken-/ Schwächenprofil, gegliedert nach den Systembereichen.

Es ist in der Phase Grobauswahl verfrüht, Systeme mit hohen Erfüllungsgraden aufgrund von K.O.-Kriterien zu eliminieren. In der Feinauswahl ist mit dem Anbieter zu verhandeln, wie die funktionale Unterdeckung - evtl. kostenneutral - korrigiert werden kann.

In Abb. 50 sind für ein Softwarepaket zwei wesentliche Schwächen aufgezeigt, die als K.O.-Kriterien bezeichnet werden können (gekennzeichnet mit ">"); die operative Planung wird in diesem System z. Z. nicht unterstützt, es läuft aber ein Entwicklungsauftrag beim Anbieter. Das potentielle K.O.-Kriterium kann sich zum Vorteil wenden, wenn die Möglichkeit besteht, als Anwender in der Entwicklung mitzuwirken und die zeitliche Entwicklungsplanung mit der Implementierungsplanung beim Anwender harmoniert. Die fehlende Berücksichtigung von Fortschrittszahlen ist analog zu beurteilen.

Anbieterprofil:	Fa. 1

Anschrift:	D-1234
Rechtsform:	GmbH
Gründungsjahr:	1974
Umsatz 1986:	95 Mio. DM
Mitarbeiter BRD:	Gesamt 300 Entwicklung und Qualitätssicherung 150 Anwenderunterstützung und Projekt-Management 60 Schulung 23 Vertrieb 30 Verwaltung, Service, Dokumentation, RZ 37
Filialen:	A-5678 CH-9012
Entwicklungs- organisation:	Entwicklung in deutscher Sprache im Stammhaus; Programmdokumentation durchgängig in deutscher Sprache; zukünftige Entwicklungsrichtung: Integration der CA.-Systeme und Realisierung eines Stufenkonzeptes für die Durchsetzungsfunktionen in PPS
Einflußnahme- Möglichkeiten des Anwenders:	Individuelle Anpassungen werden nur realisiert, wenn mehrere Anwender die Anforderung unterstützen; gemeinsame Entwicklungen sind i. d. R. nur in Pilotprojekten zur Entwicklung "neuer" Funktionalität möglich (z. B. VDA-DFÜ); Benutzerkreise werden nicht aktiv unterstützt, existieren jedoch durch Initiative der Anwender; Eigenentwicklungen von Anwendern (in kompatibler Software-Umgebung) werden von Fall zu Fall auf Antrag des Anwenders auf die Übernahme in den Standard geprüft; Kostenerstattung bei gegebenem Mehrfach-Einsatz (bei anderen Anwendern) möglich;
Service-Konzept:	Nächster Stützpunkt D-1234; on-line-Zugriff auf Fehlerdatenbank mit PC gegeben; on-line-Debugger als Testverfahren (Programmablauf wird analysiert); Fehlerbehandlung durch Hot-line-Service, dringliche Probleme werden spätestens am nächsten Tag bearbeitet;
Releases:	Neue Releases sind ohne Zeitversatz verfügbar (kein Zeitversatz durch Übersetzungsarbeiten); Korrekturstände alle 3 - 5 Monate, neue Chargen in Abständen von 12 bis 18 Monaten; die Dokumentation erfolgt durch das Data Dictionary und dem Installationsmanual; Einsatzhilfe ist durch Migrations-Tool in Verbindung mit Data Dictionary gegeben;
Projekt-Management:	Als Tool für die Planung und Kontrolle der Implementierung wird das Software-Produkt REALIZE angeboten; Implementierungsunterstützung erfolgt durch den Anbieter, wenn ein Beratungsvertrag geschlossen wird;
Schulung:	Schulungsmöglichkeiten für Anwender, DV und Organisation sind in ausreichendem Maße gegeben; Schulungen beim Anwender werden in Gruppen bis max. 15 Mitarbeiter in Ausnahmefällen durchgeführt;
Produkt-Verbreitung:	Erst-Installation eines Moduls: 1975 Installationsdichte für Einzelmodule: - BRD 650 - weltweit 850
Referenz-Projekte:	siehe Anlage

Abb. 49: Profil eines Applikations-Anbieters

Softwarepaket: 1

Systembereich	Stärken	Schwächen
1. Operative Planung	—	> Der gesamte Bereich wird z. Z. standardmäßig nicht abgedeckt. Allerdings läuft ein Entwicklungsauftrag zur Ergänzung dieser Funktionalität
2. Vertrieb	- on-line Terminermittlung mit Verfügbarkeitsprüfung und Nettobedarfsermittlung über alle Stufen wird in 1987 realisiert - alle geforderten Auftragsarten werden unter Berücksichtigung der Fortschreibungsregeln abgedeckt - Preisfindung unter Berücksichtigung von Rabatten, Satz- und Gesamtpreisen und Zu-/Abschlägen wird voll maschinell gestützt - Deckungsbeitragsermittlung bereits bei Auftragseinlastung - rollierende Abgrenzung beim Monatsabschluß	- keine maschinelle Unterstützung für Sonderregelungsverfahren (genehmigungspflichtige Produkte nach COCOM, DDR-Warenverkehr) > bisher keine Berücksichtigung von Fortschrittszahlen (geplant 06.87) - keine Provisionsabrechnung
3. Produktionsplanung	- Brutto-/Nettobedarfsermittlung über alle Stufen für alle Materialarten - Zusammenführung von einzelnen Produktionsaufträgen zu einem übergeordneten Fertigungsauftrag ist möglich - Bedarfsermittlung sowohl stochastisch als auch deterministisch - Bedarfsermittlung über Net-Change und Neuaufwurf - Verknüpfung von Stücklistenpositionen und Arbeitsgängen besteht - Führung von Alternativarbeitsplänen - Führung von Prüf- und Einstellplänen - Überlappung und Splittung von Arbeitsgängen möglich - Führen einer Übergangszeitenmatrix	- keine Simulationsmöglichkeiten - Fehlende Mittelpunktterminierung
4. Produktionssteuerung	- Verfügbarkeitsprüfung für alle notwendigen Ressourcen vor Auftragsfreigabe - Durchgängige Auftragsverfolgung (Kundenauftrag - Arbeitsgang) - Komplette Auftragsfortschrittserfassung (Zeiten, Fehl- und Gutmengen) - Führen von Eckpunktarbeitsgängen	- BDE über standardisierte Schnittstelle
5. Instandhaltung	- Tagesgenaue Instandhaltungsplanung für Maschinen, Werkzeuge, Vorrichtungen - Kennzeichnung von Instandhaltungsarbeitsplänen bzgl. Wartung, Inspektion und Reparatur	- keine Verfügbarkeitsprüfung vor Instandhaltungsauftragsfreigabe für Maschinen, Personal und Werkzeuge

Abb. 50: Stärken-/Schwächenprofil
(Auszug für Softwarepaket 1,
> = potentielle K.O.-Kriterien)

6. Wirtschaftlichkeitsbetrachtung

Grunddaten einer konventionellen Wirtschaftlichkeitsbetrachtung, deren Problematik unter Punkt D.4.2 aufgezeigt wurde,
können sein:

C h a r a k t e r i s i e r u n g

	einmalig	laufend/periodisch
Einsparungen/Erlöse		
+		**c)** Höhere, kontinuierlichere Kapazitätsauslastung
		Zusätzliche Erlöse aus Umsatzzugewinnen
		Personal-/Sachmitteleinsparungen im Verwaltungs-/Gemeinkosten- und Fertigungsbereich
	b) Erlöse bei Veräußerung z. Z. genutzter Hard-/Software (Desinvestionen)	Ausgabewirksamer Anteil aus Bestandsreduzierungen, höherer Lagerumschlag
0	Software-Investitionen	Wartung Software
	Modifikations-/Anpassungsprogrammierungen (> 1 Kalenderjahr)	
	Hardware-Investitionen, Netze	Wartung Hardware
	Bauliche Veränderungen, Installationen	Personalmehrbedarf, z. B. im RZ
	Organisatorische Einführung (> 1 Kalenderjahr)	
	Schulung intern/extern	
	Berater-Leistungen	
	Sonstige interne/externe Dienstleistungen	
−	**a)**	**d)**

Aufwand/Kosten

a) minus b) = Finanzmittelbedarf
c) minus d) = Amortisationsbeitrag

Abb. 51: Wirtschaftlichkeitsbetrachtung

Das Phasenmodell sieht die Wirtschaftlichkeitsbetrachtung in der Grobauswahl vor, weil jetzt Preis-/Kosten-Informationen für Hardware und Software vorliegen (wenn auch nicht als ausgehandelte Konditionen). Sind Inhouse-Entwicklungen als Alternativ-Betrachtung einzubeziehen, muß der Aufwand für den Ausbau auf ein definiertes Zielniveau quantifiziert sein (siehe C.5).

7. Vorbereitung der Feinauswahl

Für die Feinauswahl ist noch die Grundlage für die Erstellung vergleichbarer Angebote durch die Software- und Hardware-Anbieter zu erarbeiten:

- Entwerfen der Installationstopologien;
- Erstellen der Abstimmunterlagen für Software und Hardware;
- Aufbereitung der Angebotsunterlagen.

In die Feinauswahl werden die Softwarepakete mit den Rangplätzen 1 bis 3 und die Hardware-Systeme, auf denen die Software lauffähig ist, übernommen.

7.1 Installationstopologien

Die in der Phase Situationsanalyse erhobenen bzw. geschätzten Mengengerüste für die Bildschirmausstattung pro Funktionsbereich werden mit dem Anwender überarbeitet und fixiert. Dem Anwender bzw. dem Sachbearbeiter muß klar gemacht werden, daß die zukünftige Applikation zu seiner persönlichen Unterstützung bei seiner Aufgabenerfüllung installiert wird und nicht für Erfassungspools in der Abteilung oder Hauptabteilung. Diese Mischarbeitsplätze sollten nicht mehr als bis zur Hälfte der täglichen Arbeitszeit (aber verteilt über den Arbeitstag) mit Bildschirmtätigkeit geplant werden; die restliche Zeit wird für Korrespondenzabwicklung, Telefonieren, Besprechungen etc. eingeräumt.

Wenn über den Beleganfall (Mengen-/Zeit-/Wertgerüst) bereits auf die zukünftige Anzahl Transaktionen geschlossen werden kann, ist eine hinreichend genaue Bestimmung des Hardwaremodells durch Ermittlung der Transaktionsrate (Transaktionen/Sekunde) in Verbindung mit dem Mengengerüst der Endgeräte durch die DV-Abteilung möglich.

Wichtig ist für die Hardware-Anbieter die Information, inwieweit im Tagesbetrieb Belastungsspitzen auftreten, die von der CPU abgefangen werden müssen.

Die CPU, die Endgeräte und die Standorte werden in einer Graphik erfaßt.

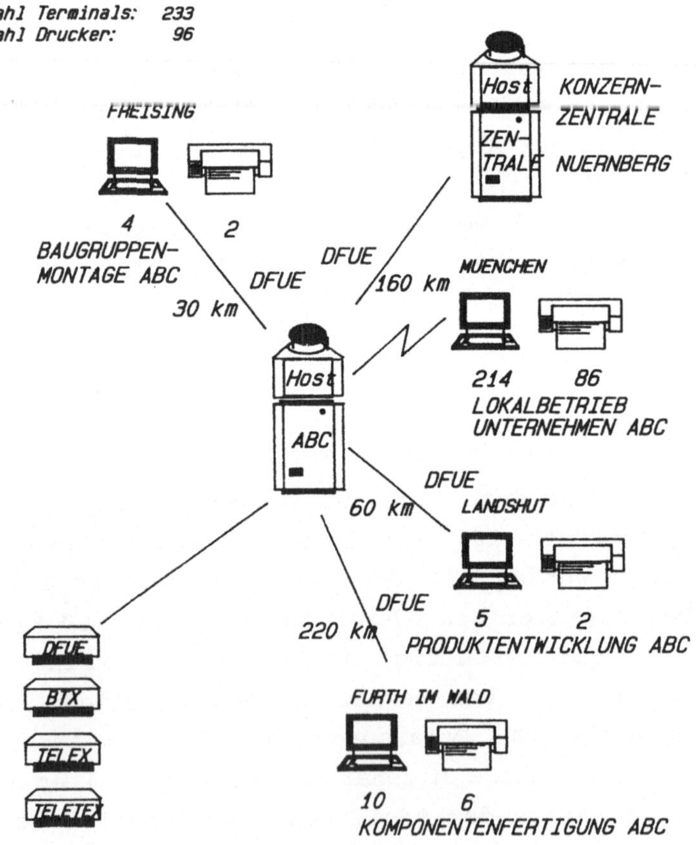

Abb. 52: Installationsgraphik für Unternehmen ABC mit dezentralen Standorten für Produktentwicklung, Komponentenfertigung und Baugruppenmontage

Diese Graphik wird um folgende Informationen/Anforderungen ergänzt:

Für den Software-Anbieter	Für den Hardware-Anbieter
- Anzahl der Mandanten auf der CPU - Umfang (Module) des Software-Einsatzes in dezentralen Standorten - Wird die Wartung als Dienstleistung gewünscht (Releases)? - Gibt es in der Wartung einen zentralen oder mehrere Ansprechpartner (beim Anwender)? - Wird der Source-Code benötigt?	- Ist bereits ein LAN installiert oder soll es mit angeboten werden? - Maximale Entfernung von Bildschirmgeräten zum Host (im LAN)? - Kurze Beschreibung externer Standorte, um die dezentrale DFÜ-Hardware bestimmen zu können - Angabe der Einzelmodule der Applikation, die in dezentralen Standorten installiert werden sollen - Anforderungen an die Bildschirme (Farb-Bildschirme, Funktionstasten, Kontrastierung etc.) - Anzahl und geforderte Schnelligkeit der Systemdrucker - Platten- oder Bandsicherung - Anzahl und Schnelligkeit der Bänder - Anforderungen an Hard-Copy-Drucker - Geforderte Ausfallsicherheit
	... sonstige Installationsspezifika

7.2 Erstellen der Abstimmunterlagen für Software und Hardware

Aus der Grobauswahl können noch

- Fragen zur Funktionalität der Applikation offen sein (z. B.: wie werden potentielle K.O.-Merkmale vom Anbieter bereinigt: kostenpflichtige oder kostenneutrale Funktionsergänzung?)
- Fragen zu den allgemeinen Merkmalen offen sein, insbesondere zu Hardware und Betriebssystemen, da in der Marktanalyse der Schwerpunkt auf der Applikation lag.

Die Fragen werden in Abstimmunterlagen zusammengefaßt und in der Feinauswahl mit den Anbietern besprochen bzw. geklärt.

7.3 Aufbereitung der Angebotsunterlagen

Die Angebotsunterlagen für die Software- und Hardware-Anbieter sollen umfassen:

Software-Anbieter   Hardware-Anbieter

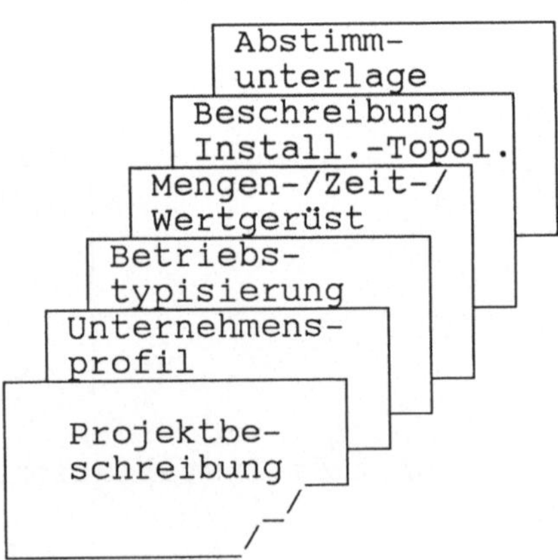

Abb. 53: Angebotsunterlagen Feinauswahl

F. Feinauswahl

Die Analysen in der Grobauswahl haben zu dem Ergebnis geführt, daß marktgängige Anwendungs-Systeme einen Erfüllungsgrad von 80 % und höher erzielen können. Die Feinauswahl hat jetzt zum Ziel, **die** geeignete Kombination aus Software, Hardware und zugehörigen Anbietern unter Berücksichtigung von Preisen bzw. Kosten zu ermitteln.

1. Angebotsphase: Anbieterbesuche, Referenzkundenbesuche, Vorbereitung der Dokumentation

Die Angebotsunterlagen müssen den Anbietern inhaltlich erläutert werden. Bei diesen Terminen (für die Applikation sinnvollerweise **beim** Anbieter) werden die Abstimmunterlagen geklärt, offene Punkte (vor allem kostenpflichtige Funktionsergänzungen) sind in das Angebot aufzunehmen. Rückgrat-Funktionen der Applikation sollen in einer On-line-Demonstration präsentiert werden; als Synergie-Effekt ergibt sich ein persönlicher Eindruck von den Anbietern, der im Hinblick auf die Abhängigkeit des Anwenders vom Standardsoftware-Lieferanten besonders wichtig ist.

Die Anbieter für Software und Hardware müssen miteinander kommunizieren, um ein abgestimmtes technisches Angebot und damit Lösungskonzept präsentieren zu können. Hier sollten keine einschränkenden Vorgaben durch die Projektgruppe gemacht werden.

Während die Anbieter die Angebote erstellen, hat die Projektgruppe Gelegenheit zu Referenzkundenbesuchen, um die Qualität installierter Lösungen beurteilen und die Erfahrungen von Anwendern aufnehmen zu können. Solche Besuche sind zur Gewinnung eines abgerundeten Gesamtbildes über die gegebenen Alternativen äußerst wertvoll.

Parallel zu den genannten Aktivitäten kann mit der Vorbereitung der Dokumentation für die Feinauswahl begonnen werden.

2. Angebotsanalyse und Dokumentation

In der Regel werden die Anbieter aufgrund der eingesetzten Technologie unterschiedliche Lösungskonzepte vorschlagen, z. B. Clusterlösungen, Back-up-Konzepte, unterschiedliche Redundanz bei ausfallkritischen Hardwarekomponenten, unterschiedliche Basis-Software, etc. Die Angebotsanalyse und die Dokumentation der Feinauswahl haben letztlich gleiche Ziele, nämlich die anwenderbezogene Bewertung und Darstellung der Angebotsunterlagen in einer reproduzierbaren Struktur.

2.1 Anwendungs-Software

Die Bewertung der Anwendungs-Software erfolgt auf der Basis von Punktwerten von 0 bis 5, jeweils fallweise im Vergleich zur idealen Ausprägung (soweit definierbar, z. B. für die geforderte Funktionalität) bzw. zur besten gegebenen Ausprägung:

0 = nicht vorhanden
1 = ungenügende Merkmalsausprägung
2 = mangelhafte Merkmalsausprägung
3 = ausreichende Merkmalsausprägung
4 = befriedigende Merkmalsausprägung
5 = gute bis sehr gute Merkmalsausprägung

Beurteilungsobjekte sind z. B. die Anwendungs-Sofware (neben der Hardware), die Applikation (neben dem Anbieter und der Basis-Software), innerhalb der Applikation der DV-technische Aufbau (neben Individualisierungsmöglichkeiten, Benutzeroberfläche etc.), innerhalb des DV-technischen Aufbaues z. B. die Modularität als abgrenzbares Kriterium. Die Bewertung erfolgt in der Bewertungsstruktur nach dem Bottom up-Prinzip, d. h. vom Einzelkriterium bis zum Gesamtsystem Anwendungs-Software plus Hardware.

Das Bewertungsverfahren wird auf den Folgeseiten von Stufe 3 bis Stufe 1 beschrieben.

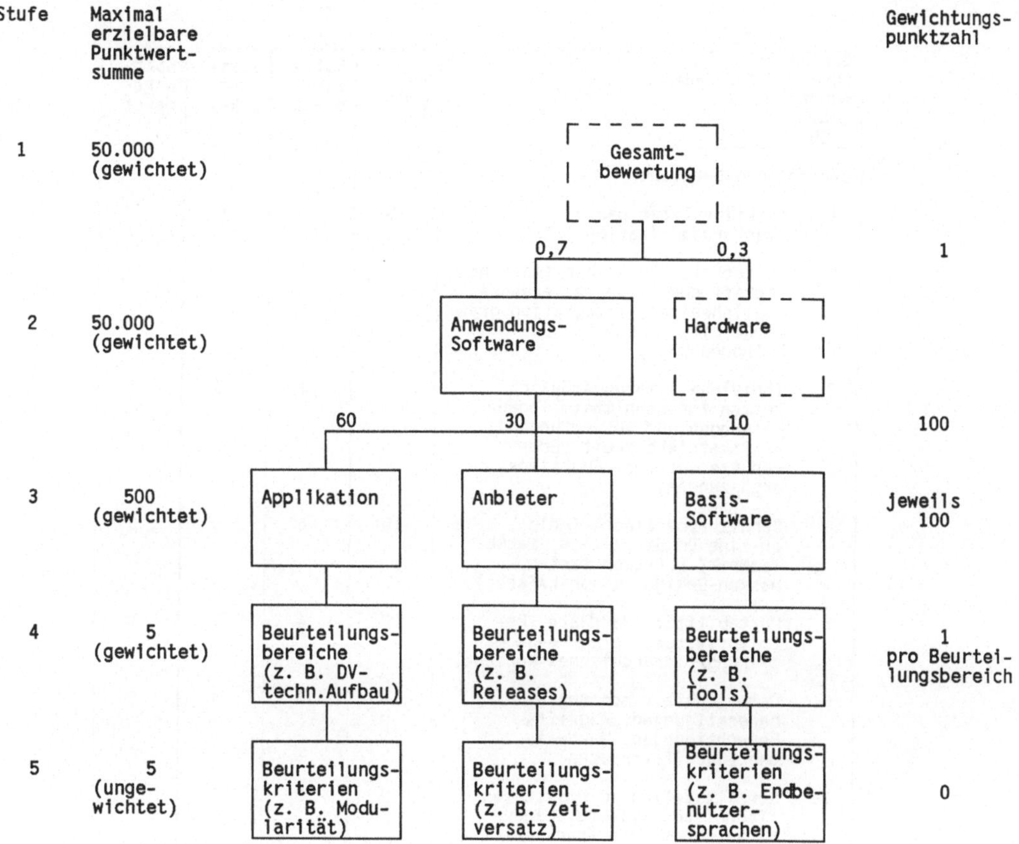

Abb. 54: Bewertungsstruktur bei der Feinauswahl

2.1.1 Applikation

Mit der Applikation wird die **Anwendungsfähigkeit** der Systeme
bewertet; sie erhält eine Gewichtungspunktzahl von 60 (siehe
links oben in Abb. 55). Innerhalb der Applikation wird in
den Beurteilungsbereichen nochmals spezifisch gewichtet
(Teilgewichtung). Die Zahlenangaben in den Spalten "Softwarepaket X" sind die vergebenen Punktwerte.

Gewich-tungs-punkt-zahl 60	Applikation	Teil-gewich-tung	Soft-ware-paket 1	Soft-ware-paket 2	Soft-ware-paket 3
	Beurteilungsbereiche:				
	1. Funktionalität der Standardapplikation	40	4	4	3
	2. DV-technischer Aufbau (mandanten-spezifische Differenzierungs-möglichkeiten, Integrationsgrad, Modularität, Aktions DB/ Methoden-DB)	10	5	5	1
	3. Individualisierungsmöglich-keiten für Schnittstellenan-passungen und Auswertungen (Parametrierbarkeit, End-benutzersprache, Funktions-ergänzungen)	10	4	5	2
	4. Benutzeroberfläche (Helps, on-line-Dokumentation, Menue-Technik, Funktionstasten, Masken-Design, Graphik/Farbe)	10	5	5	3
	5. Portabilität (Hardware, Be-triebssystem, Software-Segmen-tierung/hierarchisches Konzept)	10	4	3	4
	6. Datenschutz (Änderungs-berechtigungen, Zugriffs-berechtigungen, Nachweis der Zugriffsversuche)	10	5	4	5
	7. Schnittstellen zu Umsystemen (Technische Systeme, Lager-verwaltungs- und Transport-systeme, PC-Host-Verbindung, Unterstützung der DFÜ)	5	3	3	2
	8. Anbindungsfreundlichkeit an Zentralstellen-Systeme	5	4	1	1
	Gewichtete Punktwertsumme (max. 500)	100	425	400	285
	Rang		1	2	3

Abb. 55: Bewertung Applikation

Auch der funktionale Erfüllungsgrad aus der Grob-auswahl wird im Beurteilungsbereich 1 in Punktwerte umgesetzt. Die Punktwerte sind mit den einzelnen Teilgewichtungen zu multiplizieren und spaltenweise zu addieren (z. B. 40 x 4 + 10 x 5 ... 5 x 4, Sum-me: 425). Aus Gründen der Übersichtlichkeit werden hier und in den folgenden Darstellungen die "Pro-duktspalten" unterdrückt.

2.1.2 Anbieter

Der Anbieter erhält eine Gewichtungspunktzahl von 30. Die Anbieterbewertung bringt die **mittel-/langfristige Tragfähigkeit der Anwendungen** zum Ausdruck und sollte deshalb eine angemessene Punktzahl erhalten.

Gewichtungs-punkt-zahl 30 / Anbieter	Teil-gewich-tung	An-bieter 1	An-bieter 2	An-bieter 3
Beurteilungsbereiche:				
1. Firmenprofil (Rechtsform, Gründungsjahr, Stammhaus, Mitarbeiter)	5	5	2	1
2. Entwicklungsorganisation	15	5	2	3
3. Einflußnahme-Möglichkeiten des Anwenders (Einflußnahme auf Anbieterentwicklungen, gemeinsame Entwicklungen, Benutzer-Kreise, Release-fähigkeit von Anwender-Entwicklungen)	10	4	4	3
4. Service-Konzept (nächster Stützpunkt, Fernwartung, Testverfahren, Schnelligkeit)	10	3	3	2
5. Releases (Zeitversatz, Dokumentation, Einsatzhilfen)	15	4	5	3
6. Projekt-Management (Tools, Implementierungs-unterstützung)	15	4	5	5
7. Schulung	10	5	3	2
8. Produkt-Verbreitung (Installationsdichte, Referenzen, Zukunftsentwicklung)	20	5	2	1
Gewichtete Punktwertsumme (max. 500)	100	440	330	260
Rang		1	2	3

Abb. 56: Bewertung Applikations-Anbieter

2.1.3 Basis-Software

Mit der Bewertung der Basis-Software lassen sich die Wartbarkeit und Anpassungsfähigkeit beurteilen. Da die Standard-Software nach Möglichkeit nicht wesentlich modifiziert werden soll (Releasefähigkeit), verliert die Basis-Software an Bedeutung und gewinnt die Applikation an Gewicht; die Basis-Software erhält deshalb eine Gewichtungspunktzahl von 10.

Gewich-tungs-punkt-zahl 10	Basis-Software ohne Betriebssystem	Teil-gewich-tung	Soft-ware-paket 1	Soft-ware-paket 2	Soft-ware-paket 3
	Beurteilungsbereiche:				
	1. Datenbasis	25	4	3	2
	2. Programmiersprachen	25	4	4	2
	3. Data Dictionary	25	4	5	2
	4. Tools	25	3	4	3
	Gewichtete Punktwertsumme (max. 500)	100	375	400	225
	Rang		2	1	3

Abb. 57: Bewertung Basis-Software

2.1.4 Preise/Kosten

Die Preise bzw. Kosten gehen **nicht** in die gewichtete Bewertung ein; die Zusammensetzung der Einzelpositionen muß kommentiert werden.

Kommentar zu Preise/Kosten

- Die Preise für die "Standardapplikation" umfassen die Nettopreise für die Module gemäß Angebot für insgesamt 3 CPU-Installationen (räumlich getrennt), wobei 2 Installationen

Preise/Kosten	Einmalpreise in TDM			laufende Kosten TDM/a		
	Soft- ware- paket 1	Soft- ware- paket 2	Soft- ware- paket 3	Soft- ware- paket 1	Soft- ware- paket 2	Soft- ware- paket 3
1. Standardapplikation	1.588	1.560	1.328	-	-	-
2. Softwarewartungskosten (Release, Fehlerbereinigung, Anwender-Support)	-	-	-	159	156	133
3. Basis-Software ohne Betriebs-system	311	1.226	571	-	-	-
4. Basis-Softwarewartungskosten	-	-	-	31	123	49
5. Schulungskosten						
Alternative 1: Inhouse beim Anwender	540	600	570	-	-	-
Alternative 2: beim Anbieter	1.500	2.100	1.755	-	-	-
6. Beratungs-/Projektunter-stützungskosten (Personal, Tools)	189	243	230	-	-	-
Summe						
a) Inhouse-Schulung beim Anwender	2.628	3.629	2.699	190	279	182
b) Externe Schulung beim Anbieter	3.588	5.129	3.884	-	-	-

Abb. 58: Preise/Kosten

als Mandantensysteme ausgelegt sind (mehr als ein Unternehmen als Anwender). Insgesamt stehen hinter den 3 CPU-
Installationen 7 Unternehmen mit insgesamt ca. 4.000 Mitarbeitern und 650 Bildschirmen, die für kommerzielle Ap-
plikationen zu installieren sind. Für jeweils drei Unternehmen wurde aufgrund von lokalen und technischen Kriterien je eine gemeinsame CPU geplant, ein Unternehmen erhält aufgrund seines Mengengerüstes eine dedizierte CPU.

- Die "Softwarewartungskosten für die Applikation" betragen
  für jedes Softwarepaket 10 % des Einmalpreises p. a.

- Die Beträge für "Basis-Software ohne Betriebssystem" umfassen die Preise für Datenbanksystem, Endbenutzersprache,
  Data Dictionary, PC-Connection und DFÜ-Software, soweit

sie vom Anbieter der Applikation angeboten wurden.

- Die "Basis-Softwarewartungskosten" betragen für die Softwarepakete 1 und 2 zehn Prozent des Einmalpreises, für Softwarepaket 3 ca. 8,6 %. Die Wartungskosten für Applikations- und Basis-Software liegen in der Regel 3 bis 5 % über den Wartungskosten der Hardware, da in allen Fällen periodische Releases in der Wartung vorgesehen sind, die auch eingesetzt werden sollen (Funktionserweiterungen).

- Die "Schulungskosten" enthalten bei Inhouse-Schulung die Kosten des Referenten (Annahme: 200 Kalendertage, 2 Schulungsdurchgänge à 15 Personen für das Projektteam) und die Nebenkosten (Schulungsunterlagen, Reisekosten des Referenten); bei der Durchführung der Schulungsmaßnahme beim Anbieter wurde mit 100 Kalendertagen für 30 Personen plus Nebenkosten für Reise/Unterbringung gerechnet (Grundlage: vom Anbieter angebotener Tagessatz für Schulungsteilnehmer).

- Die "Beratungs-/Projektunterstützungskosten" umfassen die Kosten für einen Projektleiter des Anbieters für 110 Kalendertage und den Zukauf eines Software-Paketes zur Projektterminierung und -verfolgung (bei allen 3 Anbietern im Angebot).

2.1.5 Aggregierte Bewertung der Anwendungs-Software

Applikation, Anbieter und Basis-Software werden in einer aggregierten Bewertung zusammengefaßt. Die Ergebnisse werden in Tabellenform und graphisch dargestellt. Die Zeilenwerte für die Applikation, den Anbieter und die Basis-Software in Abb. 59 sind die gewichteten Punktwertsummen aus den Abb. 55, 56 und 57.

2.2 Hardware

Die Hauptgliederungspunkte für Analyse, Bewertung und Dokumentation der Hardware-Angebote sind identisch mit der Gliederung unter Punkt C.2.3.4 Hardware und Betriebssystem.

Die Logik der Gewichtung entspricht dem bereits applizierten Verfahren bei der Anwendungs-Software.

Anwendungs-Software	Gewich-tungs-punkt zahl	Soft-ware-paket 1	Soft-ware-paket 2	Soft-ware-paket 3
1. Applikation	60	425	400	285
2. Anbieter	30	440	330	260
3. Basis-Software	10	375	400	225
Gewichtete Punktwertsumme (max. 50.000)	100	42.450	37.900	27.150
Rang		1	2	3
4. Preisübersicht Applikations- und Basis-Software für drei CPU-Installationen - Einmalpreise TDM a) Inhouse Schulung beim Anwender				
		2.628	3.629	2.699
b) Externe Schulung beim Anbieter		3.588	5.129	3.884
- laufende Kosten TDM/p. a.		190	279	182

Abb. 59: Aggregierte Bewertung der Anwendungs-Software
(Tabelle)

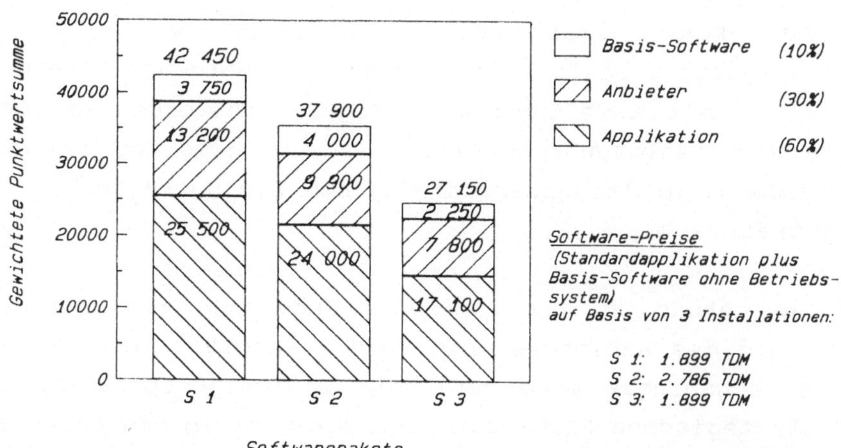

Abb. 60: Aggregierte Bewertung der Anwendungs-Software
(Graphik)

Hardware	Gewich-tungs-punkt-zahl	Softwarepaket 1		Softwarepaket 2	Softwarepaket 3
		Hard-ware 1	Hard-ware 2	Hard-ware 1	Hard-ware 3
1. Hardware	25	370	425	450	345
2. Betriebssystem	45	355	455	355	355
3. Anbieter	30	465	390	465	290
Gewichtete Punktwertsumme (max. 50.000)	100	39.175	42.800	41.175	33.300
Rang		3	1	2	4
4. Preisübersicht					
- Einmalpreise für 3 Installa-tionen TDM		9.573	8.927	11.757	6.333
- laufende Kosten TDM/p. a.		486	618	597	412

Abb. 61: Aggregierte Bewertung der Hardware

Die Ergebnisse für die Beurteilungsbereiche sind
hier nicht dargestellt (z. B. Beurteilungsbereiche
Hardware: Durchgängigkeit und Leistungsbreite der
Rechnerfamilien, Ausfallsicherheit/Verfügbarkeit,
Technologie, Architektur; siehe C.2.3.4).

Softwarepaket 1 läuft auf der Hardware zweier Anbieter,
Softwarepaket 2 läuft ebenfalls auf der Hardware-Alternative
1, jedoch mit abweichendem Konfigurationsvorschlag (dezentrale Werkstattsteuerung, siehe Preisunterschied und Punkt-
wertsumme, die den unterschiedlichen Lösungskonzepten Rechnung trägt).

Die Gewichtung unterstreicht die Bedeutung des Betriebssy-
stems und des Anbieters. Die Hardware erhält bei vergleichbarer Technologie eine geringere Gewichtungspunktzahl. Muß
der strategischen Einbindung der Hardware in die bestehende/
zukünftige Hardware-Landschaft im Unternehmen Rechnung getragen werden, ist die Gesamtbewertung um einen Gliederungspunkt zu erweitern und die vergebenen Gewichtungspunktzahlen
proportional zu kürzen.

2.3 Gesamtbewertung und Empfehlung

In der Gesamtbewertung werden Anwendungs-Software und Hardware zusammengefaßt. Zur Prüfung der Stabilität des Schluß-
ergebnisses kann eine Sensibilitätsanalyse durch Variation
der Gewichtung durchgeführt werden (0,6/0,4, 0,5/0,5 etc.).
Im Beispiel (Abb. 62) ändert sich die Reihenfolge erst dann,
wenn die Anwendungs-Software eine Gewichtungspunktzahl von
0,3 und die Hardware 0,7 erhält; dann rückt Softwarepaket 2
mit Hardware 1 auf Rang 2 vor.

| Gesamtbewertung | Gewich-tung | Softwarepaket 1 | | Softwarepaket 2 | 3 |
		Hard-ware 1	Hard-ware 2	Hard-ware 1	Hard-ware 3
1. Anwendungs-Software	0,7	42.450		37.900	27.150
2. Hardware	0,3	39.175	42.800	41.175	33.300
Gewichtete Punktwertsumme (max. 50.000)	1,0	41.468	42.555	38.883	28.995
Rang		2	1	3	4
Einmalpreise für 3 Installationen TDM (Applikation und Hardware)	–	11.472	10.826	14.543	8.232
Laufende Kosten TDM/p. a. (Applikation und Hardware)	–	676	808	876	594

Abb. 62: Gesamtbewertung Anwendungs-Software und Hardware

Mit der Dokumentation der Feinauswahl und der Empfehlung der
Projektgruppe für eine Kombination Anwendungs-Software/Hard-
ware ist der Auswahlprozeß abgeschlossen; im Beispiel wird
die Empfehlung für das Anwendungspaket 1 auf Hardware 2 aus-
gesprochen (Rang 1).

Allerdings liegen die Ergebnisse der Beurteilung für die
Produktkombinationen mit dem Rang 1 und 2 so eng zusammen,
daß die Entscheidung durch die sich anschließenden Vertrags-
verhandlungen noch beeinflußt werden kann.

G. S c h l u ß w o r t

Die Entscheidung zum Einsatz eines Standard-Applikations-
Systems ist gleichzeitig eine Entscheidung für organisatorischen und technischen Wandel, dessen Erfolg maßgeblich davon
abhängt, wie die Auswahl und Einführung als Prozeß der Organisationsentwicklung bewältigt wird[13]. Strukturelle Probleme müssen im Vorfeld der Implementierung angegangen werden;
sie werden durch die Applikation in der Regel nicht gelöst.

Wesentliche Erfolgsfaktoren für eine zügige Implementierung
sind

- eine qualifizierte Projektgruppe, die für die Laufzeit des
  Projektes gebildet und abgestellt wird; sie sollte einem
  übergeordneten Entscheidungsgremium verantwortlich sein,
  in dem nach Möglichkeit ein Mitglied der Geschäftsleitung
  den Vorsitz hat;
- frühzeitige Schnittstellengespräche, um das innerbetrieb-
  liche Umfeld und die Ablauforganisation auf das neue System abstimmen zu können; die Bereitschaft, auch aufbauorganisatorische Änderungen durchzuführen;
- der Verzicht auf gewachsene Verrichtungs-Spezifika, die
  zur Funktionserfüllung nicht wesentlich beitragen;
- frühzeitige Dokumentation des Projektfortschrittes, ständige Information der betroffenen Linieninstanzen, des Ent-
  scheidungsgremiums und vor allem des Betriebsrates;
- frühzeitige Projekt-Budgetierung, auch wenn die Quantifizierung noch mit Imponderabilien behaftet ist;
- Partizipative Projektentwicklung mit dem Anwender

und vor allem: keine Ambitionen für umfangreiche System-
             Modifikationen, wenn die Releasefähigkeit be-
             wahrt werden soll!

H. Verzeichnis der verwendeten Abkürzungen

AKUT   = Aktuelles Kapazitäts- und Terminplanungssystem
              (Beispiel einer Eigenentwicklung)
APL   = Arbeitsplan
APS   = Absatzplansystem
BDE   = Betriebsdatenerfassung
BOMP   = Bill of Material Processor
              (Stücklisten-Prozessor)
BS2000   = Betriebssystem von SIEMENS für große und mitt-
              lere Rechner
BTX   = Bildschirmtext
CAD   = Computer Aided Design
              (Rechnergestützte Konstruktion)
CA-Systeme = Sammelbegriff für alle überwiegend technisch
              orientierten rechnergestützten Anwendungen
              (Computer Aided)
CAE   = Computer Aided Engineering
              (Rechnergestützte Analyse von Bauteileigen-
              schaften; z. B. Festigkeit)
CAM   = Computer Aided Manufacturing
              (Rechnergestützte Fertigung)
CAP   = Computer Aided Planning
              (Rechnergestüzte Arbeitsplanung für Fertigung,
              Montage und Qualitätskontrolle sowie Betriebs-
              mittelprogrammierung)
CAQ   = Computer Aided Quality Assurance
              (Rechnergestützte Qualitätssicherung)
CIM   = Computer Integrated Manufacturing
              (Rechnerintegrierte Fertigung)
CNC   = Computer(ized) Numerical Control
COM   = Computer Output on Microfilm/-fiche
CPT   = Hersteller kommerzieller Textverarbeitungssy-
              steme
CPU   = Central Processing unit
              (= "Rechner" ohne Peripherie)
CRP   = Capacity Requirements Planning
              (Termin- und Kapazitätsplanung)
DB-Systeme = Datenbank-Systeme

DC-Systeme = Datenkommunikations-Systeme
DD = Data Dictionary
(Beschreibungs- und Verwendungsnachweis für
Daten, Masken, Prozeduren, Programme, Nach-
richten, Prüfregeln, Zugriffsberechtigungen)
DEC = Digital Equipment Corporation
DFÜ = Datenfernübertragung
DNC = Direct Numerical Control
DV, EDV = Datenverarbeitung, elektronische
FE = Fremdentwicklung
F + E = Forschung und Entwicklung
FIBU = Finanzbuchhaltung
FTS = Fahrerloses Transportsystem
HMS = Honeywell Manufacturing System
HRL = Hochregallager (mit autonomer Steuerung)
HSC = High Performance Storage Controller
(Platten-Controller, Produkt von DEC)
I/O = Input/Output
(I/O-Operation)
KB = Kilo Byte
KORE = Kostenrechnung
KUSTA = Kundenstamm(datenverwaltungssystem)
L + G = Lohn- und Gehaltsabrechnung
LAN = Local Area Network
(Lokalbereichsnetz)
MAP = Manufacturing Automation Protocol
(spezifisches LAN, das im wesentlichen für die
Fabrikautomatisierung eingesetzt wird)
MB = Mega Byte
MDE = Maschinendatenerfassung
MDT = Mittlere Datentechnik
MLS = Maschinelle Logistik-Systeme
(z. B. Fahrerlose Transportsysteme)
MRP = Material Requirements Planning
(Materialbebedarfsplanung)
MRP2 = Management Resources Planning
MSF = Mehrfachsteuerung Fern
(für den Anschluß von Remote-Bildschirmen bei
SIEMENS)

MVS	= Multiple Virtual Storage (Betriebssystem von IBM für Großrechner)
NC	= Numerical Control
OBS	= Operatives Budgetierungs-System
OS/2	= Operating System/2 (Betriebssystem für IBM-kompatible PC)
PC	= Personal Computer
PIS	= Personal-Informations-System
PPS	= Produktionsplanung und -steuerung
R/2	= Real time, 2. Generation; Sammelbegriff für die Anwendungssysteme des Software-Hauses SAP AG, Walldorf
RA	= Anwendungs-Modul der SAP AG für die Anlagenbuchhaltung
RDB	= Relational Data Base (Datenbank von DEC)
RF	= Anwendungs-Modul der SAP AG für die Finanzbuchhaltung
RFZ	= Regalförderzeug (häufig auch RBG = Regalbediengerät)
RK	= Anwendungs-Modul der SAP AG für die Kostenrechnung
RK-P	= Anwendungs-Modul der SAP AG für die Projektplanung und -kontrolle innerhalb der Kostenrechnung
RM-CAP	= Anwendungs-Modul der SAP AG für die rechnergestützte Arbeitsplanung
RM-INST	= Anwendungs-Modul der SAP AG für die Instandhaltungsplanung und -steuerung
RM-LVS	= Anwendungs-Modul der SAP AG für Lagerverwaltungssysteme
RM-MAT	= Anwendungs-Modul der SAP AG für Materialverwaltung, -bestandsführung, -bewertung, -disposition und -beschaffung
RM-PPS	= Anwendungs-Modul der SAP AG für Produktionsplanung und -steuerung
RM-QSS	= Anwendungs-Modul der SAP AG für die rechnergestützte Qualitätssicherung

RP   = Anwendungs-Modul der SAP AG für die Personal-
      verwaltung, -planung und -abrechnung

RV   = Anwendungs-Modul der SAP AG für die Vertriebs-
      abwicklung

RZ   = Rechenzentrum

SAP   = Systeme, Anwendungen, Produkte in der Daten-
      verarbeitung; Software-Haus in Walldorf bei
      Heidelberg, das Standard-Software im überwie-
      gend kommerziellen Anwendungsbereich entwickelt
      und vertreibt

SC   = Star Coupler
      (Sternkoppler, Produkt von DEC)

SPC   = Statistical Process Control
      (Statistische Prozess-Regelung)

SPS   = Speicherprogrammierbare Steuerung

SQL   = Structured Query Language
      (Datenbankzugriffssprache)

SS   = Schnittstelle

SSP   = Standardstrukturplan

STL   = Stückliste

VAX   = Virtual Address Space Extension
      (hier: Rechnerfamilie von DEC)

VDA   = Verband der Automobilindustrie e. V.

VIS   = Vertriebsinformationssystem

VMS   = Virtual Memory System
      (Betriebssystem von DEC)

WAN   = Wide Area Network
      (Öffentliche Netze oder Weitverkehrsnetze
      privater Anbieter)

WIS   = Werksicherheits-Informations-System
      (für Werk- und Brandschutz)

WVP   = Werkzeuge, Vorrichtungen, Prüfmittel

X.25   = CCITT-Empfehlung für den Datentransport und
      den Aufbau virtueller Verbindungen (Grundlage
      des DATEX-P-Protokolles "P10")

ZBS   = Zentrales Beschaffungs-System

ZE   = Zentraleinheit (CPU)

ZEDV = Zentrale Datenverarbeitung (RZ)

```
ZES           = Zeiterfassungs-System
ZUKOS         = Zugangskontrollsystem
                (Teil eines Werksicherheits-Informations-
                Systems)
```

I. Erläuterung wesentlicher Begriffe

BDE, Betriebsdatenerfassung[7]

Die Fertigungssteuerung bildet einen Regelkreis, in dem die Feinterminierung die Reglerfunktion besitzt. Um aber aufgrund von Soll-Ist-Vergleichen die Stellgrößen neu justieren zu können, ist eine aktuelle Rückmeldung aus dem Fertigungsprozeß erforderlich. Dieses Rückmeldesystem wird als Betriebsdatenerfassungssystem bezeichnet. Dabei ist nicht nur die Feinterminierung Abnehmer aktueller Betriebsdaten. Weitere Interessenten sind:

- die Bruttolohnberechnung, um Anwesenheits- und Leistungsdaten über Mitarbeiter zu erhalten,
- die Nachkalkulation, um aktuelle Daten über Materialverbräuche, Maschinenbelegungen, Arbeitseinsatz usw. für eine mitlaufende Kalkulation zu nutzen,
- die Qualitätssicherung, um aktuelle Qualitätsdaten auszuwerten,
- die Instandhaltungsplanung, die bei Erreichen bestimmter Betriebsmittelbelastungen vorbeugende Maßnahmen vorsieht.

Die Betriebsdatenerfassung ist deshalb Voraussetzung für eine aktuelle Steuerung des betrieblichen Ablaufs.

Im Rahmen der Betriebsdatenerfassung können folgende Datengruppen rückgemeldet werden:

- Auftragsbezogene Daten (Start und Ende einer Maschinenbelegung, eines Arbeitsganges oder Auftrages, produzierte Menge, erreichte Qualitätsstufen),
- Mitarbeiterbezogene Daten [Anwesenheit (Kommen, Gehen), Leistung (hergestellte Mengen und Qualitäten, Materialverbrauch)],
- Betriebsmittelbezogene Daten (Laufzeiten, durchgeführte Wartungsmaßnahmen, Störungen des Betriebsmittels nach Dauer und Ursachen, Wartezeiten nach Ursachen wie Störung des Materialflusses oder fehlende Arbeitskräfte),

- Materialdaten (Entnahmedaten, Zugang, Reservierungen),
- Werkzeug- und Vorrichtungsdaten (Einsatzort und -zeit, aktuelle Entnahme und Zugang, Bruch nach Ursachen).

CAD (Computer Aided Design)

Für das rechnergestützte Konstruieren hat sich der Begriff Computer Aided Design durchgesetzt. Die Konstruktionsaufgabe wird in interaktiver Arbeitsweise mit dem Rechner und speziellen Ein-/Ausgabegeräten gelöst. Der Konstruktionsprozeß gliedert sich in die Phasen:

- Konzipierung (Analyse der Anforderungen, Erarbeitung von Lösungsvarianten, Bewertung der Lösungen)
- Gestaltung (Konkretisierung des Lösungskonzeptes, maßstäblicher Entwurf, Aufstellung von Modellen, Bewertung der Lösungen)
- Detaillierung (Darstellung der Einzelteile, Bewertung der Lösungen)

CAD umfaßt demnach die Einzelaufgaben, die rechnergestützt in den Konstruktionsphasen zu bearbeiten sind. Im Mittelpunkt steht das geometrische Modellieren, d. h. die graphisch-interaktive Erzeugung und Manipulation einer rechnerinternen Objektdarstellung mit den dazu erforderlichen Gestaltungsfunktionen.

[In Anlehnung an Helberg[14)]]

CAE (Computer Aided Engineering)

Unter CAE versteht man die Funktionen der Untersuchung von Bauteileigenschaften durch Modellbildung zur Berechnung der statischen und dynamischen Festigkeit, zur Simulation von strömungsmechanischen, thermodynamischen und kinematischen

Vorgängen.

[In Anlehnung an Helberg[14)]]

CAM (Computer Aided Manufacturing)

Der Begriff CAM ist im Zusammenhang mit der NC-Technik ent-
standen, wobei sowohl die NC-Maschinen, als auch deren Programmierung einbezogen wurden. Im Sinne einer funktions-
orientierten Betrachtungsweise sollen unter CAM die durch
Rechnereinsatz automatisierten Prozesse zusammengefaßt werden, durch die Material und Fertigungshilfsmittel gehand-
habt, transportiert und gelagert werden, und die der Formge-
bung von Werkstücken (Teilefertigung) sowie dem Zusammenbau
von Komponenten und Enderzeugnissen (Montage) dienen.

Demzufolge umfaßt CAM die folgenden Komponenten:

. NC(CNC, DNC)-Bearbeitungs- und Meßmaschinen,
. Werkstück-, Werkzeug- und Spannmittel-Handhabungseinrich-
  tungen,
. automatisierte Transportsysteme,
. automatisierte Lagersysteme,
. Montagemaschinen und -systeme

sowie die zugehörigen Maschinensteuerungen.

[In Anlehnung an Helberg[14)]]

CAP (Computer Aided Planning)

Unter CAP sollen alle rechnergestützten, auf die Herstellung
eines Produktes bzw. einer Produktkomponente bezogenen Pla-
nungsaufgaben zusammengefaßt werden. Dazu zählen folgende
Teilaufgaben:

. Montageplanung;

. Arbeitsplanerstellung;

. Vorrichtungs- und Sonderwerkzeug-(Betriebsmittel-) Konstruktion;

. NC-Programmierung;

. Programmierung von Industrierobotern;

. Programmierung von Koordinatenmeßmaschinen;

. Prüfplanung.

Diese Teilaufgaben können unter einem Begriff zusammengefaßt werden, da ihnen gemeinsam ist, daß sie als Eingangsdaten die Ergebnisse des Konstruktionsprozesses (bei konventioneller Arbeitsweise: Zeichnung und Konstruktionsstückliste) verarbeiten. Die Ergebnisse der CAP-Funktionen sind Pläne und Steuerinformationen für Fertigung und Montage, in denen die Abläufe der Formgebungs- und Montageprozesse beschrieben sind.

[In Anlehnung an Helberg[14)]

CAQ (Computer Aided Quality Assurance)

CAQ umfaßt die rechnergestützten Funktionen der Qualitätssicherung. Die Qualitätssicherung beinhaltet alle Maßnahmen zur Erzielung der geforderten Qualität eines Produktes. Sie begleitet deshalb den gesamten Produktentstehungsprozeß von der Produktentwicklung bis zum Versand und reicht bis zum Service.

Ziel der Qualitätssicherung ist es, im Sinne einer Rückkopplungsfunktion möglichst frühzeitig aus der Beobachtung der Produktionsprozesse und ihrer Ergebnisse Maßnahmen zur Sicherstellung der geforderten Produktqualität abzuleiten. Im Idealfall erfolgt eine ständige Überwachung der Prozesse und eine In-Prozeß-Kontrolle, die ein sofortiges Kompensieren auftretender Abweichungen ermöglicht.

Oft lassen die Umgebungsbedingungen der Produktionsprozesse die direkte Messung im Prozeß nicht zu, so daß prozeßintermittierend oder durch Erfassung von Prozeßdaten indirekt gemessen werden muß. Eine weitergehende Rückkopplungsfunktion besteht darin, aus den gewonnenen Produkt- und Prozeßdaten über Verursachungsmodelle Hinweise für die Produktentwicklung und die Gestaltung der Produktionsprozesse abzuleiten.

Eine automatisierte Produktion stellt erhöhte Anforderungen an die Qualität der eingesetzten Materialien und an die Zuverlässigkeit der Anlagen und Maschinen. Von steigender Bedeutung ist deshalb die Forderung nach einer "Null-Fehler-Qualität", durch die sichergestellt wird, daß stets nur fehlerfreie Teile innerhalb des Produktionsprozesses weitergegeben werden. In der Automobilindustrie zeichnet sich beispielsweise ähnlich wie in der Luft- und Raumfahrtindustrie die Tendenz ab, enge Beziehungen zu den Zulieferern aufzubauen und von diesen Qualitätssicherungsmaßnahmen zu fordern, durch die trotz erhöhter Qualitätsanforderungen der Aufwand in der Wareneingangskontrolle des Automobilherstellers gesenkt werden kann.

[In Anlehnung an Helberg[14)]]

MRP2 (Management Resources Planning)[5)]

Das von Oliver White entwickelte Konzept MRP2 (im Gegensatz zu MRP = Material Requirements Planning bedeutet MRP2 Management Resources Planning) bettet die Planungs- und Steuerungsproblematik in den Gesamtzusammenhang einer Logistikkette ein. Hierbei wird auch dem Gedanken der hierarchischen Planung, beginnend mit der strategischen Planung über die Erstellung von Masterplänen bis hin zum Produktionsplan, Rechnung getragen.

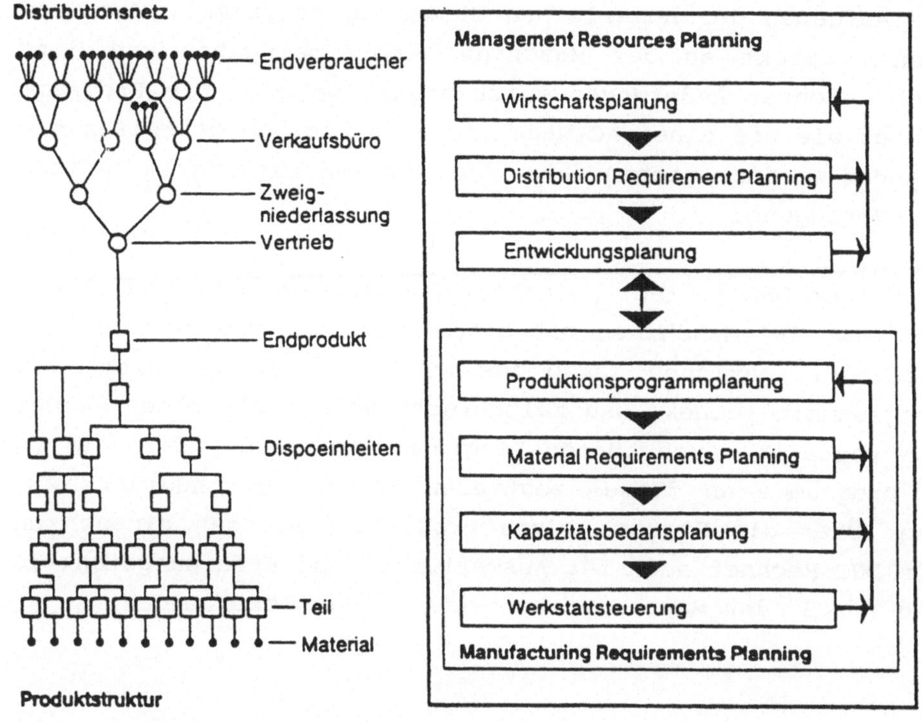

Abb. 63: MRP2-Konzept[5]

(Quelle: Gesellschaft für Fertigungssteuerung und Materialwirtschaft e. V.)

NC-Maschinen und -Programmierung[5]

Ausgangspunkt der computergestützten Fertigung (= CAM) waren NC-Maschinen. Hier wurde das Programm über einen Lochstreifen in die Fertigungsmaschine (z. B. Dreh-, Fräs-, Bohrmaschine) eingegeben (vgl. Kief, NC Handbuch 1984). Die Steuerung selbst war fest verdrahtet. Dieses bedeutet, daß Änderungen der Steuerung selbst nur schwer möglich waren. Auch konnte eine Änderung des NC-Programms nur durch Neueingabe des geänderten Lochstreifens durchgeführt werden. Um hier eine flexiblere Handhabung zu ermöglichen, wurden CNC-Maschinen entwickelt (CNC = Computerized Numerical Control). Bei CNC-Maschinen wird an der Werkzeugmaschine ein Kleinrechner, im allgemeinen ein Mikroprozessor, eingesetzt, der die Aufgaben der numerischen Steuerung übernimmt. Hierdurch können direkt an der Maschine Programmeingaben und damit auch leichter Änderungen durchgeführt werden. Die Programme können wie bei einer NC-Maschine auch über Lochstreifen eingegeben werden, stehen dann aber zur Bearbeitung im Speicher zur Verfügung.

Bei einem DNC (Direct Numerical Control)-System sind mehrere NC- bzw. CNC-Maschinen mit einem Rechner verbunden, der die Steuerinformationen, also die NC-Programme, verwaltet (NC-Programmbibliothek) und zeitgerecht an die einzelnen Maschinen verteilt. Auch können Programmierung und Änderungen der NC-Programme an diesem zentralen Rechner durchgeführt werden. Über die Steuerung von Produktionsanlagen hinaus kann ein DNC-Rechner auch für Auswertungs- und Erfassungsfunktionen (z. B. der Maschinenstatistik) eingesetzt werden.

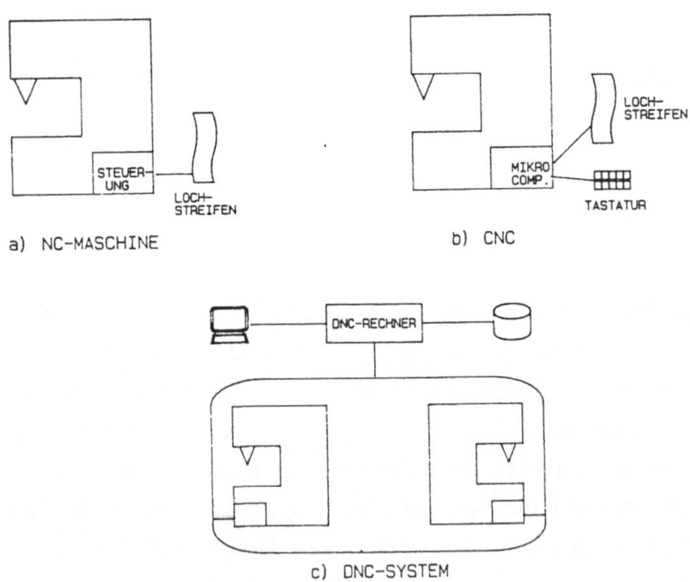

Abb. 64: Steuerung von NC-Maschinen[5]

Abb. 65 zeigt zunächst die Zusammenhänge zwischen Funktionen und Zielen der Produktionsplanung und -steuerung:

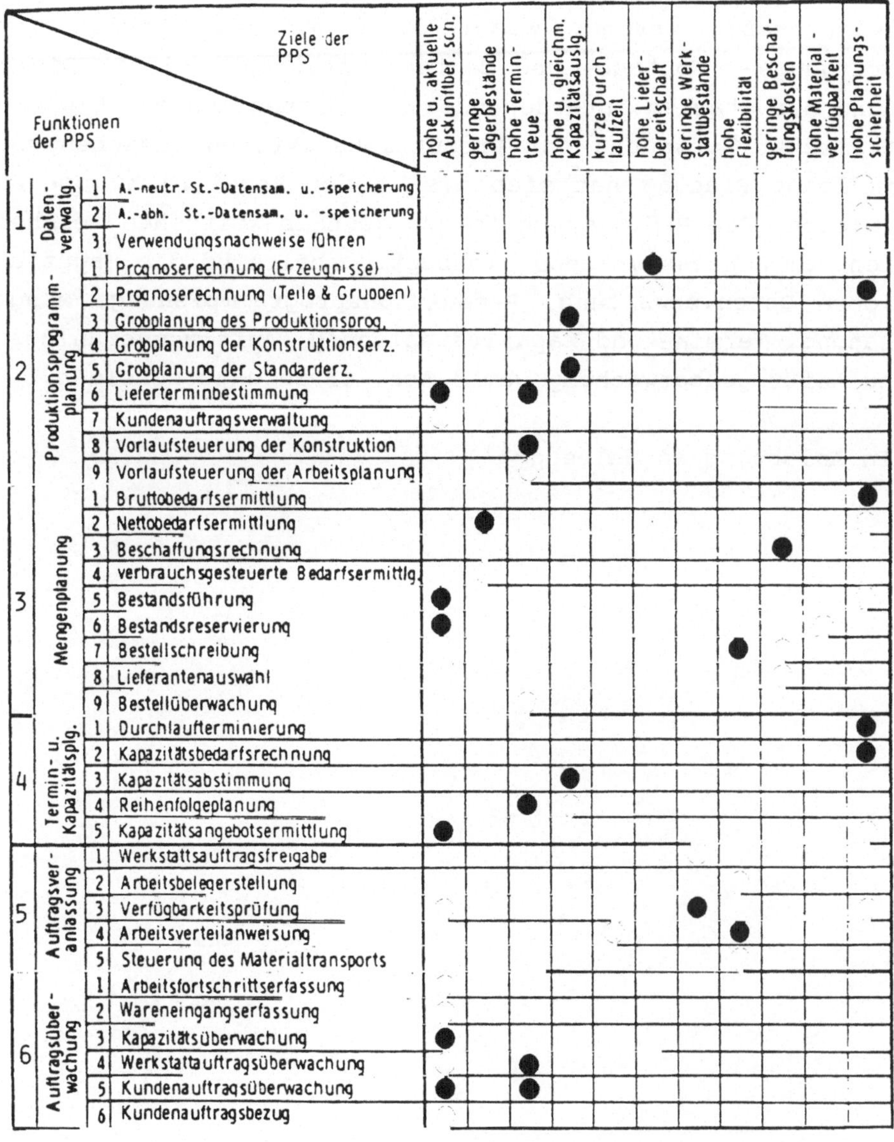

Abb. 65: Zusammenhänge zwischen Funktionen und Zielen der PPS[2]

Aufgabe der PPS (Produktionsplanung und -steuerung) ist die Planung der Produktionsabläufe und die Durchsetzung von Maßnahmen, die zum Erreichen vorgegebener Ziele erforderlich sind. Infolgedessen ist zwischen der Phase der Planung und der Phase der Durchsetzung zu unterscheiden. Die Produktionssteuerung soll hier mit der Phase der Durchsetzung gleichgesetzt werden, wobei diese mit der Freigabe von Fertigungs-, Montage- und Bestellaufträgen beginnt. Die auf Grund der starken Interdependezen zwischen mengenmäßiger und zeitlicher Zuordnung der Produktionsfaktoren wünschenswerte simultane Planung hat sich als in der Regel nicht operabel erwiesen. Die PPS-Systeme folgen deshalb weitgehend einheitlich dem Sukzessivplanungskonzept. Dabei sind die Hauptfunktionen Datenverwaltung, Produktionsprogrammplanung, Mengenplanung, Termin- und Kapazitätsplanung, Auftragsveranlassung und Auftragsüberwachung gemäß Abb. 65 zu unterscheiden.

[In Anlehnung an Helberg[14)]]

K. Literaturverzeichnis

1) Scheer A.-W., CIM: Organisation und Implementierung, in:
   Harvard Manager I/87

2) Hackstein R.: Produktionsplanung und -steuerung (PPS),
   Düsseldorf, 1984

3) Lang G.: Software-Architekturen und Leitstandskonzepte,
   in: CIM MANAGEMENT, München, 3/87,

4) Forschungsinstitut für Rationalisierung an der RWTH
   Aachen (Hrsg.), BAPSY II, Sonderdruck, 2. Auflage,
   Aachen, 1/84

5) Scheer A.-W.: CIM Computer Integrated Manufacturing,
   Der computergesteuerte Industriebetrieb, 2. Auflage,
   Berlin, 1987

6) Hanson William C., Corporate Vice President
   Manufacturing Operations der Digital Equipment
   Corporation, in: DECinfo 45, 31. August 1987

7) Scheer A.-W.: Wirtschaftsinformatik, Informationssysteme
   im Industriebetrieb, Berlin, 1988

8) Haberstock L.: Kostenrechnung I, Einführung, 6. Auflage,
   Wiesbaden, 1982

9) EDV STUDIO PLOENZKE, PPS-STUDIE, 3 Bde., 2. Auflage,
   Hamburg 1985

10) NOMINA (Hrsg.), ISIS Software Report, halbjährliche
    Neuauflage, München

11) Nagel K.: Fachabteilung und DV-Organisation, Leitfaden
    zur besseren Zusammenarbeit von Benutzern und DV-
    Spezialisten, Stuttgart 1977

12) Forschungsinstitut für Rationalisierung an der RWTH Aachen,
    CIM-Expertenbefragung, Vorauswertung, Aachen 1987

13) Kallis G., IFAO Karlsruhe, in: "Vorgehensweise zur Aus-
    wahl und Einführung von PPS-Systemen", VDI-Bildungswerk,
    Oktober 1986

14) Helberg P.: Anforderungen an PPS-Systeme für die CIM-Reali-
    sierung, in: CIM MANAGEMENT, München, 4/86

L. Schlagwortverzeichnis

M. Anhang

Standardstrukturplan Anforderungsanalyse für kommerzielle Funktionen

Für die Leser, für die der Standardstrukturplan aufgrund laufender oder anstehender Projekte als Werkzeug zur Aufgabenabwicklung nützlich sein könnte, wurde der Standardstrukturplan Anforderungsanalyse für kommerzielle Funktionen beigefügt. Die im Buch unter Punkt C. Grobkonzept dargestellten Beispiele wurden diesem Standardstrukturplan entnommen.

Die kommerziellen Funktionen werden im Standardstrukturplan als Gesamtmodell betrachtet, d. h. die Funktionen von der operativen Planung bis zur Lohn- und Gehaltsabrechnung mit ihren jeweiligen Schnittstellen und gegenseitigen Abhängigkeiten sind als Teilketten eines informationslogistischen Systems zu interpretieren.

Der Anhang gliedert sich in die Strukturübersicht (Systembereiche, Funktionsbereiche, Funktionen und wesentliche Schnittstellen), eine Legende zur Erläuterung des verwendeten Layouts und zur Erläuterung des Bearbeitungsverfahrens und in den eigentlichen Standardstrukturplan mit den denkbaren, möglichen oder potentiellen Merkmalsausprägungen pro Funktion.

Anmerkung zur Seitennumerierung innerhalb des Standardstrukturplanes:

Jeder Funktionsbereich wurde eigenständig - beginnend mit Seite 1 - durchnumeriert, um Ergänzungen von Funktionen oder Merkmalsausprägungen von Funktionen flexibel mit vertretbarem Änderungsaufwand durchführen zu können.

Standardstrukturplan Anforderungsanalyse
für kommerzielle Funktionen
Strukturübersicht

Systembereich	Funktions-bereich	Funktion	Schnitt-stellen

1 Operative Planung	1 Absatz-analyse- und -planungs-system (APS)	1 Basisdaten für die Planung
		
		2 Datenselektion
		  – Plandatengrundgerüst
		  – Dateneingrenzung
		  – Planungsebenen
		  – Planungsmandanten
		  – Planungshorizonte
		  – Planungszeitpunkte
		  – Planungsobjektgenerationen
		3 Zeitreihenaufbereitung
		4 Analyse und Prognose
		5 Planungsverfahren
		6 Planverwaltung
		7 Plandatenverarbeitung
			.Report-System
			
			.Zentrale Methoden-bank
			
			.Dritte (externe Daten)
			
			.Operatives Budgetie-rungs-system (OBS)

	2 Plan-Kontrolle	1 Plandatenübernahme 2 Kontrolle	

Strukturübersicht

Systembereich	Funktions-bereich	Funktion	Schnitt-stellen

2
Vertrieb
	3
	
	Anfragen-/
	Angebots-
	erledigung
		1 Einlasten
		2 Terminermittlung
		3 Preisermittlung/Preisfindung
		4 Wartungsdienst/
		  Transferfunktion/
		  Angebotsverfolgung
			.Kunden-/
			Liefe-
			ranten-
			Stamm
			
			.Kalkula-
			tion
			
			.FIBU
			
			.Material-
			dispo.
			
			.Lager-
			wirtschaft
			
			.Masch.
			Förder-
			und
			Transport-
			systeme
			
			.CAD
			(Montage)
			
			.CAP
			(Montage)
			
			.Dritte

	4
	
	Auftrags-
	erledi-
	gung
		1 Einlasten
		2 Terminermittlung
		3 Preisermittlung/Preisfindung
		4 Provisionsermittlung
		5 Auftragsfreigabe
		6 Entnahmesteuerung
		7 Versandsteuerung
		8 Transportsteuerung
		9 Fakturierung
		10 Wartungsdienst/
		   Auftragskontrolle/
		   Historik	

Strukturübersicht

Systembereich	Funktions-bereich	Funktion	Schnitt-stellen

3
Produk-
tions-
planung
	5
	Material-
	disposi-
	tion
		1 Bruttobedarfsermittlung
		
		2 Nettobedarfsermittlung
		  . stochastisch
		  . deterministisch
		
		3 Auftragsbildung intern
		4 Termin- und Mengenkoordination
		5 Bestellung(Auftragsbildung extern)
		  (Wareneingang unter 6.12.1)
			.Vertrieb
			
			.Lager-
			wirtschaft
			
			.CAD
			
			.Dritte

	6 Ferti- gungs- vorbe- reitung	1 Arbeitsplanung 2 Qualitätssicherung/Prüfplanung 3 Betriebsmittelplanung/ Einstellplanung 4 Vorgabezeitwesen	.CAP .CAQ .CAM

	7
	Termin-
	und
	Kapa-
	zitäts-
	planung
		1 Auftragsarbeitsplanerstellung
		
		2 Durchlaufterminierung
		  . vorwärts
		  . rückwärts
		  . Mittelpunkt
		
		3 Kapazitätsterminierung
		  . vorwärts
		  . rückwärts
		  . Mittelpunkt
		
		4 Reihenfolgeplanung
			.CAP
			
			.CAM

S t r u k t u r ü b e r s i c h t

Systembereich	Funktions-bereich	Funktion	Schnitt-stellen
4 Produk-tions-steuerung	8 Auftrags-veran-lassung	1 Verfügbarkeitsprüfung 2 Erstellen von Freigabevorschlägen 3 Werkstattauftragsfreigabe	.CAM/NC
	9 Auftrags-über-wachung	1 Materialbereitstellung 2 Reihenfolgefestlegung 3 Arbeitsfortschrittserfassung 4 Kapazitätsüberwachung	.Masch. Förder- und Transport- systeme .BDE/MDE
5 Instand-haltung	10 Wartung Inspektion Reparatur	1 Instandhaltungsplanung 2 Instandhaltungssteuerung 3 Regeln	.CAD/CAP .PPS .KORE .Dritte

S t r u k t u r ü b e r s i c h t

Systembereich	Funktions-bereich	Funktion	Schnitt-stellen
6 Lager-wirtschaft	11 Lagerver-waltung	1 Struktur 2 Lagerplatzzuweisung	.Masch. Förder- und Transport- systeme
	12 Bestands-verwaltung	1 Zugänge 2 Abgänge	.FIBU .KORE .Vertrieb .PPS .Be- schaffung
	13 Inventur	1 Verfahren 2 Bewertung	.FIBU .KORE

S t r u k t u r ü b e r s i c h t

Systembereich	Funktions-bereich	Funktion	Schnitt-stellen
7 Konstruk-tion	14 Techn. Auftrags- bearbei- tung	1 Lösungskonzept Stücklisten 2 Stücklisten 3 Vorschriften 4 Sachmerkmale 5 Wartungsdienst	.Vertrieb .CAD .CAQ .CAP .PPS
	15 Normung (nur wenn nicht in CAD/CAQ verwaltet)	1 Normungssätze 2 Normungsträger 3 Wartungsdienst	.Dritte (externe Normungs- träger)

Strukturübersicht

Systembereich	Funktions-bereich	Funktion	Schnitt-stellen
8 Rechnungs-wesen	16 Kosten-rechnung	1 Globale Charakterisierung des Kostenrechnungssystems 2 Merkmale der Kostenarten-/ Kostenstellenrechnung 3 Kostenplanung je Kostenstelle 4 Kostenstellenrechnung 5 Kostenträgerstückrechnung . Vorkalkulation . mitlaufende Nachkalkulation . Nachkalkulation/Auftrags-abrechnung 6 Betriebsergebnisrechnung (Kurzfristige Erfolgsrechnung)	.Vertrieb .PPS .Instand-haltung .Lager-wirt-schaft .FIBU .L + G
	17 Finanz-buch-haltung	1 Allgemeine Funktionen 2 Sachkontenbuchhaltung 3 Debitorenbuchhaltung 4 Kreditorenbuchhaltung 5 Anlagenbuchhaltung 6 Bewertung	.Vertrieb .Be-schaffung .Lager-wirt-schaft .KORE
	18 Lohn und Gehalt	1 Lohnerfassung/Gehaltserfassung 2 Bruttolohnermittlung 3 Nettolohnermittlung	.BDE .PDS .FIBU

Systembereich: L E G E N D E   Seite 1

Funktions-bereich:	Funktion/Merkmalsausprägung:	IST		SOLL			
		Aus-füh-rungs-art	Sy-stem/ Hilfs-mittel	Sy-stem gest.	Eingabeform Dialog /on line	Batch	Transaktions-verarbeitung ak-tuell	Stapel

Zeile: "Systembereich"

    Inhalt: Systembereichsnummer (1stellig) und -bezeichnung
             gemäß Strukturübersicht

Spalte: "Funktionsbereich"

    Inhalt: Funktionsbereichsnummer (1- oder 2stellig) und
             -bezeichnung gemäß Strukturübersicht

Spalte: "Funktion/Merkmalsausprägung"

    Inhalt: Funktionsnummer (1- oder 2stellig) und -bezeich-
             nung gemäß Strukturübersicht, danach die Merkmals-
             ausprägungen; die Funktionsnummer setzt sich zu-
             sammen aus den Ziffern des Systembereiches, des
             Funktionsbereiches und der Funktion gemäß Struk-
             turübersicht.

    Beispiel: 1.1.1 Basisdaten für die Planung
                └─ Funktion
             └── Funktionsbereich Absatzanalyse- und
                  -planungssystem (APS)
           └────── Systembereich Operative Planung

Nach der Funktionsnummer und -bezeichnung folgen die
Merkmalsblöcke als Spiegelstrichaufzählung.

Systembereich: **L E G E N D E**   Seite 2

Funktions- bereich:	Funktion/Merkmalsausprägung:	IST		SOLL				
		Aus- füh- rungs- art	Sy- stem/ Hilfs- mittel	Sy- stem gest.	Eingabeform Dialog /on line	Batch	Transaktions- verarbeitung ak- tuell	Stapel
	Spalte "IST, Ausführungsart"							
	S = Funktion läuft bereits im IST systemgestützt	Ⓢ P n		M E n	- -	- -	- -	- -
	P = Funktion wird im IST personell (manuell) ausgeführt; Informationen bzw. Daten werden außerhalb eines EDV-Systems bearbeitet und verwaltet (z. B. in Karteien, manuelle Auswertungen, manuelle Belegerstellung)	S Ⓟ n		M E n	M E	M E	M E	M E
	n = Funktion wird in dieser Ausprägung nicht ausgeführt.	S P Ⓝ		M E n	M E	M E	M E	M E
	Spalte "IST, System/Hilfsmittel"							
	Wenn Funktionen systemgestützt oder personell (manuell) wahrgenommen werden, ist das entsprechende System bzw. Hilfsmittel anzugeben (z. B. PPS-System, PC-Software, Kartei, Liste, manuelle Auswertungen)		Kartei					

L E G E N D E

Systembereich:

Funktions-bereich:	Funktion/Merkmalsausprägung:	IST		SOLL				
		Aus-füh-rungs-art	Sy-stem/ Hilfs-mittel	Sy-stem gest.	Eingabeform Dialog /on line	Batch	Transaktions verarbeitung ak-tuell	Stapel
	Spalten "SOLL"							
	M = Funktion muß zukünftig systemgestützt laufen bzw. Eingabe- und Verarbeitungsform ist Muß. Informationen bzw. Daten müssen im EDV-System verwaltet und be-arbeitet werden können (für Funktionserfüllung)	S P n		(M)E n	(M)E	M E	(M)E	M E
	E = EDV-Unterstützung dieser Funktion würde zukünftig (im SOLL) eine sinnvolle Ergänzung darstellen bzw. entsprechende Eingabe- und Verarbeitungsform wäre eine sinnvolle Ergänzung.	S P n		M(E) n	M(E)	M E	M(E)	M E
	n = Systemunterstützung ist für diese Funktion im SOLL nicht notwendig.	S P n		M E (n)	M E	M E	M E	M E
	Anmerkungen:							
	Wird eine Funktion im SOLL als systemgestützte "Muß"-Funktion defi-niert, ist die Charakterisierung der Eingabe- oder Verarbeitungs-form zusätzlich auch als sinnvolle Ergänzung (E) zulässig.	S P n		(M)E n	M(E)	(M)E	M(E)	(M)E
	Beispiel: Die Kalkulation muß in der Batch-Version vorhanden sein, die Kalkulation im Dialog wäre eine sinnvolle Ergänzung.							
	Wird die EDV-Unterstützung einer Funktion im SOLL als sinnvolle Er-gänzung angesehen, ist die Forderung einer bestimmten Eingabe- bzw. Verarbeitungsform als "Muß" (M) ebenfalls zulässig (wenn die Funktion eine sinnvolle Ergänzung darstellen soll, muß die Eingabe im Dialog erfolgen und die Verarbeitung muß aktuell sein).	S P n		M(E)n	(M)E	M E	(M)E	M E

Systembereich:	L E G E N D E							Seite 4

Funktions- bereich:	Funktion/Merkmalsausprägung:	IST		SOLL				
		Aus- füh- rungs art	Sy- stem/ Hilfs- mittel	Sy- stem gest.	Eingabeform		Transaktions verarbeitung	
					Dialog /on line	Batch	ak- tuell	Stapel
	Bei der Eingabeform wurde nach den Möglichkeiten Dialog/On line oder Batch (eigentlich "Stapel") unterschieden; bei der Form der Transaktionsverarbeitung nach aktuell (d. h. Echtzeit) und Stapel. Die Differenzierung in Batch (Eingabeform) und Stapel (Transaktionsverarbeitungsform) wurde bewußt gewählt, um die Ausprägung der Eingabe- und Verarbeitungsform textlich voneinander abzusetzen.							

Systembereich: 1. Operative Planung

Funktions-bereich:	Funktion/Merkmalsausprägung:	IST		SOLL				
		Aus-füh-rungs-art	System/Hilfs-mittel	System gest.	Eingabeform Dialog /on line	Batch	Transaktionsverarbeitung ak-tuell	Stapel
1. Absatz-analyse-und -planungs-system (APS)	1.1.1 Basisdaten für die Planung	S P n		M E n	– –	– –	– –	– –
	– Herkunft und Verwaltung der Basisdaten							
	1 = interne Daten	S P n		M E n	– –	– –	– –	– –
	Besonderheiten? z. B. Rahmenverträge Erstausrüster							
	2 = externe Daten							
	Herkunft? z. B. OECD	S P n	z. B. OECD-Daten-bank	M E n	– –	– –	– –	– –

Systembereich: 1. Operative Planung   Seite 2

Funktions-bereich:	Funktion/Merkmalsausprägung:	IST Aus-füh-rungs-art	IST Sy-stem/Hilfs-mittel	SOLL Sy-stem gest.	SOLL Eingabeform Dialog /on line	SOLL Eingabeform Batch	SOLL Transaktions-verarbeitung ak-tuell	SOLL Transaktions-verarbeitung Stapel
1.	1.1.2 Datenselektion (Aufbereitung von Zeitreihen)	S P n		M E n	- -	- -	- -	- -
Absatz-analyse-und -planungs-system (APS)	- Planungsdatengrundgerüst (pro Planungsebene)	S P n		M E n	- -	- -	- -	- -
	1 = Interne Daten (Zeitreihen)	S P n		M E n	M E	M E	M E	M E
	a) Absatz (Stück, Bewertungspreis)	S P n		M E n	- -	- -	- -	- -
	b) Verkaufspreis (Kundenpreis; Struktur Kunde : Produkt)	S P n		M E n	- -	- -	- -	- -
	c) Herstellkosten (Trennung nach fixen/variablen Anteilen)	S P n		M E n	- -	- -	- -	- -
	d) Reichweite des Fertigwarenbestandes nach Herkunfts-arten (Mindestbestandsfaktor)	S P n		M E n	- -	- -	- -	- -
	e) Beschaffung nach Herkunftsarten (Stück; Wert Brutto, Netto)	S P n		M E n	- -	- -	- -	- -
	f) Reichweite des Auftragsbestandes nach Herkunftsarten	S P n		M E n	- -	- -	- -	- -
	2 = Externe Daten (Zeitreihen)	S P n		M E n	- -	- -	- -	- -
	a) Globale Zeitreihen (Preise, Industrieproduktion : Branchen, BSP)	S P n		M E n	M E	M E	M E	M E
	b) Branchenspezifische Zeitreihen (Außenhandel, Produktion, Vorratsveränderungen)	S P n		M E n	M E	M E	M E	M E
	- Dateneingrenzung (interne Daten)	S P n		M E n	- -	- -	- -	- -
	1 = ABC-Analysen	S P n		M E n	M E	M E	M E	M E
	2 = Feineingrenzung (Festlegung Anzahl der Planentschei-dungen)	S P n		M E n	M E	M E	M E	M E

Systembereich: 1. Operative Planung   Seite 3

Funktions-bereich:	Funktion/Merkmalsausprägung:	IST		SOLL			
		Aus-füh-rungs-art	Sy-stem/ Hilfs-mittel	Sy-stem gest.	Eingabeform Dialog /on line	Batch	Transaktionsverarbeitung ak-tuell / Stapel
1. Absatz-analyse-und -planungs-system (APS)	- Planungsebenen	S P n		M E n	- -	- -	- - / - -

Produktebene	Kundenebene	Definition
1 = Produktgruppe (primär)	Branchen/Länder (sekundär)	starr; bei An-passung in größeren Zeitabständen geeignet
2 = A-Basistypen und "Diverse" je Produkt-gruppe (sekundär)	A-Kunden und "Diverse" je Produktgruppe (primär)	A-Kunden teil-marktspezifisch, Produktgruppe starr wie unter 1, A-Basistypen zentral für alle Teil-märkte definiert
3 = analog 2	analog 2	analog 2, jedoch A-Basistypen teilmarkt-spezifisch
4 = A-Basistypen und "Diverse" je Kunden-ebene (sekundär)	A-Kunden und "Diverse" je Teilmarkt (primär)	A-Kunden teil-marktspezifisch, A-Basis-typen kunden-spezifisch

IST/SOLL-Werte je Zeile:

	Aus-führungs-art	System gest.	Dialog /online	Batch	aktuell	Stapel
1 = Produktgruppe	S P n	M E n	- -	- -	- -	- -
2 = A-Basistypen	S P n	M E n	- -	- -	- -	- -
3 = analog 2	S P n	M E n	- -	- -	- -	- -
4 = A-Basistypen	S P n	M E n	- -	- -	- -	- -

Systembereich: 1. Operative Planung   Seite 4

Funktions-bereich:	Funktion/Merkmalsausprägung:	IST		SOLL				
		Aus-füh-rungs-art	Sy-stem/Hilfs-mittel	Sy-stem gest.	Eingabeform Dialog /on line	Batch	Transaktions-verarbeitung ak-tuell	Stapel
1.	- Planungsmandanten (Anwenderhierarchie)	S P n		M E n	- -	- -	- -	- -
Absatz-analyse-und -planungs-system	1 = Gesamt-Unternehmung	S P n		M E n	- -	- -	- -	- -
	2 = Produktbereiche oder Divisionen	S P n		M E n	- -	- -	- -	- -
	3 = Vertriebs-Abteilungen	S P n		M E n	- -	- -	- -	- -
	4 = Sachbearbeiter	S P n		M E n	- -	- -	- -	- -
(APS)	- Planungshorizonte	S P n		M E n	- -	- -	- -	- -
	1 = das kommende Geschäftsjahr aufgeteilt nach Monaten	S P n		M E n	- -	- -	- -	- -
	2 = die kommenden fünf Geschäftsjahre (mittelfristige Planung)	S P n		M E n	- -	- -	- -	- -
	3 = ein nicht exakt bestimmter Zeitraum (mittel- oder lang-fristige Planung)	S P n		M E n	- -	- -	- -	- -
	- Planungszeitpunkte für operative Planung	S P n		M E n	- -	- -	- -	- -
	1 = fix (einmal jährlich)	S P n		M E n	- -	- -	- -	- -
	2 = beliebig (z. B. für Planrevision)	S P n		M E n	- -	- -	- -	- -
	- Planungsobjektgenerationen	S P n		M E n	- -	- -	- -	- -
	1 = Alt-Neu-Relation für Kunde wird unterstützt	S P n		M E n	- -	- -	- -	- -
	2 = Alt-Neu-Relation für Produkt wird unterstützt	S P n		M E n	- -	- -	- -	- -
	3 = Änderungsmatrix für alle planungsrelevanten Daten	S P n		M E n	- -	- -	- -	- -

Systembereich: 1. Operative Planung

Seite 5

Funktions-bereich:	Funktion/Merkmalsausprägung:	IST		SOLL				
		Aus-füh-rungs-art	Sy-stem/ Hilfs-mittel	Sy-stem gest.	Eingabeform Dialog /on line	Batch	Transaktions verarbeitung ak-tuell	Stapel
1. Absatz-analyse-und -planungs-system (APS)	1.1.3 Zeitreihenaufbereitung	S P n		M E n	- -	- -	- -	- -
	1 = Normierung (Bereinigung der Zeitreihen um kalen-darische, gesetzgeberische, interne Einflüsse)	S P n		M E n	M E	M E	M E	M E
	2 = Glättung (Nivellierung einzelner zufallsbedingter Ausschläge von ZR)	S P n		M E n	M E	M E	M E	M E
	3 = Veränderungsberechnung (zeitliche Abweichung der Indikatoren)	S P n		M E n	M E	M E	M E	M E
	- Marktanteilsberechnungen	S P n		M E n	M E	M E	M E	M E

Systembereich: 1. Operative Planung   Seite 6

Funktions-bereich:	Funktion/Merkmalsausprägung:	IST		SOLL				
		Aus-füh-rungs-art	Sy-stem/Hilfs-mittel	Sy-stem gest.	Eingabeform Dialog /on line	Batch	Transaktions verarbeitung ak-tuell	Stapel
1. Absatz-analyse-und -planungs-system (APS)	1.1.4 Analyse und Prognose	S P n		M E n	- -	- -	- -	- -
	- Methoden der Analyse und Prognose	S P n		M E n	- -	- -	- -	- -
	1 = Indikatormethode (Korrelationsanalyse) oder Kausalmodell (ökonometrisches Modell)	S P n		M E n	- -	- -	- -	- -
	2 = Exponentielle Glättung mit fixem Glättungsfaktor	S P n		M E n	- -	- -	- -	- -
	3 = Exponentielle Glättung mit variablem Glättungsfaktor	S P n		M E n	- -	- -	- -	- -
	4 = Einfache lineare Regression	S P n		M E n	- -	- -	- -	- -
	5 = Multiple lineare Regression	S P n		M E n	- -	- -	- -	- -
	6 = Spektralanalyse	S P n		M E n	- -	- -	- -	- -

Systembereich: 1. Operative Planung

Funktions- bereich:	Funktion/Merkmalsausprägung:	IST		SOLL				
		Aus- füh- rungs art	Sy- stem/ Hilfs- mittel	Sy- stem gest.	Eingabeform Dialog /on line	Batch	Transaktions verarbeitung ak- tuell	Stapel
1. Absatz- analyse- und -planungs- system (APS)	1.1.5 Planungsverfahren	S P n		M E n	– –	– –	– –	– –
	– Simulation	S P n		M E n	M E	M E	M E	M E
	. Zweck: Erstellen von Alternativplänen, die qualitative makroökonomische Informationen bzw. mikroökonomische Strategien – Preis, Menge, Marktanteil, Distribution, Lieferzeit etc. – unterstützen.							
	– Planungsumfang	S P n		M E n	– –	– –	– –	– –
	1 = ohne Berücksichtigung von Historikdaten (Zeitreihen)	S P n		M E n	– –	– –	– –	– –
	2 = ZR vorhandener Planungsobjekte	S P n		M E n	– –	– –	– –	– –
	3 = Eröffnungsmöglichkeit neuer Planungsobjekte ohne Historik (als Planstammdaten, z. B. Konstruktions-Erzeugnisse)	S P n		M E n	– –	– –	– –	– –
	– Planungsprozess	S P n		M E n	– –	– –	– –	– –
	1 = starre maschinelle Planung ohne manuelle Eingriffs-möglichkeit	S P n		M E n	M E	M E	M E	M E
	2 = Möglichkeit der (manuellen) Veränderung von Planungs-parametern mit maschineller Plan-Veränderung und Er-gebnisdarstellung	S P n		M E n	M E	M E	M E	M E

$\overline{ZR}$ = Zeitreihe(n)

Funktions-bereich:	Funktion/Merkmalsausprägung:	IST		SOLL				
		Aus-füh-rungs-art	Sy-stem/Hilfs-mittel	Sy-stem gest.	Eingabeform Dialog /on line	Batch	Transaktions verarbeitung ak-tuell	Stapel
1.	1.1.6 Planverwaltung	S P n		M E n	– –	– –	– –	– –
Absatz-analyse-und -planungs-system	1 = Nur der ausgewählte Absatzplan bleibt erhalten.	S P n		M E n	– –	– –	– –	– –
	2 = Verwalten von Alternativ-Absatzplänen möglich	S P n		M E n	– –	– –	– –	– –
	1.1.7 Plandatenverarbeitung	S P n		M E n	– –	– –	– –	– –
(APS)	– Terminierung und zeitliche Verteilung der Planungs-ergebnisse für Absatzplanobjekte;	S P n		M E n	M E	M E	M E	M E

Systembereich: 1. Operative Planung

Seite 1

Funktions-bereich:	Funktion/Merkmalsausprägung:	IST		SOLL				
		Aus-füh-rungs-art	Sy-stem/ Hilfs-mittel	Sy-stem gest.	Eingabeform Dialog /on line	Batch	Transaktions verarbeitung ak-tuell	Stapel
2. Plan-kontrolle	1.2.1 Plandatenübernahme	S P		M E	- -	- -	- -	- -
	- Plandaten werden maschinell in die operativen Stamm-dateien übernommen (Materialstamm, Kundenstamm, Produktgruppenstamm, etc.)	S P		M E	M E	M E	M E	M E
	1.2.2 Kontrolle	S P		M E	- -	- -	- -	- -
	1 = Soll-IST-Vergleich	S P		M E	M E	M E	M E	M E
	2 = Vergleich Soll - wahrscheinliches Ist	S P		M E	M E	M E	M E	M E

Systembereich: 2. Vertrieb   Seite 1

Funktions-bereich:	Funktion/Merkmalsausprägung:	IST		SOLL				
		Aus-füh-rungs-art	Sy-stem/Hilfs-mittel	Sy-stem gest.	Eingabeform Dialog /on line	Batch	Transaktions verarbeitung ak-tuell	Stapel
3. Anfragen-/ Angebots- erledigung	2.3.1 Einlasten (Dialog, DFÜ, Diskette etc.)	S P n		M E n	- -	- -	- -	- -
	- Artikelidentifikation	S P n		M E n	- -	- -	- -	- -
	1 = durch Primärindex	S P n		M E n	M E	M E	M E	M E
	2 = mit Match-Codes	S P n		M E n	M E	M E	M E	M E
	3 = mit Ähnlichkeitsbeziehungen für Sachmerkmale Artikel (Substitution und Alternativen) bzw. "Produkt-konfigurator"	S P n		M E n	M E	M E	M E	M E
	- Kundenidentifikation	S P n		M E n	- -	- -	- -	- -
	1 = durch Primärindex	S P n		M E n	M E	M E	M E	M E
	2 = mit Match-Code	S P n		M E n	M E	M E	M E	M E
	- Einlastungsalternativen	S P n		M E n	- -	- -	- -	- -
	1 = Primärindex Artikel	S P n		M E n	M E	M E	- -	- -
	2 = Primärindex Kunde	S P n		M E n	M E	M E	- -	- -
	3 = Katalog-Nr. für Artikel (abweichender Primärindex)	S P n		M E n	M E	M E	- -	- -
	4 = Fremd-Artikelbezeichnung (Kunde, Wettbewerb)	S P n		M E n	M E	M E	- -	- -
	- Erfassungsunterstützung (Schnellerfassung)	S P n		M E n	- -	- -	- -	- -
	1 = Kopierfunktion Angebote (gesamthaft)	S P n		M E n	M E	M E	M E	M E
	2 = kopf-/positionsweises Kopieren	S P n		M E n	M E	M E	M E	M E
	3 = Senden Stamminformation Kunde	S P n		M E n	M E	M E	M E	M E
	4 = Senden Stamminformation Artikel	S P n		M E n	M E	M E	M E	M E

Systembereich: 2. Vertrieb

Funktions-bereich:	Funktion/Merkmalsausprägung:	IST		SOLL				
		Ausführungsart	System/Hilfsmittel	System gest.	Eingabeform Dialog /online	Batch	Transaktionsverarbeitung aktuell	Stapel
3. Anfragen-/ Angebots- erledigung	- Verschlüsselung	S P n		M E n	- -	- -	- -	- -
	1 = verschlüsselte Objekte können eingelastet werden	S P n		M E n	M E	M E	- -	- -
	2 = nicht verschlüsselte Kunden/Artikel können eingelastet werden (Sammel-Nr.)	S P n		M E n	M E	M E	- -	- -
	3 = nicht verschlüsselte Artikel können eingelastet werden (Pseudo-Nr.)	S P n		M E n	M E	M E	- -	- -
	- Sonderregelungen (z. B. Kundenschutz, genehmigungspflichtige Produkte, Warenverkehr DDR, etc.)	S P n		M E n	- -	- -	- -	- -
	1 = Meldung durch System	S P n		M E n	M E	M E	M E	M E
	2 = Weiterverarbeitung gesperrt	S P n		M E n	- -	- -	- -	- -
	3 = Weiterverarbeitung optional (J/N)	S P n		M E n	M E	M E	M E	M E
	4 = Maschinelle Unterstützung für Sonderbelegerstellung	S P n		M E n	- -	- -	- -	- -
	5 = Maschinelle Unterstützung für Sonderregelungsverfahren (z. B. Wertermittlung etc.)	S P n		M E n	M E	M E	M E	M E
	- Fortschreibungsregeln nach Auftrags-/Vorgangsarten	S P n		M E n	- -	- -	- -	- -
	o Auftragsarten:							
	Anfragen	S P n		M E n	- -	- -	- -	- -
	Angebote	S P n		M E n	- -	- -	- -	- -
	Proformarechnung	S P n		M E n	- -	- -	- -	- -
	1 = sofortige physische Löschung nach Belegerstellung	S P n		M E n	- -	- -	- -	- -
	2 = Speicherung bis zur Abarbeitung der letzten Position	S P n		M E n	- -	- -	- -	- -

Systembereich: 2. Vertrieb — Seite 3

Funktions-bereich:	Funktion/Merkmalsausprägung:	IST		SOLL				
		Aus-füh-rungs-art	Sy-stem/ Hilfs-mittel	Sy-stem gest.	Eingabeform Dialog /on line	Batch	Transaktions-verarbeitung ak-tuell	Stapel
3.	2.3.2 Terminermittlung (auf Positionsebene)	S P n		M E n	- -	- -	- -	- -
Anfragen-/ Angebots-erledigung	- Verfügbarkeitsprüfung Primärbedarf (ohne Reservierung)	S P n		M E n	- -	- -	- -	- -
	1 = Berücksichtigung des disponiblen physischen Bestandes	S P n		M E n	M E	M E	M E	M E
	2 = Berücksichtigung des disponiblen Bestellbestandes	S P n		M E n	M E	M E	M E	M E
	- Verfügbarkeitsprüfung Substitutionsartikel (Primärbedarfs-ebene)	S P n		M E n	- -	- -	- -	- -
	o Auswahl ohne Reservierung	S P n		M E n	M E	M E	M E	M E
	- Auflösung der Stückliste für Fertigteile und Fertigerzeugnisse	S P n		M E n	- -	- -	- -	- -
	1 = stufenweise (Eingriff Disponent nach jeder Auflösungs-stufe)	S P n		M E n	M E	M E	M E	M E
	2 = über alle Stufen bis zum Rohmaterial	S P n		M E n	M E	M E	M E	M E
	3 = durch teilebezogene Kennzeichensteuerung	S P n		M E n	M E	M E	M E	M E
	4 = Anzahl der Auflösungsstufen innerhalb der Auftrags-erledigung? _______							
	- Anstoß der Brutto-/Nettobedarfsermittlung zur Liefertermin-findung (simulativ)	S P n		M E n	- -	- -	- -	- -
	1 = Anstoß der Wiederbeschaffungszeitermittlung bei freien disponiblen Beständen	S P n		M E n	M E	M E	M E	M E
	2 = Meldung an Disponenten bei Unpaarigkeit	S P n		M E n	- -	- -	M E	M E

Systembereich: 2. Vertrieb

Funktions-bereich:	Funktion/Merkmalsausprägung:	IST		SOLL				
		Aus-füh-rungs-art	Sy-stem/ Hilfs-mittel	Sy-stem gest.	Eingabeform Dialog /on line	Batch	Transaktions verarbeitung ak-tuell	Stapel
3.	- Wiederbeschaffungszeitermittlung für Eigen-fertigungsteile (Fertigteile, Fertigerzeugnisse)	S P n		M E n	- -	- -	- -	- -
Anfragen-/ Angebots-erledigung	1 = über Produktstammsatz	S P n		M E n	M E	M E	M E	M E
	2 = über Arbeitsplankopf	S P n		M E n	M E	M E	M E	M E
	3 = mittels Durchlaufterminierung	S P n		M E n	M E	M E	M E	M E
	4 = mittels Kapazitätsterminierung (simulativ)	S P n		M E n	M E	M E	M E	M E
	5 = Meldung an Disponenten bei Unpaarigkeit	S P n		M E n	- -	- -	M E	M E
	- Wiederbeschaffungszeitermittlung für Fremdbezugsteile (Rohstoffe, Handelsware)	S P n		M E n	- -	- -	- -	- -
	1 = über Produktstammsatz	S P n		M E n	M E	M E	M E	M E
	2 = über Bestandssatz (nach Lieferanten)	S P n		M E n	M E	M E	M E	M E
	3 = Meldung an Disponenten bei Unpaarigkeit	S P n		M E n	- -	- -	M E	M E

170

Funktions-bereich:	Funktion/Merkmalsausprägung:	IST		SOLL				
		Aus-füh-rungs-art	Sy-stem/Hilfs-mittel	Sy-stem gest.	Eingabeform Dialog /on line	Batch	Transaktions verarbeitung ak-tuell	Stapel
3.	2.3.3 Preisermittlung/Preisfindung	S P n		M E n	– –	– –	– –	– –
Anfragen-/ Angebots-erledigung	– Satz- und Gesamtpreis	S P n		M E n	– –	– –	– –	– –
	1 = Satzpreise verarbeitbar	S P n		M E n	M E	M E	M E	M E
	2 = Gesamtpreis verarbeitbar	S P n		M E n	M E	M E	M E	M E
	– Sortimentsbildung	S P n		M E n	– –	– –	– –	– –
	1 = für definierte Produkt-/Warengruppen mit einheitlichem Rabattsatz/Nettopreis	S P n		M E n	M E	M E	M E	M E
	2 = für definierte Produkt-/Warengruppen mit unterschiedlichen Rabattsätzen/Nettopreisen	S P n		M E n	M E	M E	M E	M E
	3 = für definierte Produkt-/Warengruppen mit mehreren unterschiedlichen Rabattsätzen/Nettopreisen pro Produkt-/Warengruppe	S P n		M E n	M E	M E	M E	M E
	– Preisermittlungsroutine	S P n		M E n	– –	– –	– –	– –
	Abgleich Preis-Datenbank für							
	o Zu-/Abschläge	S P n		M E n	– –	– –	– –	– –
	1 = ein Zu-/Abschlag wertmäßig	S P n		M E n	M E	M E	M E	M E
	2 = ein Zu-/Abschlag prozentual	S P n		M E n	M E	M E	M E	M E
	3 = mehrere Zu-/Abschläge pro Position, Wert und/oder Prozent	S P n		M E n	M E	M E	M E	M E
	4 = Zu-/Abschläge nach Gewicht	S P n		M E n	M E	M E	M E	M E

Systembereich: 2. Vertrieb

Funktions- bereich:	Funktion/Merkmalsausprägung:	IST		SOLL				
		Aus- füh- rungs art	Sy- stem/ Hilfs- mittel	Sy- stem gest.	Eingabeform Dialog /on line	Batch	Transaktions verarbeitung ak- tuell	Stapel
3. Anfragen-/ Angebots- erledigung	o Rabatte	S P n		M E n	- -	- -	- -	- -
	1 = ein Rabattsatz pro Kunde	S P n		M E n	M E	M E	M E	M E
	2 = ein Rabattsatz pro Land	S P n		M E n	M E	M E	M E	M E
	3 = ein Rabattsatz pro Konzern	S P n		M E n	M E	M E	M E	M E
	4 = mehrere Positionsrabatte (1., 2. bis n. Rabatt)	S P n		M E n	M E	M E	M E	M E
	5 = Mengenrabatt	S P n		M E n	M E	M E	M E	M E
	6 = Wertstaffelung	S P n		M E n	M E	M E	M E	M E
	7 = Rabattsätze nach Gültigkeitsperioden	S P n		M E n	M E	M E	M E	M E
	o Nettopreise	S P n		M E n	- -	- -	- -	- -
	1 = pro Kunde	S P n		M E n	M E	M E	M E	M E
	2 = pro Konzern	S P n		M E n	M E	M E	M E	M E
	3 = pro Land	S P n		M E n	M E	M E	M E	M E
	4 = pro Produkt	S P n		M E n	M E	M E	M E	M E
	- besondere Preiseingabevarianten	S P n		M E n	- -	- -	- -	- -
	1 = Eingabe Rabatt, Ausgabe "netto"	S P n		M E n	M E	M E	M E	M E
	2 = Fixpreis mit Gültigkeitsperiode	S P n		M E n	M E	M E	M E	M E

Systembereich: 2. Vertrieb   Seite 7

Funktions-bereich:	Funktion/Merkmalsausprägung:	IST		SOLL				
		Aus-füh-rungs-art	Sy-stem/Hilfs-mittel	Sy-stem gest.	Eingabeform Dialog /online	Batch	Transaktions-verarbeitung ak-tuell	Stapel
3. Anfragen-/ Angebots- erledigung	- Unterstützungsroutine zur Preisfindung (bei negativer Preisermittlung)	S P n		M E n	- -	- -	- -	- -
	1 = Bruttopreiserrechnung	S P n		M E n	M E	M E	M E	M E
	2 = Nettopreiserrechnung	S P n		M E n	M E	M E	M E	M E
	3 = Zu-/Abschlagsregelung	S P n		M E n	M E	M E	M E	M E
	4 = Rabattfestlegung	S P n		M E n	M E	M E	M E	M E
	- Deckungsbeitragsermittlung	S P n		M E n	- -	- -	- -	- -
	1 = in der Preisfindung	S P n		M E n	M E	M E	M E	M E
	2 = Anzeige pro Auftragsposition bei der Einlastung	S P n		M E n	M E	M E	M E	M E

173

Systembereich: 2. Vertrieb

Funktions-bereich:	Funktion/Merkmalsausprägung:	IST		SOLL				
		Ausführungsart	System/Hilfsmittel	System gest.	Eingabeform Dialog /online	Batch	Transaktionsverarbeitung aktuell	Stapel
3. Anfragen-/ Angebots- erledigung	2.3.4 Wartungsdienst/Transferfunktion/Angebotsverfolgung	S P n		M E n	- -	- -	- -	- -
	- Ändern/Hinzufügen	S P n		M E n	- -	- -	- -	- -
	1 = POS-NR nicht änderbar	S P n		M E n	M E	M E	M E	M E
	2 = POS-NR kann verändert werden	S P n		M E n	M E	M E	M E	M E
	(z. B. bei Anlagenspezifikation)							
	3 = POS-NR kann gesplittet werden	S P n		M E n	M E	M E	M E	M E
	4 = neue POS-Nr. können angelegt werden	S P n		M E n	M E	M E	M E	M E
	- Streichen	S P n		M E n	- -	- -	- -	- -
	1 = ohne Streichungsgrund (keine stat. Auswertung)	S P n		M E n	M E	M E	M E	M E
	2 = Streichungsgrund und Auswertungen	S P n		M E n	M E	M E	M E	M E
	3 = Streichungsgrund und Transferfunktion	S P n		M E n	M E	M E	M E	M E
	Lost order file (Anfragehistorik)							
	- Transferfunktion	S P n		M E n	- -	- -	- -	- -
	1 = Transferfunktion Kundenauftragserledigung	S P n		M E n	M E	M E	M E	M E
	2 = Transferfunktion Kundenauftragserledigung	S P n		M E n	M E	M E	M E	M E
	mit Fortschreiben Anfragehistorik							
	- Angebotsverfolgung	S P n		M E n	- -	- -	- -	- -
	1 = komplette Abarbeitung	S P n		M E n	M E	M E	M E	M E
	2 = positionsweise Abarbeitung	S P n		M E n	M E	M E	M E	M E
	3 = Splittung von Positionen möglich	S P n		M E n	M E	M E	M E	M E
	4 = maschinell gestützte Statusverfolgung	S P n		M E n	M E	M E	M E	M E

Funktions-bereich:	Funktion/Merkmalsausprägung:	IST		SOLL				
		Aus-füh-rungs-art	Sy-stem/Hilfs-mittel	Sy-stem gest.	Eingabeform Dialog /on line	Batch	Transaktions-verarbeitung ak-tuell	Stapel
3. Anfragen-/ Angebots- erledigung	- Historik-Verwaltung 1 = bis 12 Monate Anfragehistorik 2 = bis 24 Monate Anfragehistorik	S P n S P n S P n		M E n M E n M E n	- - M E M E	- - M E M E	- - M E M E	- - M E M E

Systembereich: 2. Vertrieb   Seite 1

Funktions-bereich:	Funktion/Merkmalsausprägung:	IST		SOLL				
		Aus-füh-rungs-art	Sy-stem/Hilfs-mittel	Sy-stem gest.	Eingabeform Dialog /on line	Batch	Transaktions-verarbeitung ak-tuell	Stapel
4.	2.4.1 Einlasten (Dialog, DFÜ, Diskette etc.)	S P n		M E n	– –	– –	– –	– –
Auftrags-erledigung	– Artikelidentifikation	S P n		M E n	– –	– –	– –	– –
	1 = durch Primärindex	S P n		M E n	M E	M E	M E	M E
	2 = mit Match-Codes	S P n		M E n	M E	M E	M E	M E
	3 = mit Ähnlichkeitsbeziehungen für Sachmerkmale Artikel (Substitution und Alternativen) bzw. "Produktkonfigurator"	S P n		M E n	M E	M E	M E	M E
	– Kundenidentifikation	S P n		M E n	– –	– –	– –	– –
	1 = durch Primärindex	S P n		M E n	M E	M E	M E	M E
	2 = mit Match-Code	S P n		M E n	M E	M E	M E	M E
	– Höchstkredit/Bonität	S P n		M E n	– –	– –	– –	– –
	1 = Prüfung und Meldung	S P n		M E n	M E	M E	M E	M E
	2 = Sperren mit Sperrgrund	S P n		M E n	M E	M E	M E	M E
	3 = Status für FIBU-Meldung	S P n		M E n	M E	M E	M E	M E
	– Einlastungsalternativen	S P n		M E n	– –	– –	– –	– –
	1 = Primärindex Artikel	S P n		M E n	M E	M E	– –	– –
	2 = Primärindex Kunde	S P n		M E n	M E	M E	– –	– –
	3 = mit Katalog-Nr. für Artikel (abweichender Primärindex)	S P n		M E n	M E	M E	– –	– –
	4 = mit Fremd-Artikelbezeichnung (Kunde, Wettbewerb)	S P n		M E n	M E	M E	– –	– –

Systembereich: 2. Vertrieb Seite 2

Funktions-bereich:	Funktion/Merkmalsausprägung:	IST		SOLL				
		Aus-füh-rungs-art	Sy-stem/Hilfs-mittel	Sy-stem gest.	Eingabeform Dialog /online	Batch	Transaktions verarbeitung ak-tuell	Stapel
4.	- Erfassungsunterstützung (Schnellerfassung)	S P n		M E n	- -	- -	- -	- -
Auftrags-erledigung	1 = Kopierfunktion	S P n		M E n	M E	M E	M E	M E
	o Aufträge,	S P n		M E n	M E	M E	M E	M E
	o Angebote,	S P n		M E n	M E	M E	M E	M E
	o Historik etc.	S P n		M E n	M E	M E	M E	M E
	2 = kopf-/postitionsweises Kopieren	S P n		M E n	M E	M E	M E	M E
	3 = Senden Stamminformation Kunde	S P n		M E n	M E	M E	M E	M E
	4 = Senden Stamminformation Artikel	S P n		M E n	M E	M E	M E	M E
	- Verschlüsselung	S P n		M E n	- -	- -	- -	- -
	1 = verschlüsselte Objekte können eingelastet werden	S P n		M E n	M E	M E	- -	- -
	2 = nicht verschlüsselte Kunden können eingelastet werden (Sammel-Nr.)	S P n		M E n	M E	M E	- -	- -
	3 = nicht verschlüsselte Artikel können eingelastet werden (Pseudo-Nr.)	S P n		M E n	M E	M E	- -	- -
	- KZ absatzplanbezogener Kundenauftrag	S P n		M E n	- -	- -	- -	- -
	1 = KZ vorhanden (Auswirkung auf Terminermittlung/ Verfügbarkeitsprüfung: Anrechnung disponibler Bestände)	S P n		M E n	M E	M E	M E	M E
	2 = KZ auftrags-/positionsbezogen änderbar	S P n		M E n	M E	M E	M E	M E
	3 = KZ-Vergabe durch System	S P n		M E n	- -	- -	M E	M E

KZ = Kennzeichen

Systembereich: 2. Vertrieb

Funktions-bereich:	Funktion/Merkmalsausprägung:	IST		SOLL				
		Aus-füh-rungs-art	Sy-stem/ Hilfs-mittel	Sy-stem gest.	Eingabeform Dialog /on line	Batch	Transaktions verarbeitung ak-tuell	Stapel
4.	- Sonderregelungen (z. B. Kundenschutz, genehmigungs-pflichtige Produkte, Warenverkehr DDR, etc.)	S P n		M E n	- -	- -	- -	- -
Auftrags-erledigung	1 = Meldung durch System	S P n		M E n	M E	M E	M E	M E
	2 = Weiterverarbeitung gesperrt	S P n		M E n	- -	- -	- -	- -
	3 = Weiterverarbeitung optional (J/N)	S P n		M E n	M E	M E	M E	M E
	4 = maschinelle Unterstützung für Sonderbelegerstellung	S P n		M E n	- -	- -	- -	- -
	5 = maschinelle Unterstützung für Sonderregelungsverfahren (z. B. Wertermittlung etc.)	S P n		M E n	M E	M E	M E	M E
	- Fortschreibungsregeln nach Auftrags-/Vorgangsarten	S P n		M E n	- -	- -	- -	- -
	o Auftragsarten:							
	Barverkauf	S P n		M E n	- -	- -	- -	- -
	Eilauftrag	S P n		M E n	- -	- -	- -	- -
	Konsignationsauftrag	S P n		M E n	- -	- -	- -	- -
	Nachnahmen	S P n		M E n	- -	- -	- -	- -
	Termin-/Normalauftrag	S P n		M E n	- -	- -	- -	- -
	Musterauftrag	S P n		M E n	- -	- -	- -	- -
	Reparaturauftrag	S P n		M E n	- -	- -	- -	- -
	Rahmenauftrag (Kontrakte)	S P n		M E n	- -	- -	- -	- -
	Lieferabruf	S P n		M E n	- -	- -	- -	- -
	Nachfakturierung	S P n		M E n	- -	- -	- -	- -
	Gut-/Lastschriften	S P n		M E n	- -	- -	- -	- -
	Vorausrechnung	S P n		M E n	- -	- -	- -	- -
	Anzahlungsrechnung	S P n		M E n	- -	- -	- -	- -
	Interne Aufträge	S P n		M E n	- -	- -	- -	- -
	- Innenauftrag	S P n		M E n	- -	- -	- -	- -
	- Kommissionen	S P n		M E n	- =	- -	- -	- -

Funktions-bereich:	Funktion/Merkmalsausprägung:	IST		SOLL				
		Aus-füh-rungs-art	Sy-stem/Hilfs-mittel	Sy-stem gest.	Eingabeform Dialog /online	Batch	Transaktions verarbeitung ak-tuell	Stapel
4.	o Fortschreibungsarten							
Auftrags-erledigung	1 = sofortige physische Löschung nach Belegerstellung	S P n		M E n	- -	- -	- -	- -
	2 = wertmäßige Fortschreibung (AE/AB/Umsatz)	S P n		M E n	M E	M E	M E	M E
	3 = mengenmäßige Fortschreibung (AE/AB/Absatz)	S P n		M E n	M E	M E	M E	M E
	4 = summenmäßige Fortschreibung (Fracht, Verpackung etc.)	S P n		M E n	- -	- -	- -	- -
	5 = mit Bezug auf einen bestehenden Vorgang	S P n		M E n	M E	M E	M E	M E
	6 = mit Berücksichtigung bestimmter Belegunterdrückungen	S P n		M E n	M E	M E	M E	M E
	7 = mit Berücksichtigung von Fortschrittszahlen (bei Kontrakten, Lieferplänen, Lieferabrufen nach VDA-Richtlinien)	S P n		M E n	M E	M E	M E	M E
	AE = Auftragseingang, AB = Auftragsbestand							

Systembereich: 2. Vertrieb   Seite 5

Funktions-bereich:	Funktion/Merkmalsausprägung:	IST		SOLL				
		Aus-füh-rungs-art	Sy-stem/Hilfs-mittel	Sy-stem gest.	Eingabeform Dialog /on line	Batch	Transaktions-verarbeitung ak-tuell	Stapel
4. Auftrags-erledigung	2.4.2 Terminermittlung	S P n		M E n	– –	– –	– –	– –
	– Verfügbarkeitsprüfung Primärbedarf mit Reservierung	S P n		M E n	– –	– –	– –	– –
	1 = Berücksichtigung des disponiblen physischen Bestandes	S P n		M E n	M E	M E	M E	M E
	2 = Berücksichtigung des disponiblen Bestellbestandes	S P n		M E n	M E	M E	M E	M E
	– Verfügbarkeitsprüfung Substitutionsartikel (Primärbedarfs-ebene)	S P n		M E n	– –	– –	– –	– –
	1 = Auswahl ohne Reservierung (für Alternativangebote)	S P n		M E n	M E	M E	M E	M E
	2 = Auswahl mit Reservierung (für Alternativangebote)	S P n		M E n	M E	M E	M E	M E
	– Auflösung der Stückliste für Fertigteile und Fertigerzeugnisse	S P n		M E n	– –	– –	– –	– –
	1 = stufenweise (Eingriff nach jeder Auflösungsstufe)	S P n		M E n	M E	M E	M E	M E
	2 = über alle Stufen bis zum Rohmaterial	S P n		M E n	M E	M E	M E	M E
	3 = durch teilebezogene Kennzeichensteuerung	S P n		M E n	M E	M E	M E	M E
	4 = Anzahl der Auflösungsstufen innerhalb der Auftrags-erledigung? _________							
	– Anstoß der Brutto-/Nettobedarfsermittlung zur Liefertermin-findung	S P n		M E n	– –	– –	– –	– –
	1 = Anstoß der Wiederbeschaffungszeitermittlung bei freien disponiblen Beständen	S P n		M E n	M E	M E	M E	M E
	2 = Meldung an Disposition bei Unpaarigkeit	S P n		M E n	– –	– –	M E	M E

Systembereich: 2. Vertrieb — Seite 6

Funktions-bereich:	Funktion/Merkmalsausprägung:	IST		SOLL				
		Aus-füh-rungs-art	Sy-stem/Hilfs-mittel	Sy-stem gest.	Eingabeform Dialog /on line	Batch	Transaktions verarbeitung ak-tuell	Stapel
4. Auftrags-erledigung	- Wiederbeschaffungszeitermittlung für Eigen-fertigungsteile (Fertigteile, Fertigerzeugnisse) zur Lieferterminfindung	S P n		M E n	- -	- -	- -	- -
	1 = über Produktstammsatz	S P n		M E n	M E	M E	M E	M E
	2 = über Arbeitsplankopf	S P n		M E n	M E	M E	M E	M E
	3 = mittels Durchlaufterminierung	S P n		M E n	M E	M E	M E	M E
	4 = mittels Kapazitätsterminierung	S P n		M E n	M E	M E	M E	M E
	5 = Meldung an Disponenten bei Unpaarigkeit	S P n		M E n	- -	- -	M E	M E
	- Wiederbeschaffungszeitermittlung für Fremd-bezugsteile (Rohstoffe, Handelsware) zur Liefertermin-findung	S P n		M E n	- -	- -	- -	- -
	1 = über Produktstammsatz	S P n		M E n	M E	M E	M E	M E
	2 = über Bestandssatz (nach Lieferanten)	S P n		M E n	M E	M E	M E	M E
	3 = Meldung an Disponenten bei Unpaarigkeit	S P n		M E n	- -	- -	M E	M E
	- Reservierung in Abhängigkeit von Wunsch-Termin und Kundenauftrag auf Sekundärbedarfsebene	S P n		M E n	- -	- -	- -	- -
	1 = Reservierung ohne Berücksichtigung des Zeitrasters	S P n		M E n	M E	M E	M E	M E
	2 = Reservierung mit Berücksichtigung des Zeitrasters	S P n		M E n	M E	M E	M E	M E
	3 = Reservierung anonym	S P n		M E n	M E	M E	M E	M E
	4 = Reservierung mit Kundenauftragsbezug	S P n		M E n	M E	M E	M E	M E

Systembereich: 2. Vertrieb

Funktions-bereich:	Funktion/Merkmalsausprägung:	IST		SOLL				
		Aus-führungs-art	Sy-stem/ Hilfs-mittel	Sy-stem gest.	Eingabeform Dialog /online	Batch	Transaktions-verarbeitung ak-tuell	Stapel
4.	2.4.3 Preisermittlung/Preisfindung	S P n		M E n	--	--	--	--
Auftrags-erledigung	- Satz- und Gesamtpreise	S P n		M E n	--	--	--	--
	1 = Satzpreise verarbeitbar	S P n		M E n	M E	M E	M E	M E
	2 = Gesamtpreise verarbeitbar	S P n		M E n	M E	M E	M E	M E
	- Sortimentsbildung	S P n		M E n	--	--	--	--
	1 = für definierte Produkt-/Warengruppen mit einheitlichem Rabattsatz/Nettopreis	S P n		M E n	M E	M E	M E	M E
	2 = für definierte Produkt-/Warengruppen mit unterschiedlichen Rabattsätzen/Nettopreisen	S P n		M E n	M E	M E	M E	M E
	3 = für definierte Produkt-/Warengruppen mit mehreren unterschiedlichen Rabattsätzen/Nettopreisen pro Produkt-/Warengruppe	S P n		M E n	M E	M E	M E	M E
	- Preisermittlungsroutine	S P n		M E n	--	--	--	--
	Abgleich Preis-Datenbank für							
	o Zu-/Abschläge	S P n		M E n	--	--	--	--
	1 = ein Zu-/Abschlag wertmäßig	S P n		M E n	M E	M E	M E	M E
	2 = ein Zu-/Abschlag prozentual	S P n		M E n	M E	M E	M E	M E
	3 = mehrere Zu-/Abschläge pro Position, Wert und/oder Prozent	S P n		M E n	M E	M E	M E	M E
	4 = Zu-/Abschläge nach Gewicht	S P n		M E n	M E	M E	M E	M E

Funktions-bereich:	Funktion/Merkmalsausprägung:	IST		SOLL				
		Aus-füh-rungs-art	Sy-stem/ Hilfs-mittel	Sy-stem gest.	Eingabeform Dialog /on line	Batch	Transaktions verarbeitung ak-tuell	Stapel
4.	o Rabatte	S P n		M E n	- -	- -	- -	- -
Auftrags-erledigung	1 = ein Rabattsatz pro Kunde	S P n		M E n	M E	M E	M E	M E
	2 = ein Rabattsatz pro Land	S P n		M E n	M E	M E	M E	M E
	3 = ein Rabattsatz pro Konzern	S P n		M E n	M E	M E	M E	M E
	4 = ein Rabattsatz pro Produktgruppe	S P n		M E n	M E	M E	M E	M E
	5 = mehrere Positionsrabatte (1., 2. bis n. Rabatt)	S P n		M E n	M E	M E	M E	M E
	6 = Mengenrabatt	S P n		M E n	M E	M E	M E	M E
	7 = Wertstaffelung	S P n		M E n	M E	M E	M E	M E
	8 = Rabattsätze nach Gültigkeitsperioden	S P n		M E n	M E	M E	M E	M E
	o Nettopreise	S P n		M E n	- -	- -	- -	- -
	1 = pro Kunde	S P n		M E n	M E	M E	M E	M E
	2 = pro Konzern	S P n		M E n	M E	M E	M E	M E
	3 = pro Land	S P n		M E n	M E	M E	M E	M E
	4 = pro Produkt	S P n		M E n	M E	M E	M E	M E
	- besondere Preiseingabevarianten	S P n		M E n	- -	- -	- -	- -
	1 = Eingabe Rabatt, Ausgabe "netto"	S P n		M E n	M E	M E	M E	M E
	2 = Fixpreis mit Gültigkeitsperiode	S P n		M E n	M E	M E	M E	M E

Systembereich: 2. Vertrieb

Funktions- bereich:	Funktion/Merkmalsausprägung:	IST		SOLL				
		Aus- füh- rungs art	Sy- stem/ Hilfs- mittel	Sy- stem gest.	Eingabeform Dialog /on line	Batch	Transaktions verarbeitung ak- tuell	Stapel
4. Auftrags- erledigung	- Unterstützungsroutine zur Preisfindung (bei negativer Preisermittlung)	S P n		M E n	- -	- -	- -	- -
	1 = Bruttopreiserrechnung	S P n		M E n	M E	M E	M E	M E
	2 = Nettopreiserrechnung	S P n		M E n	M E	M E	M E	M E
	3 = Zu-/Abschlagsregelung	S P n		M E n	M E	M E	M E	M E
	4 = Rabattfestlegung	S P n		M E n	M E	M E	M E	M E
	- Deckungsbeitragsermittlung	S P n		M E n	- -	- -	- -	- -
	1 = in der Preisfindung	S P n		M E n	M E	M E	M E	M E
	2 = Anzeige pro Auftragsposition bei der Einlastung	S P n		M E n	M E	M E	M E	M E

Systembereich: 2. Vertrieb — Seite 10

Funktions-bereich:	Funktion/Merkmalsausprägung:	IST		SOLL				
		Aus-füh-rungs-art	Sy-stem/ Hilfs-mittel	Sy-stem gest.	Eingabeform Dialog /on line	Batch	Transaktions verarbeitung ak-tuell	Stapel
4.	2.4.4 Provisionsermittlung	S P n		M E n	- -	- -	- -	- -
Auftrags-erledigung	- Aufbereitung Provisionssätze	S P n		M E n	- -	- -	- -	- -
	1 = ein Prozentsatz pro APOS (= ein Vertreter)	S P n		M E n	M E	M E	M E	M E
	2 = mehrere Prozentsätze pro APOS	S P n		M E n	M E	M E	M E	M E
	3 = DM-Betrag pro APOS	S P n		M E n	M E	M E	M E	M E
	- Provisionsermittlung pro Vertreter	S P n		M E n	- -	- -	- -	- -
	1 = ein Vertreter, positionsbezogen nicht änderbar	S P n		M E n	M E	M E	M E	M E
	2 = ein Vertreter, positionsbezogen änderbar	S P n		M E n	M E	M E	M E	M E
	3 = mehrere Vertreter, positionsbezogen nicht änderbar	S P n		M E n	M E	M E	M E	M E
	4 = mehrere Vertreter, positionsbezogen änderbar	S P n		M E n	M E	M E	M E	M E
	- Lokale Verwaltung der Vertreter-Stammdaten	S P n		M E n	- -	- -	- -	- -
	1 = in der KUSTA (in Verbindung mit Tabelle)	S P n		M E n	- -	- -	- -	- -
	2 = eigener Stammsatz	S P n		M E n	- -	- -	- -	- -

APOS = Auftragsposition, KUSTA = Kundenstamm

Systembereich: 2. Vertrieb

Funktions-bereich:	Funktion/Merkmalsausprägung:	IST		SOLL				
		Aus-führungs-art	Sy-stem/Hilfs-mittel	Sy-stem gest.	Eingabeform Dialog /on line	Batch	Transaktions verarbeitung ak-tuell	Stapel
4. Auftrags-erledigung	2.4.5 Auftragsfreigabe	S P n		M E n	- -	- -	- -	- -
	- Freigabe zur AB-Schreibung	S P n		M E n	- -	- -	- -	- -
	1 = AB-Schreibung erst nach manueller Bestätigung (i. V. mit Auftragsstatus)	S P n		M E n	M E	M E	M E	M E
	2 = Freigabe gem. interner Auftrags-Status-Fortschreibung (Trigger)	S P n		M E n	- -	- -	M E	M E
	- Freigabe zum Versand (Versand-Anweisung)	S P n		M E n	- -	- -	- -	- -
	o Verfügbarkeitsprüfung/Freigabemodus	S P n		M E n	- -	- -	- -	- -
	1 = ohne Verfügbarkeitsprüfung (nur Termin)	S P n		M E n	M E	M E	M E	M E
	2 = nach Verfügbarkeitsprüfung ohne Berücksichtigung der Auslieferungs-Vorlaufzeit	S P n		M E n	M E	M E	M E	M E
	3 = Verfügbarkeitsprüfung Terminaufträge (Standardprodukte) unter Berücksichtigung der Auslieferungs-Vorlaufzeit	S P n		M E n	M E	M E	M E	M E
	4 = Freigabe durch System für Varianten-/Auftragsfertigungs produkte bei Montage-Fertigmeldung	S P n		M E n	M E	M E	M E	M E
	5 = Prioritätensystem bei konkurrierenden Aufträgen	S P n		M E n	M E	M E	M E	M E
	o Verdichtungskriterien	S P n		M E n	- -	- -	- -	- -
	1 = innerhalb einer Auftragsnummer	S P n		M E n	M E	M E	M E	M E
	2 = ein Kunde, mehrere Auftragsnummern	S P n		M E n	M E	M E	M E	M E

Systembereich: 2. Vertrieb   Seite 12

Funktions- bereich:	Funktion/Merkmalsausprägung:	IST		SOLL				
		Aus- füh- rungs art	Sy- stem/ Hilfs- mittel	Sy- stem gest.	Eingabeform Dialog /on line	Batch	Transaktions verarbeitung ak- tuell	Stapel
4.	- Freigabe von geschlossenen Aufträgen nach Verfügbarkeit	S P n		M E n	- -	- -	- -	- -
Auftrags- erledigung	1 = gesamthaft	S P n		M E n	M E	M E	- -	- -
	2 = Teilfreigabe von APOS	S P n		M E n	M E	M E	- -	- -
	3 = Zwischen-/Wiedereinlagerung (Ziel nach Packen)	S P n		M E n	M E	M E	- -	- -
	- Teilfreigabe von Auftragspositionen	S P n		M E n	- -	- -	- -	- -
	1 = nur mit Splittung möglich	S P n		M E n	M E	M E	M E	M E
	2 = auch ohne Splittung möglich	S P n		M E n	M E	M E	M E	M E
	- Lieferrestriktionen (z. B. Liefersperre) bei Freigabe zum Versand	S P n		M E n	- -	- -	- -	- -
	1 = Prüfung mit Meldung	S P n		M E n	M E	M E	M E	M E
	2 = Prüfung mit Meldung und Option (J/N)	S P n		M E n	M E	M E	M E	M E
	- Höchstkredit/Bonität	S P n		M E n	- -	- -	- -	- -
	1 = Prüfung bei Freigabe zum Versand	S P n		M E n	M E	M E	M E	M E
	2 = Prüfen mit Versandsperre bei Überschreitung	S P n		M E n	M E	M E	M E	M E
	3 = Meldung für FIBU	S P n		M E n	M E	M E	M E	M E

Systembereich: 2. Vertrieb

Seite 13

Funktions-bereich:	Funktion/Merkmalsausprägung:	IST Aus-führungs-art	IST Sy-stem/ Hilfs-mittel	SOLL Sy-stem gest.	SOLL Eingabeform Dialog /on line	SOLL Eingabeform Batch	SOLL Transaktions-verarbeitung ak-tuell	SOLL Transaktions-verarbeitung Stapel
4. Auftrags-erledigung	2.4.6 Entnahmesteuerung	S P n		M E n	- -	- -	- -	- -
	- Kapazitätsplanung "Entnahme/Kommissionierung" und "Packen"	S P n		M E n	- -	- -	- -	- -
	1 = getrennte Planung nach einem Merkmal (z. B. Gewicht, Anzahl Aufträge, etc.) ohne Rückkoppelung	S P n		M E n	M E	M E	M E	M E
	2 = getrennte Planung nach mehreren Merkmalen ohne Rückkoppelung	S P n		M E n	M E	M E	M E	M E
	3 = gekoppelte Planung (mit Engpaßplanung) nach mehreren Merkmalen	S P n		M E n	M E	M E	M E	M E
	- Bilden VA-Pool (VA = Versandanweisung)	S P n		M E n	- -	- -	- -	- -
	1 = ohne Berücksichtigung der Kapazitäten "Entnahme/Kommissionieren" und "Packen"	S P n		M E n	M E	M E	- -	- -
	2 = unter Berücksichtigung der Kapazitäten "Entnahme/Kommissionieren" und "Packen"	S P n		M E n	M E	M E	- -	- -
	3 = mit Prioritätensystem (Eilaufträge, Prioritätskunden, etc.)	S P n		M E n	M E	M E	- -	- -
	- Rückmeldung Entnahme	S P n		M E n	- -	- -	- -	- -
	1 = Rückmelden Entnahme und Fehlmengen (Änderungsdienst, Vorgangsart)	S P n		M E n	M E	M E	M E	M E
	2 = Fehlmengenregulierung durch Aktionsmeldung innerbetrieblicher Bedarfsträger	S P n		M E n	M E	M E	M E	M E

Funktions-bereich:	Funktion/Merkmalsausprägung:	IST		SOLL			
		Aus-füh-rungs-art	Sy-stem/Hilfs-mittel	System gest.	Eingabeform Dialog/on line	Batch	Transaktions verarbeitung aktuell	Stapel
4.	2.4.7 Versandsteuerung	S P n		M E n	- -	- -	- -	- -
Auftrags-erledigung	- Planung von Verpackungsmaterial	S P n		M E n	- -	- -	- -	- -
	1 = verbrauchsgesteuert	S P n		M E n	M E	M E	M E	M E
	2 = bedarfsgesteuert (über STL)	S P n		M E n	M E	M E	M E	M E
	- Kommissionierung, Transport zu den Packplätzen	S P n		M E n	- -	- -	- -	- -
	1 = ohne Prioritätensteuerung	S P n		M E n	M E	M E	M E	M E
	2 = mit Prioritätensteuerung (z. B. Eilaufträge)	S P n		M E n	M E	M E	M E	M E
	- Rückmeldung Packvorgang	S P n		M E n	- -	- -	- -	- -
	1 = Rückmeldungen kompletter Packvorgänge	S P n		M E n	M E	M E	M E	M E
	2 = flexible Rückmeldung auf Positionsebene	S P n		M E n	M E	M E	M E	M E
	- Sendungsplanung (Sendung = Gruppe von Packstücken)	S P n		M E n	- -	- -	- -	- -
	1 = Versandart	S P n		M E n	M E	M E	M E	M E
	2 = Versandperiode	S P n		M E n	M E	M E	M E	M E
	3 = Versandadresse	S P n		M E n	M E	M E	M E	M E
	- Einlagern gepackter Sendungen	S P n		M E n	- -	- -	- -	- -
	- Fehlmengenregulierung (z. B. Aktionsmeldung)	S P n		M E n	- -	- -	- -	- -
	- Nummernkreis Versandsteuerung	S P n		M E n	- -	- -	- -	- -
	1 = identisch mit Kundenauftrags-Nr. (AB)	S P n		M E n	- -	- -	- -	- -
	2 = eigener Nummernkreis	S P n		M E n	- -	- -	- -	- -

Systembereich: 2. Vertrieb

Funktions- bereich:	Funktion/Merkmalsausprägung:	IST		SOLL				
		Aus- füh- rungs art	Sy- stem/ Hilfs- mittel	Sy- stem gest.	Eingabeform Dialog /on line	Batch	Transaktions verarbeitung ak- tuell	Stapel
4. Auftrags- erledigung	2.4.8 Transportsteuerung	S P n		M E n	- -	- -	- -	- -
	- Simulation	S P n		M E n	M E	M E	M E	M E
	. Zweck: Optimierung Transportplanung (Fahrtrouten- optimierung)							
	- Ladungsplanung und -Überwachung	S P n		M E n	- -	- -	- -	- -
	1 = starr nach Ladeliste	S P n		M E n	M E	M E	M E	M E
	2 = flexibel unter Berücksichtigung der Fahrtrouten	S P n		M E n	M E	M E	M E	M E
	- Transportplanung	S P n		M E n	- -	- -	- -	- -
	1 = ohne Fahrtroutenoptimierung	S P n		M E n	M E	M E	M E	M E
	2 = mit Fahrtroutenoptimierung	S P n		M E n	M E	M E	M E	M E

Funktions- bereich:	Funktion/Merkmalsausprägung:	IST		SOLL				
		Aus- füh- rungs- art	Sy- stem/ Hilfs- mittel	Sy- stem gest.	Eingabeform Dialog /on line	Batch	Transaktions- verarbeitung ak- tuell	Stapel
4.	2.4.9 Fakturierung	S P n		M E n	- -	- -	- -	- -
Auftrags- erledigung	- Initiierung	S P n		M E n	- -	- -	- -	- -
	1 = Aktionsdatei fakturierfähige Aufträge (gemäß Status)	S P n		M E n	M E	- -	M E	M E
	2 = Vollmaschinelle Fakturierung (getriggert)	S P n		M E n	- -	- -	M E	M E
	- Ursprungsnachweis	S P n		M E n	- -	- -	- -	- -
	1 = Übernahme Ursprungsvermerk ohne Kalkulation ("schlechteste Annahme")	S P n		M E n	- -	- -	- -	- -
	2 = Übernahme Ursprungsvermerk aufgrund einer Artikel-kalkulation im Vergleich zum niedrigsten Verkaufspreis der Periode	S P n		M E n	- -	- -	- -	- -
	- Satz- und Gesamtpreise	S P n		M E n	- -	- -	- -	- -
	1 = Satzpreise können fakturiert werden	S P n		M E n	- -	- -	- -	- -
	2 = Gesamtpreise können fakturiert werden	S P n		M E n	- -	- -	- -	- -

Funktions-bereich:	Funktion/Merkmalsausprägung:	IST Aus-füh-rungs-art	IST Sy-stem/ Hilfs-mittel	SOLL Sy-stem gest.	Eingabeform Dialog /on line	Eingabeform Batch	Transaktions-verarbeitung ak-tuell	Transaktions-verarbeitung Stapel
4.	- Rechnungssortierung	S P n		M E n	- -	- -	- -	- -
Auftrags-erledigung	1 = seriell gemäß Erfassungsfolge	S P n		M E n	M E	M E	M E	M E
	2 = Rechnungssortierung nach Ordnungskriterien z. B.	S P n		M E n	M E	M E	M E	M E
	o Ursprungsland							
	o Warengruppe (z. B. Präferenzgruppen)							
	o Auftrags-Nr.							
	o Auftrags-Positions-Nr.							
	o Zwischensummenbildung							
	o Gewichtsangaben pro Position							
	- Teilfakturierung von Auftragspositionen	S P n		M E n	- -	- -	- -	- -
	1 = höherer Preis durch reduzierte Menge (Rabattsystem bzw. Zuschlagsregelung für Auftragsprogramm-Artikel)	S P n		M E n	M E	M E	M E	M E
	2 = gleicher Einzelpreis wie für originäre Auftragsposition	S P n		M E n	M E	M E	M E	M E
	- Sammelfakturierung	S P n		M E n	- -	- -	- -	- -
	1 = Funktion mit festen Fakturierungszeiträumen	S P n		M E n	- -	- -	- -	- -
	2 = Funktion mit variablen Fakturierungszeiträumen	S P n		M E n	- -	- -	- -	- -
	- Ein-/Zweiphasenfakturierung	S P n		M E n	- -	- -	- -	- -
	1 = Zweiphasenfakturierung (mit AB/LS)	S P n		M E n	M E	M E	M E	M E
	2 = Einphasenfakturierung (nur RE)	S P n		M E n	M E	M E	M E	M E

Systembereich: 2. Vertrieb   Seite 18

Funktions-bereich:	Funktion/Merkmalsausprägung:	IST		SOLL				
		Aus-füh-rungs-art	Sy-stem/ Hilfs-mittel	Sy-stem gest.	Eingabeform Dialog /on line	Batch	Transaktions verarbeitung ak-tuell	Stapel
4.	- Nummernkreis Fakturierung	S P n		M E n	- -	- -	- -	- -
Auftrags-erledigung	1 = identisch mit Kundenaufträgen	S P n		M E n	- -	- -	- -	- -
	2 = eigener Nummernkreis mit manueller Zuordnung	S P n		M E n	- -	- -	- -	- -
	3 = eigener Nummernkreis mit maschineller Zuordnung	S P n		M E n	- -	- -	- -	- -
	- Monatsabgrenzung	S P n		M E n	- -	- -	- -	- -
	1 = Abgrenzungsdatum starr	S P n		M E n	M E	M E	- -	- -
	2 = Rollierende Abgrenzung (Daten frei wählbar)	S P n		M E n	M E	M E	- -	- -

Systembereich: 2. Vertrieb   Seite 19

Funktions-bereich:	Funktion/Merkmalsausprägung:	IST		SOLL				
		Aus-füh-rungs-art	Sy-stem/Hilfs-mittel	Sy-stem gest.	Eingabeform Dialog /on line	Batch	Transaktions-verarbeitung ak-tuell	Stapel
4. Auftrags-erledigung	2.4.10 Wartungsdienst/Auftragskontrolle/Historik	S P n	M E n	- -	- -	- -	- -	
	- Ändern/Hinzufügen	S P n	M E n	- -	- -	- -	- -	
	1 = POS-Nr. kann verändert werden (z. B. bei Arlagen- spezifikation)	S P n	M E n	M E	M E	M E	M E	
	2 = POS-Nr. kann gesplittet werden	S P n	M E n	M E	M E	M E	M E	
	3 = POS-Nr. neu anlegen	S P n	M E n	M E	M E	M E	M E	
	- Streichen	S P n	M E n	- -	- -	- -	- -	
	1 = ohne Streichungsgrund (keine statistische Auswertung)	S P n	M E n	M E	M E	M E	M E	
	2 = Streichungsgrund und Batch-Auswertung	S P n	M E n	M E	M E	M E	M E	
	3 = Streichungsgrund und Transferfunktion Lost order file (Auftragshistorik)	S P n	M E n	M E	M E	M E	M E	
	- Auftragskontrolle	S P n	M E n	- -	- -	- -	- -	
	1 = Überwachung gemäß Status	S P n	M E n	M E	M E	- -	- -	
	2 = Statussteuerung mit Aktionsmeldungsnetz (z. B. Termin)	S P n	M E n	M E	M E	- -	- -	
	3 = Primärbedarfsbezug bis auf Arbeitsgangebene (z. B. Konventionalstrafenvereinbarung!)	S P n	M E n	M E	M E	- -	- -	

POS = Position

Systembereich: 2. Vertrieb | Seite 20

Funktions-bereich:	Funktion/Merkmalsausprägung:	IST		SOLL				
		Aus-füh-rungs-art	Sy-stem/Hilfs-mittel	Sy-stem gest.	Eingabeform Dialog /on line	Batch	Transaktions verarbeitung ak-tuell	Stapel
4.	2.4.11 Abfragen	S P n		M E n	- -	- -	- -	- -
Auftrags-erledigung	- Organisation	S P n		M E n	- -	- -	- -	- -
	1 = Unterbrochenes Abfragesystem (z. B. separate Entnahme-/Versandsteuerung)	S P n		M E n	- -	- -	- -	- -
	2 = geschlossenes Abfragesystem	S P n		M E n	- -	- -	- -	- -
	- Aktualität	S P n		M E n	- -	- -	- -	- -
	1 = offene Aufträge	S P n		M E n	M E	M E	M E	M E
	2 = bis 12 Monaten Auftragshistorik im Direktzugriff	S P n		M E n	M E	M E	M E	M E
	3 = bis 24 Monate Auftragshistorik im Direktzugriff	S P n		M E n	M E	M E	M E	M E

Funktions-bereich:	Funktion/Merkmalsausprägung:	IST		SOLL				
		Aus-füh-rungs-art	Sy-stem/Hilfs-mittel	Sy-stem gest.	Eingabeform Dialog /on line	Batch	Transaktions verarbeitung ak-tuell	Stapel
5.	3.5.1 Bruttobedarfsermittlung	S P n		M E n	- -	- -	- -	- -
Material-disposition	- Verwaltete Materialarten	S P n		M E n	- -	- -	- -	- -
	1 = Hilfs- und Betriebsstoffe	S P n		M E n	- -	- -	- -	- -
	2 = Rohstoffe	S P n		M E n	- -	- -	- -	- -
	3 = Werkzeuge/Vorrichtungen/Ersatzteile intern	S P n		M E n	- -	- -	- -	- -
	4 = Fertigteile und Fertigerzeugnisse	S P n		M E n	- -	- -	- -	- -
	- Auflösung der Stückliste für Werkzeuge/Vorrichtungen/ Ersatzteile intern	S P n		M E n	- -	- -	- -	- -
	1 = stufenweise (Eingriff Disponent nach jeder Auflösungsstufe)	S P n		M E n	M E	M E	M E	M E
	2 = über alle Stufen bis zum Rohmaterial	S P n		M E n	M E	M E	M E	M E
	3 = durch teilebezogene Kennzeichensteuerung	S P n		M E n	M E	M E	M E	M E
	- Auflösung der Stückliste für Fertigteile und Fertigerzeugnisse	S P n		M E n	- -	- -	- -	- -
	1 = stufenweise (Eingriff Disponent nach jeder Auflösungsstufe)	S P n		M E n	M E	M E	M E	M E
	2 = über alle Stufen bis zum Rohmaterial	S P n		M E n	M E	M E	M E	M E
	3 = durch teilebezogene Kennzeichensteuerung	S P n		M E n	M E	M E	M E	M E

196

Funktions- bereich:	Funktion/Merkmalsausprägung:	IST		SOLL				
		Aus- füh- rungs art	Sy- stem/ Hilfs- mittel	Sy- stem gest.	Eingabeform Dialog /on line	Batch	Transaktions verarbeitung ak- tuell	Stapel
5. Material- disposition	3.5.2 Nettobedarfsermittlung	S P n		M E n	– –	– –	– –	– –
	– Simulation	S P n		M E n	M E	M E	M E	M E
	Zweck: Ermittlung Bedarfssituation unter Berücksichtigung der Bestände (ohne Fortschreibung)							
	– Abwicklung autonomer Planaufträge	S P n		M E n	– –	– –	– –	– –
	1 = mit Berücksichtigung der disponiblen Bestände auf Primärbedarfebene	S P n		M E n	M E	M E	M E	M E
	2 = ohne Berücksichtigung der disponiblen Bestände auf Primärbedarfsebene	S P n		M E n	M E	M E	M E	M E
	– Verfahren	S P n		M E n	– –	– –	– –	– –
	1 = Neuaufwurf	S P n		M E n	M E	M E	M E	M E
	2 = Net change (Aufplanung)	S P n		M E n	M E	M E	M E	M E
	– Durchführen Bedarfsermittlung	S P n		M E n	– –	– –	– –	– –
	1 = stochastisch (verbrauchsgesteuert)	S P n		M E n	M E	M E	M E	M E
	2 = deterministisch (bedarfsgesteuert)	S P n		M E n	M E	M E	M E	M E

Systembereich: 3. Produktionsplanung   Seite 3

Funktions-bereich:	Funktion/Merkmalsausprägung:	IST		SOLL				
		Aus-füh-rungs-art	Sy-stem/ Hilfs-mittel	Sy-stem gest.	Eingabeform Dialog /on line	Batch	Transaktions-verarbeitung ak-tuell	Stapel
5.	– Methoden der verbrauchsgesteuerten Bedarfsermittlung	S P n		M E n	– –	– –	– –	– –
Material-disposition	1 = Exponentielle Glättung mit fixen Glättungsfaktoren	S P n		M E n	– –	– –	– –	– –
	2 = Exponentielle Glättung mit variablen Glättungsfaktoren	S P n		M E n	– –	– –	– –	– –
	(Vorschlag durch System)							
	. Konstant-Modell							
	. Trend-Modell							
	. Saison-Modell							
	. Trend-Saison-Modell							
	. Schwankender Verbrauch							
	– Reservierungsfunktionen (ungleich Simulationsmodus)	S P n		M E n	– –	– –	– –	– –
	1 = auf physische (disponible) Bestände	S P n		M E n	M E	M E	M E	M E
	2 = auf disponible Bestellbestände	S P n		M E n	M E	M E	M E	M E
	– Reservierung in Abhängigkeit von Wunsch-Termin und Kundenauftrag	S P n		M E n	– –	– –	– –	– –
	1 = Reservierung ohne Berücksichtigung des Zeitrasters	S P n		M E n	M E	M E	M E	M E
	2 = Reservierung mit Berücksichtigung des Zeitrasters	S P n		M E n	M E	M E	M E	M E
	3 = Reservierung anonym	S P n		M E n	M E	M E	M E	M E
	4 = Reservierung mit Kundenauftragsbezug	S P n		M E n	M E	M E	M E	M E

Systembereich: 3. Produktionsplanung   Seite 4

Funktions-bereich:	Funktion/Merkmalsausprägung:	IST		SOLL				
		Aus-füh-rungs-art	Sy-stem/Hilfs-mittel	Sy-stem gest.	Eingabeform Dialog /on line	Batch	Transaktions-verarbeitung ak-tuell	Stapel
5.	3.5.3 Auftragsbildung intern	S P n		M E n	- -	- -	- -	- -
Material-disposition	- Simulation	S P n		M E n	M E	M E	M E	M E
	. Zweck: Bedarfszusammenfassung (ohne Fortschreibung)							
	- Bedarfsauslösung bei verbrauchsgesteuerter Disposition	S P n		M E n	- -	- -	- -	- -
	1 = Bestellrhythmus-Methode	S P n		M E n	- -	- -	- -	- -
	2 = Bestellpunkt-Methode	S P n		M E n	- -	- -	- -	- -
	- Make or buy-Entscheidungsunterstützung	S P n		M E n	- -	- -	- -	- -
	1 = Anzeige entscheidungsrelevanter Daten	S P n		M E n	M E	M E	M E	M E
	2 = Systemvorschlag	S P n		M E n	M E	M E	M E	M E
	- Bedarfszusammenfassung	S P n		M E n	- -	- -	- -	- -
	1 = innerhalb eines Auftrages	S P n		M E n	M E	M E	M E	M E
	2 = innerhalb einer Periode	S P n		M E n	M E	M E	M E	M E
	3 = unter Berücksichtigung wirtschaftlicher Losgrößen	S P n		M E n	M E	M E	M E	M E
	- Wiederbeschaffungszeitermittlung für Fremdbezugsteile (Rohstoffe, Handelsware)	S P n		M E n	- -	- -	- -	- -
	1 = über Teilestammsatz	S P n		M E n	M E	M E	M E	M E
	2 = über Bestandssatz (nach Lieferanten)	S P n		M E n	M E	M E	M E	M E

Systembereich: 3. Produktionsplanung

Funktions-bereich:	Funktion/Merkmalsausprägung:	IST		SOLL				
		Aus-füh-rungs-art	Sy-stem/Hilfs-mittel	Sy-stem gest.	Eingabeform Dialog /online	Batch	Transaktions verarbeitung ak-tuell	Stapel
5. Material-disposition	- Wiederbeschaffungszeitermittlung für Eigenfertigungsteile (Fertigteile, Fertigerzeugnisse)	S P n		M E n	- -	- -	- -	- -
	1 = über Teilestammsatz	S P n		M E n	M E	M E	M E	M E
	2 = über Arbeitsplankopf	S P n		M E n	M E	M E	M E	M E
	3 = durch Durchlaufterminierung	S P n		M E n	M E	M E	M E	M E
	4 = Kapazitätsterminierung	S P n		M E n	M E	M E	M E	M E
	- Bilden und Anzeigen Kundenauftragsbezug in Bestell- und Fertigungsaufträgen	S P n		M E n	- -	- -	- -	- -
	1 = über eine Stufe	S P n		M E n	M E	M E	M E	M E
	2 = über alle Stufen (analytisch)	S P n		M E n	M E	M E	M E	M E
	3 = bei losweiser Zusammenfassung (synthetisch)	S P n		M E n	M E	M E	M E	M E
	- Festlegen und Verarbeiten Bestellart für Fremdbezug	S P n		M E n	- -	- -	- -	- -
	1 = (Einzel-)Bestellung	S P n		M E n	M E	M E	M E	M E
	2 = Rahmenauftrag	S P n		M E n	M E	M E	M E	M E
	- Bestellvorschlag (intern/extern)	S P n		M E n	- -	- -	- -	- -
	1 = ohne Sortierkriterien	S P n		M E n	M E	M E	M E	M E
	2 = mit Sortierkriterien	S P n		M E n	M E	M E	M E	M E

Systembereich: 3. Produktionsplanung   Seite 6

Funktions- bereich:	Funktion/Merkmalsausprägung:	IST		SOLL				
		Aus- füh- rungs art	Sy- stem/ Hilfs- mittel	Sy- stem gest.	Eingabeform		Transaktions verarbeitung	
					Dialog /on line	Batch	ak- tuell	Stapel
5. Material- disposition	- Freigabemodus (unter Berücksichtigung von Sortierkriterien)	S P n		M E n	- -	- -	- -	- -
	1 = pro Bestellvorschlag	S P n		M E n	M E	M E	M E	M E
	2 = Terminbereich	S P n		M E n	M E	M E	M E	M E
	3 = Baugruppe	S P n		M E n	M E	M E	M E	M E
	4 = Sachbearbeiter/Materialart	S P n		M E n	M E	M E	M E	M E
	- Fortschreibung der Bestellbestände nach Auftragsfreigabe	S P n		M E n	- -	- -	- -	- -
	1 = für Eigenfertigung	S P n		M E n	M E	M E	M E	M E
	2 = für Fremdbezug	S P n		M E n	M E	M E	M E	M E

Systembereich: 3. Produktionsplanung

Funktions-bereich:	Funktion/Merkmalsausprägung:	IST		SOLL				
		Aus-füh-rungs-art	Sy-stem/Hilfs-mittel	Sy-stem gest.	Eingabeform Dialog /on line	Batch	Transaktions-verarbeitung ak-tuell	Stapel
5.	3.5.4 Termin- und Mengenkoordination	S P n		M E n	- -	- -	- -	- -
Material-disposition	- Simulation	S P n		M E n	M E	M E	M E	M E
	. Zweck: Umreservierungen innerhalb des Auftragsnetzes (ohne Fortschreibung)							
	- Verarbeitung Terminverzug	S P n		M E n	- -	- -	- -	- -
	1 = Anzeigen der Abweichungen	S P n		M E n	M E	M E	M E	M E
	2 = Änderung der Bestelltermine	S P n		M E n	M E	M E	M E	M E
	3 = Vorschlag für Umreservierungen von Einzelaufträgen	S P n		M E n	M E	M E	M E	M E
	4 = Vorschlag für Umreservierungen unter Berücksichtigung des Auftragsnetzes	S P n		M E n	M E	M E	M E	M E
	- Verarbeitung Mengenabweichungen (Fehlmengen-/Ausschuß-meldungen)	S P n		M E n	- -	- -	- -	- -
	1 = Anzeigen der Abweichungen	S P n		M E n	M E	M E	M E	M E
	2 = Änderung der Bestellbestände	S P n		M E n	M E	M E	M E	M E
	3 = Aufzeigen der Konsequenzen für Kundenaufträge	S P n		M E n	M E	M E	M E	M E
	4 = Vorschlag für Nachbestellungen bzw. Umreservierungen	S P n		M E n	M E	M E	M E	M E

Funktions-bereich:	Funktion/Merkmalsausprägung:	IST		SOLL				
		Aus-füh-rungs-art	Sy-stem/Hilfs-mittel	Sy-stem gest.	Eingabeform Dialog /on line	Batch	Transaktions verarbeitung ak-tuell	Stapel
5.	3.5.5 Bestellung (Auftragsbildung extern)	S P n		M E n	- -	- -	- -	- -
Material-disposition	- Simulation	S P n		M E n	M E	M E	M E	M E
	. Zweck: Ermittlung der Bestellkonditionen pro Lieferant/Bestellung vor Auftragsfreigabe unter Berücksichtigung von Bedarfszusammen-fassung ohne Fortschreibung							
	- Lieferantenauswahl	S P n		M E n	- -	- -	- -	- -
	1 = Standardlieferant gem. Teilestamm	S P n		M E n	M E	M E	M E	M E
	2 = systemgestützt mit Konditionenoptimierung	S P n		M E n	M E	M E	M E	M E
	- Bedarfszusammenfassung (unter Berücksichtigung von Konditionenoptimierung)	S P n		M E n	- -	- -	- -	- -
	1 = innerhalb eines Auftrages	S P n		M E n	M E	M E	M E	M E
	2 = innerhalb einer Periode	S P n		M E n	M E	M E	M E	M E
	3 = unter Berücksichtigung wirtschaftlicher Losgrößen	S P n		M E n	M E	M E	M E	M E

Systembereich: 3. Produktionsplanung   Seite 9

Funktions-bereich:	Funktion/Merkmalsausprägung:	IST		SOLL				
		Aus-füh-rungs-art	Sy-stem/Hilfs-mittel	Sy-stem gest.	Eingabeform Dialog /on line	Batch	Transaktions verarbeitung ak-tuell	Stapel
5. Material-disposition	- Bestellfreigabevorschlag	S P n		M E n	M E	M E	M E	M E
	- Freigabemodus (unter Berücksichtigung von Sortierkriterien)	S P n		M E n	- -	- -	- -	- -
	1 = Bestellung	S P n		M E n	M E	M E	M E	M E
	2 = Terminbereich	S P n		M E n	M E	M E	M E	M E
	3 = Baugruppe	S P n		M E n	M E	M E	M E	M E
	4 = Sachbearbeiter/Materialart	S P n		M E n	M E	M E	M E	M E

Systembereich: 3. Produktionsplanung — Seite 1

Funktions-bereich:	Funktion/Merkmalsausprägung:	IST		SOLL				
		Aus-füh-rungs-art	System/Hilfs-mittel	System gest.	Dialog /on line	Batch	aktuell	Stapel
6. Fertigungs-vorberei-tung	3.6.1 Arbeitsplanung	S P n		M E n	- -	- -	- -	- -
	- Arbeitsplanerstellung	S P n		M E n	- -	- -	- -	- -
	1 = mit Standard-APL-Datei	S P n		M E n	M E	M E	M E	M E
	2 = mit Arbeitsgangkatalog (incl. Text)	S P n		M E n	M E	M E	M E	M E
	- Feststellen von Ähnlichkeitsbeziehungen zu bestehenden Stamm-APL	S P n		M E n	- -	- -	- -	- -
	1 = über Vergabe von Produkt-/Teilegruppenschlüssel aus der Konstruktion	S P n		M E n	M E	M E	M E	M E
	2 = über Sachmerkmalskatalog	S P n		M E n	M E	M E	M E	M E
	3 = über Produktkonfigurator	S P n		M E n	M E	M E	M E	M E
	4 = Standardarbeitspläne für Produkt- bzw. Teilegruppen	S P n		M E n	M E	M E	M E	M E
	- Erstellen von Nacharbeitsplänen	S P n		M E n	M E	M E	M E	M E
	- Erstellen von Alternativarbeitsplänen	S P n		M E n	- -	- -	- -	- -
	1 = mit unterschiedlicher Teilenummer	S P n		M E n	M E	M E	M E	M E
	2 = mit gleicher Teilenummer	S P n		M E n	M E	M E	M E	M E
	3 = mit unterschiedlicher Gültigkeitsdauer	S P n		M E n	M E	M E	M E	M E

APL = Arbeitsplan

Systembereich: 3. Produktionsplanung   Seite 2

Funktions- bereich:	Funktion/Merkmalsausprägung:	IST		SOLL				
		Aus- füh- rungs art	Sy- stem/ Hilfs- mittel	Sy- stem gest.	Eingabeform Dialog /on line	Batch	Transaktions verarbeitung ak- tuell	Stapel
6. Fertigungs- vorberei-	- Losgrößenabspeicherung im Arbeitsplan	S P n	M E n	- -	- -	- -	- -
	1 = Abspeicherung als Info-Feld im Stamm-APL	S P n	M E n	- -	- -	- -	- -
	2 = maschinelles Auswahlkriterium (Steuerungsfeld)	S P n	M E n	- -	- -	- -	- -
	- Überlappungskennzeichen	S P n	M E n	- -	- -	- -	- -
	- Splittungskennzeichen	S P n	M E n	- -	- -	- -	- -
	- Ausschußdifferenzierung	S P n	M E n	- -	- -	- -	- -
	1 = eine Ausschußart (z. B. Fertigungsausschuß)	S P n	M E n	- -	- -	- -	- -
	2 = mehrere Ausschußarten	S P n	M E n	- -	- -	- -	- -
	- Definition Ausschußfaktoren im	S P n	M E n	- -	- -	- -	- -
	1 = Teilestammsatz	S P n	M E n	- -	- -	- -	- -
	2 = Arbeitsplan	S P n	M E n	- -	- -	- -	- -
	3 = Maschinenstammsatz/Arbeitsplatzstammsatz	S P n	M E n	- -	- -	- -	- -
	4 = Arbeitsgang	S P n	M E n	- -	- -	- -	- -
	5 = Beziehungssatz Arbeitsgang - APL	S P n	M E n	- -	- -	- -	- -
	- Definition Transporthilfsmittel als	S P n	M E n	- -	- -	- -	- -
	1 = Zusatztext im Arbeitsplan	S P n	M E n	- -	- -	- -	- -
	2 = Zusatztext im Arbeitsgang	S P n	M E n	- -	- -	- -	- -
	3 = Steuerungsfeld im Arbeitsplan	S P n	M E n	- -	- -	- -	- -
	4 = Steuerungsfeld im Arbeitsgang	S P n	M E n	- -	- -	- -	- -

Systembereich: 3. Produktionsplanung   Seite 3

| Funktions-bereich: | Funktion/Merkmalsausprägung: | IST | | SOLL | | | | |
| | | Aus-füh-rungs-art | Sy-stem/Hilfs-mittel | Sy-stem gest. | Eingabeform | | Transaktions verarbeitung | |
					Dialog /on line	Batch	ak-tuell	Stapel
6. Fertigungs-vorberei-tung	- Vergabe von Rückmeldeeckpunkten im	S P n		M E n	- -	- -	- -	- -
	1 = Arbeitsplatz-/Maschinenstamm	S P n		M E n	- -	- -	- -	- -
	2 = Stammarbeitsgang	S P n		M E n	- -	- -	- -	- -
	3 = Auftragsarbeitsgang	S P n		M E n	- -	- -	- -	- -
	- Anlegen von Fristenplänen mit	S P n		M E n	- -	- -	- -	- -
	1 = einheitlichem Zeitraster	S P n		M E n	M E	M E	M E	M E
	2 = verschiedenen Zeitrastern	S P n		M E n	M E	M E	M E	M E
	- Kennzeichen für Vorab-Arbeitspläne (Musterbau)	S P n		M E n	- -	- -	- -	- -
	- Erstellen und Führen (Montage-)Arbeitspläne mit	S P n		M E n	- -	- -	- -	- -
	1 = linearer Abhängigkeit Bearbeitungszeit zu Personalkapazität	S P n		M E n	M E	M E	M E	M E
	2 = nicht linearer Abhängigkeit Bearbeitungszeit zur Personalkapazität	S P n		M E n	M E	M E	M E	M E
	- Zusammenführung von einzelnen Fertigungsaufträgen zu einem übergeordneten Arbeitsplan	S P n		M E n	- -	- -	- -	- -
	1 = ohne spätere Auflösungsmöglichkeit	S P n		M E n	M E	M E	M E	M E
	2 = mit jederzeitiger Auflösung zu untergeordneten Aufträgen	S P n		M E n	M E	M E	M E	M E

Systembereich: 3. Produktionsplanung

Funktions-bereich:	Funktion/Merkmalsausprägung:	IST		SOLL				
		Aus-füh-rungs-art	Sy-stem/Hilfs-mittel	Sy-stem gest.	Eingabeform Dialog /on line	Batch	Transaktions verarbeitung ak-tuell	Stapel
6. Fertigungs-vorberei-tung	- Erstellen und Anzeigen Vernetzung APL/STL	S P n		M E n	- -	- -	- -	- -
	1 = Arbeitsplankopf mit Stückliste	S P n		M E n	M E	M E	M E	M E
	2 = Arbeitsgang mit Stücklistenposition	S P n		M E n	M E	M E	M E	M E
	- Globale Änderung von Arbeitsgängen	S P n		M E n	- -	- -	- -	- -
	1 = über Arbeitsgangverwendungsnachweise bezüglich zu bearbeitender Teile	S P n		M E n	M E	M E	M E	M E
	2 = über Arbeitsplatzverwendungsnachweis bei Betriebsmitteländerungen	S P n		M E n	M E	M E	M E	M E

APL = Arbeitsplan, STL = Stückliste

Systembereich: 3. Produktionsplanung   Seite 5

Funktions-bereich:	Funktion/Merkmalsausprägung:	IST		SOLL				
		Aus-führungs-art	Sy-stem/Hilfs-mittel	Sy-stem gest.	Eingabeform Dialog /on line	Batch	Transaktions verarbeitung ak-tuell	Stapel
6.	3.6.2 Qualitätssicherung/Prüfplanung	S P n		M E n	- -	- -	- -	- -
Fertigungs-vorberei-tung	- Erstellen und Anzeigen Prüfplanverknüpfung über	S P n		M E n	- -	- -	- -	- -
	1 = Artikel-Nr.	S P n		M E n	M E	M E	M E	M E
	2 = Arbeitsplankopf	S P n		M E n	M E	M E	M E	M E
	3 = Teilegruppenschlüssel	S P n		M E n	M E	M E	M E	M E
	4 = Arbeitsgang	S P n		M E n	M E	M E	M E	M E
	- Feststellen von Ähnlichkeitsbeziehungen zu bestehenden Stamm-Prüfplänen über	S P n		M E n	- -	- -	- -	- -
	1 = Vergabe von Produkt-/Teilegruppenschlüssel aus der Konstruktion	S P n		M E n	M E	M E	M E	M E
	2 = Sachmerkmalskatalog	S P n		M E n	M E	M E	M E	M E
	3 = Produktkonfigurator	S P n		M E n	M E	M E	M E	M E
	4 = Standardprüfpläne für Produkt- bzw. Teilegruppen	S P n		M E n	M E	M E	M E	M E
	- Erstellen und Anzeigen Verknüpfung Prüfplan zu Prüfmittel	S P n		M E n	M E	M E	M E	M E
	- Erstellen Beziehung Arbeitsgang/Prüfplan	S P n		M E n	- -	- -	- -	- -
	1 = 1/1-Beziehung	S P n		M E n	- -	- -	- -	- -
	2 = 1/n-Beziehung	S P n		M E n	- -	- -	- -	- -
	3 = n/1-Beziehung	S P n		M E n	- -	- -	- -	- -

Systembereich: 3. Produktionsplanung

Funktions-bereich:	Funktion/Merkmalsausprägung:	IST		SOLL				
		Aus-füh-rungs-art	Sy-stem/Hilfs-mittel	Sy-stem gest.	Eingabeform Dialog /on line	Batch	Transaktions-verarbeitung ak-tuell	Stapel
6. Fertigungs-vorberei-tung	- Erstellungsunterstützung durch Kopierfunktion	S P n		M E n	- -	- -	- -	- -
	1 = Kopierfunktion auf Prüfplanebene	S P n		M E n	M E	M E	M E	M E
	2 = Kopierfunktion auf Prüfarbeitsgangebene	S P n		M E n	M E	M E	M E	M E
	3 = mit expliziter Angabe von einzelnen Prüfarbeitsgängen, -folgen (von ... bis ...)	S P n		M E n	M E	M E	M E	M E
	- Erstellen Prüfpläne für	S P n		M E n	- -	- -	- -	- -
	1 = Rohstoffe und Handelsware (Fremdbezug)	S P n		M E n	M E	M E	M E	M E
	2 = Fertigteile	S P n		M E n	M E	M E	M E	M E
	3 = Fertigerzeugnisse (Montage)	S P n		M E n	M E	M E	M E	M E
	- Erstellen von Alternativprüfplänen	S P n		M E n	- -	- -	- -	- -
	1 = mit unterschiedlicher Teilenummer	S P n		M E n	M E	M E	M E	M E
	2 = unter gleicher Teilenummer	S P n		M E n	M E	M E	M E	M E
	3 = mit unterschiedlicher Gültigkeitsdauer	S P n		M E n	M E	M E	M E	M E
	- Auswahlkriterien für Alternativprüfpläne	S P n		M E n	- -	- -	- -	- -
	1 = Qualitätsforderung des Kunden (Kundenauftrag)	S P n		M E n	- -	- -	- -	- -
	2 = amtliche Prüfvorschriften	S P n		M E n	- -	- -	- -	- -
	3 = Losgröße aus Arbeitsplan	S P n		M E n	- -	- -	- -	- -
	4 = Arbeitsplatz (Maschine) aus Arbeitsgang	S P n		M E n	- -	- -	- -	- -
	5 = Matrix pro Teil, mit der die Auswahl losgrößen- und qualitätsanforderungsabhängig durchgeführt werden kann	S P n		M E n	- -	- -	- -	- -

Systembereich: 3. Produktionsplanung   Seite 7

Funktions-bereich:	Funktion/Merkmalsausprägung:	IST		SOLL				
		Aus-füh-rungs-art	Sy-stem/Hilfs-mittel	Sy-stem gest.	Eingabeform Dialog /on line	Batch	Transaktions verarbeitung ak-tuell	Stapel
6. Fertigungs-vorberei-tung	- Rückmeldungskennzeichen	S P n		M E n	- -	- -	- -	- -
	1 = nach Abschluß des Prüfauftrages (Prüfplans)	S P n		M E n	- -	- -	- -	- -
	2 = prüfarbeitsgangbezogen	S P n		M E n	- -	- -	- -	- -
	- Globale Änderung von Arbeitsgängen	S P n		M E n	- -	- -	- -	- -
	1 = über Arbeitsgangverwendungsnachweise bezüglich zu bearbeitender Teile	S P n		M E n	M E	M E	M E	M E
	2 = über Arbeitsplatzverwendungsnachweis bei Betriebsmitteländerungen	S P n		M E n	M E	M E	M E	M E

Systembereich: 3. Produktionsplanung

Funktions- bereich:	Funktion/Merkmalsausprägung:	IST Aus- füh- rungs art	IST Sy- stem/ Hilfs- mittel	SOLL Sy- stem gest.	SOLL Eingabeform Dialog /on line	SOLL Eingabeform Batch	SOLL Transaktions verarbeitung ak- tuell	SOLL Transaktions verarbeitung Stapel
6. Fertigungs- vorberei- tung	3.6.3 Betriebsmittelplanung/Einstellplanung	S P n		M E n	- -	- -	- -	- -
	- Erstellungsunterstützung durch Kopierfunktion	S P n		M E n	- -	- -	- -	- -
	1 = Kopierfunktion auf Einstellplanebene	S P n		M E n	M E	M E	M E	M E
	2 = Kopierfunktion auf Einstellgangebene	S P n		M E n	M E	M E	M E	M E
	3 = mit expliziter Angabe von einzelnen Einstellgängen, -folgen (von ... bis ...)	S P n		M E n	M E	M E	M E	M E
	- Feststellen von Ähnlichkeitsbeziehungen zu bestehenden Stamm-Einstellplänen über	S P n		M E n	- -	- -	- -	- -
	1 = Vergabe von Produkt-/Teilegruppenschlüssel aus der Konstruktion	S P n		M E n	M E	M E	M E	M E
	2 = Sachmerkmalskatalog	S P n		M E n	M E	M E	M E	M E
	3 = Produktkonfigurator	S P n		M E n	M E	M E	M E	M E
	4 = Standardeinstellpläne für Produkt- bzw. Teilegruppen	S P n		M E n	M E	M E	M E	M E
	- Erstellen Beziehung Arbeitsgang/Einstellplan	S P n		M E n	- -	- -	- -	- -
	1 = 1/1-Beziehung	S P n		M E n	- -	- -	- -	- -
	2 = 1/n-Beziehung	S P n		M E n	- -	- -	- -	- -
	3 = n/1-Beziehung	S P n		M E n	- -	- -	- -	- -
	- Erstellen und Anzeigen Verknüpfung Einstellplan zu Werkzeugen und Vorrichtungen	S P n		M E n	M E	M E	M E	M E

Funktions-bereich:	Funktion/Merkmalsausprägung:	IST		SOLL				
		Aus-füh-rungs-art	Sy-stem/Hilfs-mittel	Sy-stem gest.	Eingabeform Dialog /on line	Batch	Transaktions verarbeitung ak-tuell	Stapel
6.	− Rückmeldungskennzeichen	S P m		M E m	− −	− −	− −	− −
Fertigungs-vorberei-tung	1 = nach Abschluß des Einstellauftrages (Einstellplanes)	S P m		M E m	− −	− −	− −	− −
	2 = einstellarbeitsgangbezogen	S P m		M E m	− −	− −	− −	− −
	− Globale Änderung von Arbeitsgängen	S P m		M E m	− −	− −	− −	− −
	1 = über Arbeitsgangverwendungsnachweise bezüglich zu bearbeitender Teile	S P m		M E m	M E	M E	M E	M E
	2 = über Arbeitsplatzverwendungsnachweis bei Betriebsmitteländerungen	S P m		M E m	M E	M E	M E	M E

Systembereich: 3. Produktionsplanung

Funktions- bereich:	Funktion/Merkmalsausprägung:	Aus- füh- rungs art	Sy- stem/ Hilfs- mittel	Sy- stem gest.	Dialog /on line	Batch	ak- tuell	Stapel
		IST		SOLL				
					Eingabeform		Transaktions verarbeitung	
6. Fertigungs- vorberei- tung	3.6.4 Vorgabezeitwesen	S P n		M E n	- -	- -	- -	- -
	- Rüstzeiten	S P n		M E n	- -	- -	- -	- -
	1 = fix pro Arbeitsplatz	S P n		M E n	- -	- -	- -	- -
	2 = im Arbeitsgang ohne Berücksichtigung bei der Terminierung	S P n		M E n	- -	- -	- -	- -
	3 = im Arbeitsgang mit Berücksichtigung bei der Terminierung	S P n		M E n	- -	- -	- -	- -
	4 = im Einstellplan ohne Berücksichtigung bei der Terminierung	S P n		M E n	- -	- -	- -	- -
	5 = im Einstellplan mit Berücksichtigung bei der Terminierung	S P n		M E n	- -	- -	- -	- -
	- Übergangszeiten	S P n		M E n	- -	- -	- -	- -
	1 = pro Arbeitsplan fix	S P n		M E n	- -	- -	- -	- -
	2 = pro Arbeitsplatz fix	S P n		M E n	- -	- -	- -	- -
	3 = pro Arbeitsgang	S P n		M E n	- -	- -	- -	- -
	4 = Übergangszeitenmatrix	S P n		M E n	- -	- -	- -	- -
	- Übergangszeitendifferenzierung	S P n		M E n	- -	- -	- -	- -
	1 = Aufgliederung nach Transport, Liegezeit	S P n		M E n	- -	- -	- -	- -
	2 = Differenzierung der Liegezeit	S P n		M E n	- -	- -	- -	- -

Funktions-bereich:	Funktion/Merkmalsausprägung:	IST		SOLL				
		Aus-füh-rungs-art	Sy-stem/Hilfs-mittel	Sy-stem gest.	Eingabeform Dialog /on line	Batch	Transaktions verarbeitung ak-tuell	Stapel
6.	- Qualifizierung der Vorgabezeit	S P n		M E n	- -	- -	- -	- -
Fertigungs-vorberei-tung	1 = ermittelt	S P n		M E n	- -	- -	- -	- -
	2 = geschätzt	S P n		M E n	- -	- -	- -	- -
	3 = aus Richtwerttabelle	S P n		M E n	- -	- -	- -	- -
	4 = aus ähnlichen Arbeitsplänen (z. B. Teilegruppenschlüssel)	S P n		M E n	- -	- -	- -	- -
	- Bearbeitungszeiten in Abhängigkeit der Lohnart	S P n		M E n	- -	- -	- -	- -
	1 = nur eine Bearbeitungszeit (te)	S P n		M E n	- -	- -	- -	- -
	2 = mehrere Bearbeitungszeiten (te und Takt)	S P n		M E n	- -	- -	- -	- -
	3 = Richtzeit bei Zeitlohn	S P n		M E n	- -	- -	- -	- -
	- Menge pro Vorgabezeit	S P n		M E n	- -	- -	- -	- -
	1 = Stück pro Bearbeitungszeit	S P n		M E n	- -	- -	- -	- -
	2 = Bearbeitungszeit je Chargenmenge	S P n		M E n	- -	- -	- -	- -
	- Zeitraster für Vorgabezeiten	S P n		M E n	- -	- -	- -	- -
	1 = Effektivminuten	S P n		M E n	- -	- -	- -	- -
	2 = Dezimalminuten	S P n		M E n	- -	- -	- -	- -
	3 = Effektivstunden	S P n		M E n	- -	- -	- -	- -
	4 = Dezimalstunden	S P n		M E n	- -	- -	- -	- -
	5 = Tage	S P n		M E n	- -	- -	- -	- -
	6 = Wochen	S P n		M E n	- -	- -	- -	- -
	7 = Monate	S P n		M E n	- -	- -	- -	- -

Systembereich: 3. Produktionsplanung

Seite 1

| Funktions-bereich: | Funktion/Merkmalsausprägung: | IST | | SOLL | | | | |
		Aus-füh-rungs-art	Sy-stem/Hilfs-mittel	Sy-stem gest.	Eingabeform Dialog /on line	Batch	Transaktions verarbeitung ak-tuell	Stapel
7. Termin- und Kapazitäts-planung	3.7.1 Auftragsarbeitsplanerstellung	S P n		M E n	- -	- -	- -	- -
	- Erstellungsunterstützung durch Kopierfunktion	S P n		M E n	- -	- -	- -	- -
	1 = Kopierfunktion auf Arbeitsplanebene	S P n		M E n	M E	M E	M E	M E
	2 = Kopierfunktion auf Arbeitsgangebene	S P n		M E n	M E	M E	M E	M E
	3 = mit expliziter Angabe von einzelnen Arbeitsgängen bzw. Arbeitsgangfolgen (von .. bis ..)	S P n		M E n	M E	M E	M E	M E
	4 = Kopierfunktion auf Prüfplanebene	S P n		M E n	M E	M E	M E	M E
	5 = Kopierfunktion auf Prüfarbeitsgangebene	S P n		M E n	M E	M E	M E	M E
	6 = mit expliziter Angabe von einzelnen Prüfarbeitsgängen, -folgen (von .. bis ..)	S P n		M E n	M E	M E	M E	M E
	7 = Kopierfunktion auf Einstellarbeitsplanebere	S P n		M E n	M E	M E	M E	M E
	8 = Kopierfunktion auf Einstellarbeitsgangebere	S P n		M E n	M E	M E	M E	M E
	9 = mit expliziter Angabe von einzelnen Einstell-arbeitsgängen, -folgen (von .. bis ..)	S P n		M E n	M E	M E	M E	M E
	10 = Kopierfunktion auf Instandhaltungsarbeitsplanebene	S P n		M E n	M E	M E	M E	M E
	11 = Kopierfunktion auf Instandhaltungsarbeitsgangebene	S P n		M E n	M E	M E	M E	M E
	12 = mit expliziter Angabe von einzelnen Instand-haltungsarbeitsgängen, -folgen (von .. bis ..)	S P n		M E n	M E	M E	M E	M E
	- Erstellen Auftragsarbeitsplan	S P n		M E n	M E	M E	M E	M E

Systembereich: 3. Produktionsplanung

Seite 2

Funktions-bereich:	Funktion/Merkmalsausprägung:	IST		SOLL				
		Aus-füh-rungs-art	Sy-stem/ Hilfs-mittel	Sy-stem gest.	Eingabeform Dialog /on line	Batch	Transaktions verarbeitung ak-tuell	Stapel
7.	3.7.2 Durchlaufterminierung	S P n		M E n	- -	- -	- -	- -
Termin- und Kapazitäts-planung	- Durchführung der Terminierung	S P n		M E n	- -	- -	- -	- -
	1 = vorwärts	S P n		M E n	M E	M E	M E	M E
	2 = rückwärts	S P n		M E n	M E	M E	M E	M E
	3 = Mittelpunkt	S P n		M E n	M E	M E	M E	M E
	- Reduzierung der Durchlaufzeit	S P n		M E n	- -	- -	- -	- -
	1 = Splitten mit späterer Zusammenführung gesplitteter Arbeitsgänge (Rückmeldungen, Kosten nach Material und Lohn)	S P n		M E n	M E	M E	M E	M E
	2 = Überlappen	S P n		M E n	M E	M E	M E	M E
	3 = Reduzierung der Übergangszeiten	S P n		M E n	M E	M E	M E	M E

217

218

Systembereich: 3. Produktionsplanung

Funktions-bereich:	Funktion/Merkmalsausprägung:	IST		SOLL			
		Aus-füh-rungs-art	Sy-stem/Hilfs-mittel	Sy-stem gest.	Eingabeform Dialog /on line	Batch	Transaktions verarbeitung ak-tuell	Stapel
7. Termin- und Kapazitäts-planung	3.7.3 Kapazitätsterminierung	S P n		M E n	- -	- -	- -	- -
	- Simulationsmodus	S P n		M E n	M E	M E	M E	M E
	. Zweck: Fertigungsaufträge können simulativ unter Be-rücksichtigung alternativ ausgewählter bzw. festgelegter Produktionsverfahren bzw. Betriebs-mittel kapazitiv aufgeplant werden (ohne daß eine Fortschreibung bzw. Reservierung von Kapazitäten vorgenommen wird).							
	- Durchführung der Terminierung	S P n		M E n	- -	- -	- -	- -
	1 = vorwärts	S P n		M E n	M E	M E	M E	M E
	2 = rückwärts	S P n		M E n	M E	M E	M E	M E
	3 = Mittelpunkt	S P n		M E n	M E	M E	M E	M E
	- Reduzierung der Durchlaufzeit	S P n		M E n	- -	- -	- -	- -
	- Verfahren	S P n		M E n	- -	- -	- -	- -
	1 = Neuaufwurf	S P n		M E n	M E	M E	M E	M E
	2 = Net-Change (Aufplanung)	S P n		M E n	M E	M E	M E	M E
	- Ebene der Kapazitätsterminierung	S P n		M E n	- -	- -	- -	- -
	1 = Arbeitsplatz	S P n		M E n	- -	- -	- -	- -
	2 = Arbeitsplatzgruppe (Kostenstelle)	S P n		M E n	- -	- -	- -	- -
	3 = Kostenstellenbereich	S P n		M E n	- -	- -	- -	- -
	4 = weitere Hierarchien	S P n		M E n	- -	- -	- -	- -
	5 = Personal (Einzelperson)	S P n		M E n	- -	- -	- -	- -

Systembereich: 3. Produktionsplanung   Seite 4

Funktions- bereich:	Funktion/Merkmalsausprägung:	IST Ausführungsart	IST System/ Hilfsmittel	SOLL System gest.	SOLL Eingabeform Dialog /online	SOLL Eingabeform Batch	SOLL Transaktionsverarbeitung aktuell	SOLL Transaktionsverarbeitung Stapel
7.	- Objekte der Kapazitätsterminierung	S P n		M E n	- -	- -	- -	- -
Termin- und	1 = Fertigungsauftrag	S P n		M E n	- -	- -	- -	- -
Kapazitäts-	2 = Arbeitsgang	S P n		M E n	- -	- -	- -	- -
planung	3 = Fertigungsauftrag unter terminlicher Berücksichtigung des Auftragsnetzes	S P n		M E n	- -	- -	- -	- -
	4 = Nacharbeitspläne	S P n		M E n	- -	- -	- -	- -
	5 = Einstellarbeitspläne	S P n		M E n	- -	- -	- -	- -
	6 = Prüfpläne	S P n		M E n	- -	- -	- -	- -
	7 = Instandhaltungs(Reparatur-)arbeitspläne	S P n		M E n	- -	- -	- -	- -
	- Optimierung der Kapazitätsauslastung (Glättung)	S P n		M E n	- -	- -	- -	- -
	1 = manuelle Initiierung	S P n		M E n	M E	M E	M E	M E
	2 = automatisch mit manueller Eingriffsmöglichkeit	S P n		M E n	M E	M E	M E	M E
	- Auswirkung der Arbeitsgangfertigmeldung auf die Kapazität	S P n		M E n	- -	- -	- -	- -
	1 = Entlastung der Maschinenkapazität	S P n		M E n	M E	M E	M E	M E
	2 = Entlastung der Kapazität von Werkzeugen/Vorrichtungen	S P n		M E n	M E	M E	M E	M E
	3 = Entlastung der Personalkapazität	S P n		M E n	M E	M E	M E	M E

Systembereich: 3. Produktionsplanung

Funktions-bereich:	Funktion/Merkmalsausprägung:	IST		SOLL				
		Aus-füh-rungs-art	Sy-stem/Hilfs-mittel	Sy-stem gest.	Eingabeform Dialog /on line	Batch	Transaktions-verarbeitung ak-tuell	Stapel
7. Termin- und Kapazitäts-planung	3.7.4 Reihenfolgeplanung	S P n		M E n	- -	- -	- -	- -
	- Durchführung	S P n		M E n	M E	M E	M E	M E
	- Prioritätsregeln	S P n		M E n	- -	- -	- -	- -
	1 = hierarchische Regeln (Berücksichtigung des Auftragsnetzes)	S P n		M E n	- -	- -	- -	- -
	2 = Rüstfamilienschlüssel	S P n		M E n	- -	- -	- -	- -
	3 = Verzug	S P n		M E n	- -	- -	- -	- -
	4 = externe Priorität	S P n		M E n	- -	- -	- -	- -

Systembereich: 4. Produktionssteuerung   Seite 1

Funktions-bereich:	Funktion/Merkmalsausprägung:	IST		SOLL				
		Aus-füh-rungs-art	Sy-stem/Hilfs-mittel	Sy-stem gest.	Eingabeform Dialog /on line	Batch	Transaktions-verarbeitung ak-tuell	Stapel
8.	4.8.1 Verfügbarkeitsprüfung	S P n		M E n	- -	- -	- -	- -
Auftrags-veran-lassung	1 = Material	S P n		M E n	M E	M E	M E	M E
	2 = Kapazität	S P n		M E n	M E	M E	M E	M E
	3 = Vorrichtungen	S P n		M E n	M E	M E	M E	M E
	4 = Werkzeuge	S P n		M E n	M E	M E	M E	M E
	5 = Personal	S P n		M E n	M E	M E	M E	M E
	4.8.2 Erstellen von Freigabevorschlägen	S P n		M E n	- -	- -	- -	- -
	1 = manuelle Initiierung im System	S P n		M E n	M E	M E	M E	M E
	2 = automatisch nach Verfügbarkeitsprüfung	S P n		M E n	- -	- -	M E	M E

Systembereich: 4. Produktionssteuerung   Seite 2

Funktions-bereich:	Funktion/Merkmalsausprägung:	IST		SOLL				
		Aus-führungsart	Sy-stem/Hilfsmittel	Sy-stem gest.	Eingabeform Dialog /online	Batch	Transaktionsverarbeitung ak-tuell	Stapel
8. Auftrags-veran-lassung	4.8.3 Werkstattauftragsfreigabe	S P m		M E m	--	--	--	--
	1 = manuelle Initiierung im System	S P m		M E m	M E	M E	M E	M E
	2 = automatisch nach Verfügbarkeitsprüfung	S P m		M E m	--	--	M E	M E
	- Freigabekriterien	S P m		M E m	--	--	--	--
	1 = pro Fertigungsauftrag	S P m		M E m	--	--	--	--
	2 = pro Terminbereich	S P m		M E m	--	--	--	--
	3 = pro Baugruppe	S P m		M E m	--	--	--	--
	4 = pro Kapazitätseinheit	S P m		M E m	--	--	--	--
	5 = belastungsorientiert	S P m		M E m	--	--	--	--
	6 = pro Disponent	S P m		M E m	--	--	--	--
	- Belegerstellung	S P m		M E m	--	--	--	--
	1 = zwangsweise nach TKP	S P m		M E m	M E	M E	M E	M E
	2 = bei Bedarf nach TKP	S P m		M E m	M E	M E	M E	M E
	3 = auch ohne vorherige TKP	S P m		M E m	M E	M E	M E	M E
	4 = nach Verfügbarkeitsprüfung	S P m		M E m	M E	M E	M E	M E
	- Beleganzahl bzw. Art der Belegerstellung	S P m		M E m	--	--	--	--
	1 = satzweise	S P m		M E m	--	--	--	--
	2 = teileartbezogen	S P m		M E m	--	--	--	--
	3 = arbeitsgangbezogen	S P m		M E m	--	--	--	--

TKP = Termin- und Kapazitätsplanung

Funktions-bereich:	Funktion/Merkmalsausprägung:	IST		SOLL				
		Aus-füh-rungs-art	Sy-stem/Hilfs-mittel	Sy-stem gest.	Eingabeform Dialog /on line	Batch	Transaktions verarbeitung ak-tuell	Stapel
9.	4.9.1 Materialbereitstellung	S P n		M E n	- -	- -	- -	- -
Auftrags-überwachung	1 = mit Systemunterstützung (Entnahmesteuerung) nach Werkstattauftragsfreigabe (manuelle Initiierung)	S P n		M E n	M E	M E	M E	M E
	2 = mit automatischer Entnahmesteuerung nach Werkstattauftragsfreigabe entsprechend Arbeitsfortschritt	S P n		M E n	M E	M E	M E	M E
	4.9.2 Reihenfolgefestlegung	S P n		M E n	- -	- -	- -	- -
	1 = keine Eingriffsmöglichkeit im System (starre Reihenfolgeplanung)	S P n		M E n	- -	- -	M E	M E
	2 = Festlegung durch Werksmeister (Leitstand) möglich	S P n		M E n	M E	M E	M E	M E

Systembereich: 4. Produktionssteuerung   Seite 2

Funktions-bereich:	Funktion/Merkmalsausprägung:	IST		SOLL				
		Aus-führungs-art	Sy-stem/Hilfs-mittel	Sy-stem gest.	Eingabeform Dialog /online	Batch	Transaktions-verarbeitung ak-tuell	Stapel
9.	4.9.3 Arbeitsfortschrittserfassung	S P n		M E n	– –	– –	– –	– –
Auftrags-überwachung	– Rückmelden über	S P n		M E n	– –	– –	– –	– –
	1 = Zentralerfassung	S P n		M E n	M E	M E	M E	M E
	2 = BDE-Bereichsterminals	S P n		M E n	M E	M E	M E	M E
	3 = BDE-Maschinenterminals	S P n		M E n	M E	M E	M E	M E
	– Rückmeldungen für	S P n		M E n	– –	– –	– –	– –
	1 = Fertigungszeit	S P n		M E n	M E	M E	M E	M E
	2 = Rüstzeit	S P n		M E n	M E	M E	M E	M E
	3 = Nacharbeit	S P n		M E n	M E	M E	M E	M E
	4 = Prüfzeit	S P n		M E n	M E	M E	M E	M E
	5 = Zeiten für Instandhaltung	S P n		M E n	M E	M E	M E	M E
	6 = Menge	S P n		M E n	M E	M E	M E	M E
	– Art der Rückmeldungen	S P n		M E n	– –	– –	– –	– –
	1 = alle Arbeitsgänge	S P n		M E n	– –	– –	– –	– –
	2 = Möglichkeit, auch während eines Arbeitsganges zurückzumelden (Zeiten und Teilmengen)	S P n		M E n	– –	– –	– –	– –
	3 = Rückmeldung von bestimmten Arbeitsgängen (Eckpunkte, Meilensteine)	S P n		M E n	– –	– –	– –	– –
	4 = explizite Rückmeldung von mehreren gesplitteten Arbeitsgängen	S P n		M E n	– –	– –	– –	– –

Funktions-bereich:	Funktion/Merkmalsausprägung:	IST		SOLL				
		Aus-füh-rungs-art	Sy-stem/Hilfs-mittel	Sy-stem gest.	Eingabeform Dialog /on line	Batch	Transaktions verarbeitung ak-tuell	Stapel
9. Auftrags-überwachung	– Auswirkung der Arbeitsgangfertigmeldung auf Kundenaufträge, Termin	S P n		M E n	– –	– –	– –	– –
	1 = Meldung, wenn Plantermin überschritten oder gefährdet ist (manuelle Initiierung)	S P n		M E n	M E	M E	M E	M E
	2 = automatische Meldung, wenn nach Terminabgleich (Soll - Ist) Plantermin überschritten oder gefährdet ist	S P n		M E n	– –	– –	M E	M E
	– Standzeiten-/Standmengenfortschreibung Maschinen (für Instandhaltung)	S P n		M E n	– –	– –	– –	– –
	1 = möglich für einzelne Maschinen	S P n		M E n	M E	M E	M E	M E
	2 = möglich pro Maschinengruppe	S P n		M E n	M E	M E	M E	M E
	3 = für Kostenstellenbereich	S P n		M E n	M E	M E	M E	M E
	– Standzeiten-/Standmengenfortschreibung Werkzeuge und Vorrichtungen	S P n		M E n	– –	– –	– –	– –
	1 = möglich für speziell gekennzeichnete Werkzeuge und Vorrichtungen	S P n		M E n	M E	M E	M E	M E
	2 = automatisch für Werkzeuge und Vorrichtungen, die über Verkettungssätze Maschinengruppen, Einzelmaschinen, Kostenstellenbereichen, für die Standmengen bzw. -zeiten fortgeschrieben werden, zugeordnet sind	S P n		M E n	M E	M E	M E	M E

Systembereich: 4. Produktionssteuerung

Seite 4

Funktions-bereich:	Funktion/Merkmalsausprägung:	IST		SOLL				
		Aus-füh-rungs-art	Sy-stem/Hilfs-mittel	Sy-stem gest.	Eingabeform Dialog /on line	Batch	Transaktions-verarbeitung ak-tuell	Stapel
9. Auftrags-überwachung	- Fehlmengen-/Ausschußerfassung	S P n		M E n	- -	- -	- -	- -
	1 = Aktionsmeldung Disposition/Vertrieb nach Rückmeldung von Mindermengen pro Arbeitsplan	S P n		M E n	- -	- -	- -	- -
	2 = mit Berücksichtigung des im Arbeitsplan angegebenen Ausschußfaktors	S P n		M E n	- -	- -	- -	- -
	3 = Aktionsmeldung Disposition/Vertrieb nach Rückmeldung von Mindermengen je Arbeitsgang	S P n		M E n	- -	- -	- -	- -
	4 = mit Berücksichtigung des im Arbeitsgang festgelegten Ausschußfaktors	S P n	?	M E n	- -	- -	- -	- -
	5 = mit automatischer Fehlmengenfortschreibung im nächsten Arbeitsgang	S P n		M E n	- -	- -	M E	M E
	6 = mit Neuterminierung nachfolgender Arbeitsgänge	S P n		M E n	- -	- -	M E	M E
	7 = mit Mengenkorrektur und Neuterminierung sämtlicher nachfolgender Arbeitspläne	S P n		M E n	- -	- -	- -	- -

Systembereich: 4. Produktionssteuerung   Seite 5

Funktions-bereich:	Funktion/Merkmalsausprägung:	IST		SOLL				
		Aus-füh-rungs-art	Sy-stem/Hilfs-mittel	Sy-stem gest.	Eingabeform Dialog /on line	Batch	Transaktions-verarbeitung ak-tuell	Stapel
9. Auftrags-überwachung	4.9.4 Kapazitätsüberwachung (Belastungsanzeige, Leistungsstatistik für Arbeitsplätze)	S P n		M E n	- -	- -	- -	- -
	1 = für beliebige Kapazitätseinheiten	S P n		M E n	- -	- -	- -	- -
	2 = für überbelastete Kapazitätseinheiten	S P n		M E n	- -	- -	- -	- -
	- Ermitteln des Leistungsgrades (LG) und Fortschreibung des LG im Stammsatz	S P n		M E n	M E	M E	M E	M E
	- Ausweis der Kapazitätsbelegungsverursacher (Aufträge) pro	S P n		M E n	- -	- -	- -	- -
	1 = Kapazitätsgruppe (Maschinen-/Arbeitsplatzgruppe)	S P n		M E n	- -	- -	- -	- -
	2 = Einzelkapazität	S P n		M E n	- -	- -	- -	- -
	3 = Kostenstellenbereich	S P n		M E n	- -	- -	- -	- -
	- Periodenweise Darstellung der Kapazitätsbelastung	S P n		M E n	- -	- -	- -	- -
	1 = beliebige Anzahl Perioden und mindestens eine Vorperiode	S P n		M E n	- -	- -	- -	- -
	2 = beliebige Periodenlängen (incl. Vorperiode)	S P n		M E n	- -	- -	- -	- -
	3 = verschiedene Periodenlängen in einem Horizont	S P n		M E n	- -	- -	- -	- -

Systembereich: 5. Instandhaltung

Funktions-bereich:	Funktion/Merkmalsausprägung:	IST		SOLL				
		Aus-führungs-art	System/Hilfs-mittel	System gest.	Eingabeform Dialog /on line	Batch	Transaktions-verarbeitung aktuell	Stapel
10. Wartung, Inspektion, Reparatur	5.10.1 Instandhaltungsplanung	S P	M E	M E	--	--	--	--
	- Simulation	S P	M E	M E	M E	M E	M E	M E
	. Zweck: Simulation von Instandhaltungsausfallzeiten							
	- Instandhaltungsplanung	S P	M E	--	--	--	--	
	. für Maschinen pro	S P	M E	--	--	--	--	
	1 = Maschinengruppen	S P	M E	--	--	--	--	
	2 = Einzelmaschinen	S P	M E	--	--	--	--	
	3 = Aggregate	S P	M E	--	--	--	--	
	4 = Baugruppen	S P	M E	--	--	--	--	
	. für Werkzeuge pro	S P	M E	--	--	--	--	
	1 = Werkzeuggruppen	S P	M E	--	--	--	--	
	2 = Werkzeuge	S P	M E	--	--	--	--	
	3 = Baugruppen	S P	M E	--	--	--	--	
	. für Vorrichtungen und Prüfmittel pro	S P	M E	--	--	--	--	
	1 = Vorrichtungsgruppen	S P	M E	--	--	--	--	
	2 = Vorrichtungen	S P	M E	--	--	--	--	
	3 = Baugruppen	S P	M E	--	--	--	--	

Systembereich: 5. Instandhaltung

Seite 2

Funktions-bereich:	Funktion/Merkmalsausprägung:	IST		SOLL				
		Aus-führungs-art	System/Hilfs-mittel	System gest.	Eingabeform Dialog /online	Batch	Transaktions verarbeitung ak-tuell	Stapel
10.	. für Fördermittel pro	S P n		M E n	--	--	--	--
Wartung, Inspektion, Reparatur	1 = Fördermitteltypen	S P n		M E n	--	--	--	--
	2 = Fördermittel	S P n		M E n	--	--	--	--
	3 = Fördermittelaggregate	S P n		M E n	--	--	--	--
	- Erstellen Instandhaltungsplan	S P n		M E n	--	--	--	--
	1 = quartalsgenau	S P n		M E n	--	--	--	--
	2 = monatsgenau	S P n		M E n	--	--	--	--
	3 = wochengenau	S P n		M E n	--	--	--	--
	4 = tagesgenau	S P n		M E n	--	--	--	--
	- Erstellen Aufwandsplan (objektbezogen)	S P n		M E n	--	--	--	--
	1 = geplante Instandhaltung	S P n		M E n	M E	M E	M E	M E
	2 = ungeplante Instandhaltung	S P n		M E n	M E	M E	M E	M E
	- Erstellen Instandhaltungsauftrag	S P n		M E n	--	--	--	--
	1 = Standard-Instandhaltungsauftrag	S P n		M E n	M E	M E	M E	M E
	2 = individueller Instandhaltungsauftrag	S P n		M E n	M E	M E	M E	M E
	- Erstellen Primär-Arbeitsplan	S P n		M E n	M E	M E	M E	M E
	- Erstellen Instandhaltungsarbeitsplan	S P n		M E n	--	--	--	--
	1 = Standard-Instandhaltungsarbeitsplan	S P n		M E n	M E	M E	M E	M E
	2 = individueller Instandhaltungsarbeitsplan	S P n		M E n	M E	M E	M E	M E

Systembereich: 5. Instandhaltung

Funktions-bereich:	Funktion/Merkmalsausprägung:	IST		SOLL				
		Aus-füh-rungs-art	Sy-stem/Hilfs-mittel	Sy-stem gest.	Eingabeform Dialog /on line	Batch	Transaktions verarbeitung ak-tuell	Stapel
10. Wartung, Inspektion, Reparatur	- Kennzeichen für die Instandhaltungsarbeitspläne bezüglich	S P n		M E n	--	--	--	--
	1 = Wartung	S P n		M E n	--	--	--	--
	2 = Inspektion	S P n		M E n	--	--	--	--
	3 = Reparatur	S P n		M E n	--	--	--	--
	- Kennzeichen für Instandhaltungsarbeitsgänge bezüglich	S P n		M E n	--	--	--	--
	1 = Wartung	S P n		M E n	--	--	--	--
	2 = Inspektion	S P n		M E n	--	--	--	--
	3 = Reparatur	S P n		M E n	--	--	--	--
	- Erstellungsunterstützung durch Kopierfunktion	S P n		M E n	--	--	--	--
	1 = auf Arbeitsplanebene	S P n		M E n	--	--	--	--
	2 = auf Arbeitsgangebene	S P n		M E n	--	--	--	--
	3 = mit expliziter Angabe von einzelnen Arbeitsgängen bzw. Arbeitsgangfolgen (von .. bis)	S P n		M E n	--	--	--	--
	- Stücklisten-Arbeitsplanvernetzung	S P n		M E n	--	--	--	--
	1 = Arbeitsplankopf zur Stückliste	S P n		M E n	--	--	--	--
	2 = Arbeitsgang zur Stücklistenposition	S P n		M E n	--	--	--	--
	- Vernetzung Teileverwendungsnachweis (TVN) Instandhaltung/ Instandhaltungsarbeitsplan	S P n		M E n	--	--	--	--
	1 = Instandhaltungsarbeitsplan und TVN Instandhaltung	S P n		M E n	--	--	--	--
	2 = Instandhaltungsarbeitsgang und TVN Instandhaltung	S P n		M E n	--	--	--	--

Systembereich: 5. Instandhaltung   Seite 4

Funktions- bereich:	Funktion/Merkmalsausprägung:	IST		SOLL				
		Aus- füh- rungs art	Sy- stem/ Hilfs- mittel	Sy- stem gest.	Eingabeform Dialog /on line	Batch	Transaktions verarbeitung ak- tuell	Stapel
10.	5.10.2 Instandhaltungssteuerung	S P n		M E n	– –	– –	– –	– –
Wartung, Inspektion, Reparatur	– Erfassen von Störmeldungen	S P n		M E n	M E	M E	– –	– –
	– Weitergabe Störmeldung zur Auftragserstellung	S P n		M E n	– –	– –	M E	M E
	– Verfügbarkeitsprüfung für	S P n		M E n	– –	– –	– –	– –
	1 = Material	S P n		M E n	M E	M E	M E	M E
	2 = Maschine (Produktions- und/oder Instandhaltungsmaschine)	S P n		M E n	M E	M E	M E	M E
	3 = Vorrichtungen	S P n		M E n	M E	M E	M E	M E
	4 = Werkzeuge	S P n		M E n	M E	M E	M E	M E
	5 = Personal	S P n		M E n	M E	M E	M E	M E
	– Bestellanforderung	S P n		M E n	– –	– –	– –	– –
	1 = Fremdmaterial	S P n		M E n	M E	M E	M E	M E
	2 = externe Dienstleistungen	S P n		M E n	M E	M E	M E	M E
	– Freigabe Instandhaltungsauftrag	S P n		M E n	– –	– –	– –	– –
	1 = manuelle Initiierung im System	S P n		M E n	M E	M E	M E	M E
	2 = automatisch nach Verfügbarkeitsprüfung	S P n		M E n	– –	– –	M E	M E
	– Rückmeldungen	S P n		M E n	– –	– –	– –	– –
	1 = pro Arbeitsgang	S P n		M E n	M E	M E	M E	M E
	2 = pro erledigten Auftrag	S P n		M E n	M E	M E	M E	M E

Systembereich: 5. Instandhaltung

Funktions- bereich:	Funktion/Merkmalsausprägung:	IST		SOLL				
		Aus- füh- rungs art	Sy- stem/ Hilfs- mittel	Sy- stem gest.	Eingabeform		Transaktions verarbeitung	
					Dialog /on line	Batch	ak- tuell	Stapel
10. Wartung, Insepktion, Reparatur	5.10.3 Regeln	S P n		M E n	- -	- -	- -	- -
	- Inspektionsregeln	S P n		M E n	- -	- -	- -	- -
	. Anwendungsbereich pro							
	1 = Kostenstellenbereich	S P n		M E n	- -	- -	- -	- -
	2 = Maschinengruppe	S P n		M E n	- -	- -	- -	- -
	3 = Maschine	S P n		M E n	- -	- -	- -	- -
	4 = Aggregat	S P n		M E n	- -	- -	- -	- -
	5 = Baugruppe	S P n		M E n	- -	- -	- -	- -
	. bei unsicherer Information:							
	1 = Minimaxverfahren	S P n		M E n	- -	- -	- -	- -
	2 = Abgrenzungsverfahren	S P n		M E n	- -	- -	- -	- -
	3 = adaptives Verfahren	S P n		M E n	- -	- -	- -	- -

Systembereich: 5. Instandhaltung   Seite 6

Funktions-bereich:	Funktion/Merkmalsausprägung:	IST		SOLL				
		Aus-füh-rungs-art	Sy-stem/Hilfs-mittel	Sy-stem gest.	Eingabeform Dialog /on line	Batch	Transaktionsverarbeitung aktuell	Stapel
10. Wartung, Inspektion, Reparatur	. bei bekannter Ausfallverteilung: 1 = periodisch							
	1 = periodisch	S P n		M E n	- -	- -	- -	- -
	2 = einfach	S P n		M E n	- -	- -	- -	- -
	3 = einstufig	S P n		M E n	- -	- -	- -	- -
	4 = sequentiell	S P n		M E n	- -	- -	- -	- -
	5 = opportunistisch	S P n		M E n	- -	- -	- -	- -
	6 = mehrstufig	S P n		M E n	- -	- -	- -	- -
	- Prioritätsregeln für Abarbeitung der Instand- haltungsaufträge	S P n		M E n	- -	- -	- -	- -
	1 = eine Regel	S P n		M E n	- -	- -	- -	- -
	2 = alternative Regeln	S P n		M E n	- -	- -	- -	- -
	3 = hierarchische Regeln (Berücksichtigung des Auftragsnetzes)	S P n		M E n	- -	- -	- -	- -

Systembereich: 6. Lagerwirtschaft   Seite 1

Funktions-bereich:	Funktion/Merkmalsausprägung:	IST		SOLL				
		Aus-füh-rungs-art	Sy-stem/ Hilfs-mittel	Sy-stem gest.	Eingabeform Dialog /on line	Batch	Transaktions verarbeitung ak-tuell	Stapel
11.	6.11.1 Struktur	S P n	M E n	--	--	--	--	
Lager-verwaltung	- Lagerortverwaltung	S P n	M E n	--	--	--	--	
	1 = ein Lagerort pro Mandant	S P n	M E n	--	--	--	--	
	2 = 02 bis 99 Lagerorte pro Mandant	S P n	M E n	--	--	--	--	
	3 = mehr als 99 Lagerorte pro Mandant	S P n	M E n	--	--	--	--	
	- Stellplatz-, Lagerfachverwaltung (pro Lagerort)	S P n	M E n	--	--	--	--	
	- Lageroptimierung nach	S P n	M E n	--	--	--	--	
	1 = Bewegungen (Lagerspiele)	S P n	M E n	M E	M E	M E	M E	
	2 = Gewicht	S P n	M E n	M E	M E	M E	M E	
	3 = Volumen	S P n	M E n	M E	M E	M E	M E	
	6.11.2 Lagerplatzzuweisung	S P n	M E n	--	--	--	--	
	1 = fixe Zuweisung	S P n	M E n	M E	M E	M E	M E	
	2 = chaotische Organisation	S P n	M E n	M E	M E	M E	M E	

Systembereich: 6. Lagerwirtschaft   Seite 1

| Funktions-bereich: | Funktion/Merkmalsausprägung: | IST | | SOLL | | | | |
		Aus-füh-rungs-art	Sy-stem/Hilfs-mittel	Sy-stem gest.	Eingabeform Dialog /online	Batch	Transaktions verarbeitung ak-tuell	Stapel
12.	6.12.1 Zugänge	S P n		M E n	- -	- -	- -	- -
Bestands-verwaltung	- Wareneingang	S P n		M E n	- -	- -	- -	- -
	1 = Sonderlager bis zur Einlagerungsfreigabe	S P n		M E n	M E	M E	M E	M E
	2 = Einlagerungsfreigabe Sonderlager in Warenlager	S P n		M E n	M E	M E	M E	M E
	3 = Warenlager mit Sperrfunktion bis zur Freigabe	S P n		M E n	M E	M E	M E	M E
	- Mengenabweichungsermittlung	S P n		M E n	- -	- -	- -	- -
	1 = Überlieferung	S P n		M E n	M E	M E	M E	M E
	2 = Unterlieferung	S P n		M E n	M E	M E	M E	M E
	- Umlagerungen mit manueller Zugangsbuchung	S P n		M E n	M E	M E	M E	M E
	- Erfassung und Verarbeitung Zugangsbuchung	S P n		M E n	- -	- -	- -	- -
	1 = Menge	S P n		M E n	M E	M E	M E	M E
	2 = Preis (incl. Bezugskosten)	S P n		M E n	M E	M E	M E	M E
	3 = Übernahme Chargen-Info für Bestandsführung	S P n		M E n	M E	M E	M E	M E
	- Vorgabe Lagerhilfsmittel	S P n		M E n	M E	M E	M E	M E

Systembereich: 6. Lagerwirtschaft

Funktions-bereich:	Funktion/Merkmalsausprägung:	IST		SOLL				
		Aus-füh-rungs-art	Sy-stem/Hilfs-mittel	Sy-stem gest.	Eingabeform Dialog /on line	Batch	Transaktionsverarbeitung ak-tuell	Stapel
12. Bestands-verwaltung	- Fabrikatekennzeichen, Ursprungsnachweis	S P n		M E n	- -	- -	- -	- -
	1 = auf Fertigerzeugnis-/Teileebene	S P n		M E n	- -	- -	- -	- -
	2 = pro Lagerort	S P n		M E n	- -	- -	- -	- -
	3 = pro Stellplatz und Lagerfach	S P n		M E n	- -	- -	- -	- -
	- Chargentrennung	S P n		M E n	- -	- -	- -	- -
	1 = auf der Ebene Lagerort	S P n		M E n	- -	- -	- -	- -
	2 = auf der Ebene Stellplatz/Lagerfach	S P n		M E n	- -	- -	- -	- -

Funktions-bereich:	Funktion/Merkmalsausprägung:	IST		SOLL				
		Aus-füh-rungs-art	Sy-stem/ Hilfs-mittel	Sy-stem gest.	Eingabeform Dialog /on line	Batch	Transaktions-verarbeitung ak-tuell	Stapel
12.	6.12.2 Abgänge	S P n		M E n	- -	- -	- -	- -
Bestands-verwaltung	- Fabrikatekennzeichen, Ursprungsnachweis	S P n		M E n	- -	- -	- -	- -
	1 = auf Fertigerzeugnis-/Teileebene	S P n		M E n	- -	- -	- -	- -
	2 = pro Lagerort	S P n		M E n	- -	- -	- -	- -
	3 = pro Stellplatz und Lagerfach	S P n		M E n	- -	- -	- -	- -
	- Chargentrennung	S P n		M E n	- -	- -	- -	- -
	1 = auf der Ebene Lagerort	S P n		M E n	- -	- -	- -	- -
	2 = auf der Ebene Stellplatz/Lagerfach	S P n		M E n	- -	- -	- -	- -
	- Umlagerungen mit manueller Abgangsbuchung	S P n		M E n	M E	M E	M E	M E
	- Abgangsbuchung	S P n		M E n	- -	- -	- -	- -
	1 = Einzelentnahme	S P n		M E n	M E	M E	M E	M E
	2 = Sammelentnahme (Stücklistenbuchung)	S P n		M E n	M E	M E	M E	M E
	- Melden ungeplanter Abgänge	S P n		M E n	- -	- -	- -	- -
	1 = Inventurdifferenzen	S P n		M E n	M E	M E	M E	M E
	2 = Fehlmengen	S P n		M E n	M E	M E	M E	M E
	3 = Sperrung durch Qualitätssicherung	S P n		M E n	M E	M E	M E	M E

Systembereich: 6. Lagerwirtschaft

Seite 4

Funktions-bereich:	Funktion/Merkmalsausprägung:	IST		SOLL				
		Aus-füh-rungs-art	Sy-stem/Hilfs-mittel	Sy-stem gest.	Eingabeform Dialog /on line	Batch	Transaktions verarbeitung ak-tuell	Stapel
12.	– Entnahmesteuerung nach Verbrauchsfolgen	S P n		M E n	– –	– –	– –	– –
Bestands-verwaltung	1 = LIFO	S P n		M E n	– –	– –	– –	– –
	2 = FIFO	S P n		M E n	– –	– –	– –	– –
	– Kommissionierunterstützung	S P n		M E n	– –	– –	– –	– –
	1 = Anzeigen von Ganzauslagerungen	S P n		M E n	M E	M E	M E	M E
	2 = Anzeigen von Gebinden innerhalb eines Lagerfaches	S P n		M E n	M E	M E	M E	M E

Systembereich: 6. Lagerwirtschaft   Seite 1

Funktions- bereich:	Funktion/Merkmalsausprägung:	IST		SOLL			
		Aus- füh- rungs art	Sy- stem/ Hilfs- mittel	Sy- stem gest.	Eingabeform Dialog /on line	Batch	Transaktions verarbeitung ak- tuell	Stapel
13.	6.13.1. Verfahren	S P n		M E n	- -	- -	- -	- -
Inventur	- Frequenz	S P n		M E n	- -	- -	- -	- -
	1 = Stichtagsinventur	S P n		M E n	- -	- -	- -	- -
	2 = permanente Inventur	S P n		M E n	- -	- -	- -	- -

	3 = beliebige Verkürzung der Aufnahme-Intervalle auf
	    der Ebene Bestandsobjekt für Objekte mit überdurch-
	    schnittlichem Korrekturbedarf
		S P n		M E n	- -	- -	- -	- -

	- Fehlmengen	S P n		M E n	- -	- -	- -	- -
	o Inventurkennzeichen aus Entnahmen auf Lagerfachebene für Inventur	S P n		M E n	- -	- -	- -	- -

Systembereich: 6. Lagerwirtschaft

Seite 2

Funktions-bereich:	Funktion/Merkmalsausprägung:	IST		SOLL				
		Aus-führungs-art	System/Hilfs-mittel	System gest.	Dialog /online	Batch	aktuell	Stapel
13.	6.13.2 Bewertung	S P		M E	- -	- -	- -	- -
Inventur	- Methode	S P		M E	- -	- -	- -	- -
	1 = FIFO	S P		M E	- -	- -	- -	- -
	2 = LIFO	S P		M E	- -	- -	- -	- -
	3 = gewogener Einstandspreis, Herstellkosten	S P		M E	- -	- -	- -	- -
	4 = HIFO	S P		M E	- -	- -	- -	- -
	- Wertermittlung der Bestände	S P		M E	M E	M E	M E	M E
	- Frequenz der Gesamtbewertung von Vorratsvermögen	S P		M E	- -	- -	- -	- -
	1 = fixer Zeitraum	S P		M E	- -	- -	- -	- -
	o Monat	S P		M E	- -	- -	- -	- -
	o Quartal	S P		M E	- -	- -	- -	- -
	o Jahr	S P		M E	- -	- -	- -	- -
	2 = beliebiger Zeitpunkt	S P		M E	- -	- -	- -	- -
	- ABC-Ergebnisverarbeitung	S P		M E	- -	- -	M E	M E

Systembereich: 7. Konstruktion | Seite 1

Funktions- bereich:	Funktion/Merkmalsausprägung:	IST		SOLL				
		Aus- füh- rungs art	Sy- stem/ Hilfs- mittel	Sy- stem gest.	Eingabeform Dialog /on line	Batch	Transaktions verarbeitung ak- tuell	Stapel
14. Techn. Auftrags- bearbeitung	7.14.1 Lösungskonzept Stücklisten (STL)	S P m		M E m	- -	- -	- -	- -
	- Abgrenzung und Auswahl von Abhängigkeiten	S P m		M E m	- -	- -	- -	- -
	o Unterstützung durch Sachmerkmalskatalog	S P m		M E m	M E	M E	M E	M E
	- Abfrage Strukturebenen	S P m		M E m	- -	- -	- -	- -
	1 = Unterstützung durch Teileverwendungsnachweis auf Baukastenebene	S P m		M E m	M E	M E	M E	M E
	2 = auf Teileebene	S P m		M E m	M E	M E	M E	M E
	3 = auf allen STL-Ebenen (incl. Rohmaterial)	S P m		M E m	M E	M E	M E	M E
	- Erstellen Lösungskatalog (= Zusammenfassung)	S P m		M E m	M E	M E	M E	M E

Systembereich: 7. Konstruktion

Seite 2

Funktionsbereich:	Funktion/Merkmalsausprägung:	IST		SOLL				
		Ausführungsart	System/Hilfsmittel	System gest.	Eingabeform Dialog /on line	Batch	Transaktions verarbeitung aktuell	Stapel
14.	7.14.2 Stücklisten	S P n	M E n	– –	– –	– –	– –	– –
Techn. Auftragsbearbeitung	– Erstellungsunterstützung durch Kopierfunktion für	S P n	M E n	– –	– –	– –	– –	– –
	o Konstruktionsstückliste	S P n	M E n	– –	– –	– –	– –	– –
	o Planungstückliste	S P n	M E n	– –	– –	– –	– –	– –
	o Wartungsstückliste	S P n	M E n	– –	– –	– –	– –	– –
	o Stückliste für Pseudobaugruppe	S P n	M E n	– –	– –	– –	– –	– –
	o Fertigungsstückliste	S P n	M E n	– –	– –	– –	– –	– –
	o Mengenstückliste	S P n	M E n	– –	– –	– –	– –	– –
	o Baukastenstückliste	S P n	M E n	– –	– –	– –	– –	– –
	o Einkaufsstückliste	S P n	M E n	– –	– –	– –	– –	– –
	1 = Kopierfunktion auf Baukastenebene	S P n	M E n	M E	M E	M E	M E	M E
	2 = Kopierfunktion auf Produktebene	S P n	M E n	M E	M E	M E	M E	M E
	3 = mit expliziter Angabe für Bereiche (von .. bis ..)	S P n	M E n	M E	M E	M E	M E	M E
	4 = Übernahme von Vorschriften und Normen	S P n	M E n	M E	M E	M E	M E	M E
	– Stücklisten, Stufen	S P n	M E n	– –	– –	– –	– –	
	1 = ein bis 10 Stufen werden unterstützt	S P n	M E n	– –	– –	– –	– –	
	2 = 11 bis 99 Stufen	S P n	M E n	– –	– –	– –	– –	
	3 = mehr als 99 Stufen	S P n	M E n	– –	– –	– –		
	– Stücklisten, Servicefunktionen	S P n	M E n	– –	– –	– –	– –	
	1 = System erkennt Endlosschleifen	S P n	M E n	– –	– –	– –	– –	
	2 = KZ der Auflösungsebenen (low level Code)	S P n	M E n	– –	– –	– –	– –	

Systembereich: 7. Konstruktion | Seite 3

Funktions-bereich:	Funktion/Merkmalsausprägung:	IST		SOLL				
		Aus-füh-rungs-art	Sy-stem/Hilfs-mittel	Sy-stem gest.	Eingabeform Dialog /on line	Batch	Transaktions verarbeitung ak-tuell	Stapel
14.	- Bezug STL zur Konstruktionszeichnung	S P n		M E n	M E	M E	M E	M E
Techn. Auftrags-bearbeitung	- Erstellen von Variantenstücklisten	S P n		M E n	- -	- -	- -	- -
	1 = mit Zeitkriterien	S P n		M E n	M E	M E	M E	M E
	2 = mit Bestandsberücksichtigung	S P n		M E n	M E	M E	M E	M E
	- Eröffnen Produktstamm	S P n		M E n	- -	- -	- -	- -
	. Neuanlage	S P n		M E n	- -	- -	- -	- -
	. Erstellungsunterstützung durch Kopierfunktion	S P n		M E n	- -	- -	- -	- -
	1 = Kopierfunktion auf Baukastenebene	S P n		M E n	M E	M E	M E	M E
	2 = Kopierfunktion auf Teileebene	S P n		M E n	M E	M E	M E	M E
	3 = mit expliziter Angabe für Bereiche (von .. bis ..)	S P n		M E n	M E	M E	M E	M E

Systembereich: 7. Konstruktion

Funktions-bereich:	Funktion/Merkmalsausprägung:	IST		SOLL				
		Aus-füh-rungs-art	Sy-stem/Hilfs-mittel	Sy-stem gest.	Eingabeform Dialog /on line	Batch	Transaktions verarbeitung ak-tuell	Stapel

14.
 	
Techn.
Auftrags-
bearbeitung
	7.14.3 Vorschriften
	
	  - Anlegen, Auswählen, Verarbeiten
	
	    1 = Neuanlage
	    2 = mit Kopierfunktion
	    3 = mit Stücklistenbezug
	    4 = mit Arbeitsplanbezug
		S P m
		
		S P m
		
		S P m
		S P m
		S P m
		S P m
				M E m
				
				M E m
				
				M E m
				M E m
				M E m
				M E m
					- -
					
					- -
					
					M E
					M E
					M E
					M E
						- -
						
						- -
						
						M E
						M E
						M E
						M E
							- -
							
							- -
							
							M E
							M E
							M E
							M E
								- -
								
								- -
								
								M E
								M E
								M E
								M E

Systembereich: 7. Konstruktion   Seite 5

Funktions-bereich:	Funktion/Merkmalsausprägung:	IST		SOLL				
		Aus-füh-rungs-art	Sy-stem/ Hilfs-mittel	Sy-stem gest.	Eingabeform Dialog /on line	Batch	Transaktions verarbeitung ak-tuell	Stapel
14.	7.14.4 Sachmerkmale	S P n		M E n	- -	- -	- -	- -
Techn. Auftrags-bearbeitung	- Neuanlage	S P n		M E n	- -	- -	- -	- -
	1 = mit logischer Prüfung	S P n		M E n	M E	M E	M E	M E
	2 = Erstellungsunterstützung durch Kopierfunktion auf Feldebene	S P n		M E n	M E	M E	M E	M E
	- Übernahmefunktion von Struktur und Merkmalen	S P n		M E n	- -	- -	- -	- -
	1 = in Normen möglich	S P n		M E n	M E	M E	M E	M E
	2 = in andere Unterlagen	S P n		M E n	M E	M E	M E	M E
	- Anwendung/Zugriff	S P n		M E n	- -	- -	- -	- -
	1 = Primärindex	S P n		M E n	M E	M E	M E	M E
	2 = Match-Code	S P n		M E n	M E	M E	M E	M E

Systembereich: 7. Konstruktion

Funktions-bereich:	Funktion/Merkmalsausprägung:	IST		SOLL				
		Aus-füh-rungs-art	Sy-stem/ Hilfs-mittel	Sy-stem gest.	Eingabeform Dialog /on line	Batch	Transaktions verarbeitung ak-tuell	Stapel
14.	7.14.5 Wartungsdienst	S P n	M E n	M E n	- -	- -	- -	- -
Techn. Auftrags-bearbeitung	- Ändern/Hinzufügen	S P n	M E n	M E n	- -	- -	- -	- -
	1 = komplett	S P n	M E n	M E n	M E	M E	M E	M E
	2 = feldweise	S P n	M E n	M E n	M E	M E	M E	M E
	3 = Änderungsunterstützung durch Kopierfunktion	S P n	M E n	M E n	M E	M E	M E	M E
	- Streichen	S P n	M E n	M E n	- -	- -	- -	- -
	1 = physische Löschung	S P n	M E n	M E n	M E	M E	M E	M E
	2 = logische Löschung	S P n	M E n	M E n	M E	M E	M E	M E
	3 = Abfrage Streichungssystematik	S P n	M E n	M E n	M E	M E	M E	M E
	4 = automatischer Streichungsvorschlag	S P n	M E n	M E n	M E	M E	M E	M E

Funktions-bereich:	Funktion/Merkmalsausprägung:	IST		SOLL				
		Aus-füh-rungs-art	Sy-stem/Hilfs-mittel	Sy-stem gest.	Eingabeform Dialog /on line	Batch	Transaktions verarbeitung ak-tuell	Stapel
15.	7.15.1 Normungssätze	S P n		M E n	- -	- -	- -	- -
Normung	- Neuanlage	S P n		M E n	M E	M E	M E	M E
(nur wenn nicht in CAD/CAQ verwaltet)	- Abfragen/Zugriff	S P n		M E n	- -	- -	- -	- -
	1 = Primärindex	S P n		M E n	M E	M E	M E	M E
	2 = Matchcode	S P n		M E n	M E	M E	M E	M E
	7.15.2 Normungsträger	S P n		M E n	- -	- -	- -	- -
	- Differenzierung	S P n		M E n	- -	- -	- -	- -
	1 = Kennzeichnung nationaler bzw. internationaler Normen	S P n		M E n	- -	- -	- -	- -
	2 = Kennzeichnung der Werksnormen	S P n		M E n	- -	- -	- -	- -
	- Festlegen der Nummernsysteme	S P n		M E n	- -	- -	- -	- -
	1 = Vergabe erfolgt vom System	S P n		M E n	- -	- -	- -	- -
	2 = Vergabe erfolgt vom Sachbearbeiter	S P n		M E n	- -	- -	- -	- -

Funktions-bereich:	Funktion/Merkmalsausprägung:	IST		SOLL				
		Aus-füh-rungs-art	Sy-stem/ Hilfs-mittel	Sy-stem gest.	Eingabeform Dialog /online	Batch	Transaktions verarbeitung ak-tuell	Stapel
15.	7.15.3 Wartungsdienst	S P n		M E n	--	--	--	--
Normung	- Ändern/Hinzufügen	S P n		M E n	--	--	--	--
(nur wenn	1 = gesamthaft	S P n		M E n	M E	M E	M E	M E
nicht in	2 = feldweise	S P n		M E n	M E	M E	M E	M E
CAD/CAQ	3 = Änderungsunterstützung durch Kopierfunktion	S P n		M E n	M E	M E	M E	M E
verwaltet)	- Streichen	S P n		M E n	--	--	--	--
	1 = physische Streichung	S P n		M E n	M E	M E	M E	M E
	2 = logische Streichung	S P n		M E n	M E	M E	M E	M E
	3 = mit Streichungsgrund	S P n		M E n	M E	M E	M E	M E

Funktions-bereich:	Funktion/Merkmalsausprägung:	IST		SOLL				
		Aus-füh-rungs-art	Sy-stem/Hilfs-mittel	Sy-stem gest.	Eingabeform Dialog /on line	Batch	Transaktions verarbeitung ak-tuell	Stapel
16.	8.16.1 Globale Charakterisierung des Kostenrechnungssystems	S P n		M E n	- -	- -	- -	- -
Kosten-rechnung	- Ist-Kostenrechnung (auf Vollkostenbasis)	S P n		M E n	- -	- -	- -	- -
	- Normalkostenrechnung	S P n		M E n	- -	- -	- -	- -
	o auf Vollkostenbasis	S P n		M E n	- -	- -	- -	- -
	o auf Teilkostenbasis	S P n		M E n	- -	- -	- -	- -
	- Plankostenrechnung auf Vollkostenbasis	S P n		M E n	- -	- -	- -	- -
	o starre Plankostenrechnung	S P n		M E n	- -	- -	- -	- -
	o flexible Plankostenrechnung	S P n		M E n	- -	- -	- -	- -
	- Plankostenrechnung auf Teilkostenbasis	S P n		M E n	- -	- -	- -	- -
	o starre Plankostenrechnung	S P n		M E n	- -	- -	- -	- -
	o flexible Plankostenrechnung	S P n		M E n	- -	- -	- -	- -

Systembereich: 8. Rechnungswesen

Funktions-bereich:	Funktion/Merkmalsausprägung:	IST		SOLL				
		Aus-füh-rungs-art	Sy-stem/Hilfs-mittel	Sy-stem-gest.	Eingabeform Dialog/on-line	Batch	Transaktions-verarbeitung ak-tuell	Stapel
16.	8.16.2 Merkmale der Kostenarten-/Kostenstellenrechnung	S P n		M E n	- -	- -	- -	- -
Kosten-rechnung	- frei definierbare Kostenarten	S P n		M E n	- -	- -	- -	- -
	- freie Wahl der Kostenstellen	S P n		M E n	- -	- -	- -	- -
	1 = ohne Unterteilung in Kostenplätze	S P n		M E n	- -	- -	- -	- -
	2 = mit Unterteilung in vorgegebener Anzahl Kostenplätze	S P n		M E n	- -	- -	- -	- -
	3 = mit Unterteilung in beliebig viele Kostenplätze	S P n		M E n	- -	- -	- -	- -
	- Bildung von Kostenzeilen je Kostenstelle	S P n		M E n	- -	- -	- -	- -
	1 = Bildung einer Kostenzeile	S P n		M E n	- -	- -	- -	- -
	2 = Bildung mehrerer Kostenzeilen	S P n		M E n	- -	- -	- -	- -
	- Zuordnung von Kostenarten zu Kostenzeilen	S P n		M E n	- -	- -	- -	- -
	1 = wahlfrei	S P n		M E n	- -	- -	- -	- -
	2 = mit frei definierbaren Zwischensummen	S P n		M E n	- -	- -	- -	- -
	- Anlegen statistischer Kostenzeilen (für Auswertungen)	S P n		M E n	- -	- -	- -	- -

Funktions- bereich:	Funktion/Merkmalsausprägung:	IST		SOLL				
		Aus- füh- rungs- art	Sy- stem/ Hilfs- mittel	Sy- stem gest.	Eingabeform		Transaktions verarbeitung	
					Dialog /on line	Batch	ak- tuell	Stapel
16.	8.16.3 Kostenplanung je Kostenstelle	S P n		M E n	- -	- -	- -	- -
Kosten- rechnung	- Differenzierungsmöglichkeiten je Kostenart	S P n		M E n	- -	- -	- -	- -
	1 = nach vorgegebenen Differenzierungsmerkmalen	S P n		M E n	- -	- -	- -	- -
	2 = mit freier Festlegung der Differenzierungsmerkmale	S P n		M E n	- -	- -	- -	- -
	- Festlegung mehrerer Bezugsgrößen je Kostenstelle	S P n		M E n	- -	- -	- -	- -
	1 = ohne Festlegung statistischer Bezugsgrößen	S P n		M E n	- -	- -	- -	- -
	2 = mit Festlegung statistischer Bezugsgrößen	S P n		M E n	- -	- -	- -	- -
	- Ermittlung der Beschäftigungsabhängigkeit	S P n		M E n	- -	- -	- -	- -
	o durch Variator-Methode	S P n		M E n	M E	M E	M E	M E
	o durch Planung fixer und variabler Kosten getrennt in gesamter Höhe	S P n		M E n	M E	M E	M E	M E
	- Hilfsfunktionen zur Unterstützung der Kostenplanung je Kostenstelle	S P n		M E n	- -	- -	- -	- -
	o Vorschlagswerte für Bezugsgrößen und Kostenarten	S P n		M E n	M E	M E	M E	M E
	o Regressionsrechnung zur Kostenauflösung	S P n		M E n	M E	M E	M E	M E
	o Abstimmung mit Vorgaben (Budgets)	S P n		M E n	M E	M E	M E	M E

Systembereich: 8. Rechnungswesen

Seite 4

Funktions-bereich:	Funktion/Merkmalsausprägung:	IST		SOLL				
		Aus-füh-rungs-art	Sy-stem/Hilfs-mittel	Sy-stem gest.	Eingabeform Dialog /on line	Batch	Transaktions-verarbeitung ak-tuell	Stapel
16. Kosten-rechnung	- Planung der innerbetrieblichen Leistungsverrechnung	S P		M E	- -	- -	- -	- -
	o Erstellung/Inanspruchnahme innerbetrieblicher Leistungen	S P		M E	- -	- -	- -	- -
	1 = kostenstellenweise möglich	S P		M E	M E	M E	M E	M E
	2 = kostenstellenweise und Verknüpfung mit beliebigen Bezugsgrößen	S P		M E	M E	M E	M E	M E
	o Durchführung der Planumlagen	S P		M E	- -	- -	- -	- -
	1 = stufenweise	S P		M E	- -	- -	M E	M E
	2 = iterativ	S P		M E	- -	- -	M E	M E
	3 = nach Gleichungsverfahren	S P		M E	- -	- -	M E	M E
	o Ermittlung von Planverrechnungspreisen	S P		M E	- -	- -	- -	- -
	1 = auf Vollkostenbasis	S P		M E	M E	M E	M E	M E
	2 = auf Teilkostenbasis	S P		M E	M E	M E	M E	M E
	3 = parallel auf Teil- und Vollkostenbasis	S P		M E	M E	M E	M E	M E
	- Veränderung der Planung während der laufenden Abrechnungsperiode	S P		M E	M E	M E	M E	M E
	- Korrektur der laufenden Planung	S P		M E	- -	- -	- -	- -
	1 = ohne Hochrechnung der Folgeänderungen	S P		M E	M E	M E	M E	M E
	2 = mit anschließender Hochrechnung der Folgeänderungen	S P		M E	M E	M E	M E	M E

Funktions-bereich:	Funktion/Merkmalsausprägung:	IST		SOLL				
		Aus-füh-rungs-art	Sy-stem/Hilfs-mittel	Sy-stem gest.	Eingabeform Dialog /on line	Batch	Transaktions-verarbeitung ak-tuell	Stapel
16. Kosten-rechnung	8.16.4 Kostenstellenrechnung	S P n		M E n	– –	– –	– –	– –
	– Simulation der Kostenstellenrechnung	S P n		M E n	M E	M E	M E	M E
	. Zweck: Optimierung der Verteilung der primären Gemeinkosten und der innerbetrieblichen Leistungsverrechnung							
	– Erfassung und Abrechnung von Innenaufträgen	S P n		M E n	– –	– –	– –	– –
	1 = mit Zwischenabrechnung (z. B. im Anlagenbau)	S P n		M E n	M E	M E	M E	M E
	2 = mit Plan-Ist-Vergleich (bei größeren Aufträgen)	S P n		M E n	M E	M E	M E	M E
	– Verrechnung der Innenaufträge	S P n		M E n	– –	– –	– –	– –
	1 = an andere (Haupt-)Aufträge	S P n		M E n	M E	M E	M E	M E
	2 = an andere Kostenstellen	S P n		M E n	M E	M E	M E	M E
	3 = direkt ins Betriebsergebnis	S P n		M E n	M E	M E	M E	M E
	– Umlageverfahren zur innerbetrieblichen Leistungsverrechnung	S P n		M E n	– –	– –	– –	– –
	o Stufenleiterverfahren	S P n		M E n	– –	– –	– –	– –
	o Iterationsverfahren	S P n		M E n	– –	– –	– –	– –
	o Gleichungsverfahren	S P n		M E n	– –	– –	– –	– –

Systembereich: 8. Rechnungswesen

Seite 6

Funktions-bereich:	Funktion/Merkmalsausprägung:	IST Aus-füh-rungs-art	IST Sy-stem/Hilfs-mittel	SOLL Sy-stem gest.	SOLL Eingabeform Dialog /on line	SOLL Eingabeform Batch	SOLL Transaktions-verarbeitung ak-tuell	SOLL Transaktions-verarbeitung Stapel
16. Kosten-rechnung	- Kostenstellenbericht	S P n		M E n	- -	- -	- -	- -
	1 = Kostenstellenbericht (Soll-Ist-Vergleich)	S P n		M E n	- -	- -	M E	M E
	2 = Kostenstellenbericht mit Differenzierung nach Kostenplätzen	S P n		M E n	- -	- -	M E	M E
	3 = Kostenstellenbericht verdichtet nach Verantwortungsbereichen	S P n		M E n	- -	- -	M E	M E
	- Abweichungsanalysen, ausgelöst durch Toleranzgrenzen (management by exception)	S P n		M E n	- -	- -	M E	M E
	- Errechnung von Beschäftigungsabweichungen	S P n		M E n	- -	- -	M E	M E
	- Errechnung von Verbrauchsabweichungen	S P n		M E n	- -	- -	M E	M E
	- Errechnung von Tarifabweichungen	S P n		M E n	- -	- -	M E	M E
	- Verrechnung der durch Soll-Ist-Vergleich erstellten Abweichungen	S P n		M E n	- -	- -	- -	- -
	1 = auf Kostenträger	S P n		M E n	M E	M E	M E	M E
	2 = direkt ins Betriebsergebnis	S P n		M E n	M E	M E	M E	M E
	3 = Mischformen	S P n		M E n	M E	M E	M E	M E
	- Ermittlung von Verrechnungs- und Zuschlagssätzen	S P n		M E n	- -	- -	- -	- -
	1 = getrennt nach proportionalen und fixen Gemeinkosten-anteilen	S P n		M E n	- -	- -	M E	M E
	2 = getrennt nach Primärkostenarten	S P n		M E n	- -	- -	M E	M E

Systembereich: 8. Rechnungswesen   Seite 7

Funktions-bereich:	Funktion/Merkmalsausprägung:	IST		SOLL				
		Aus-füh-rungs-art	Sy-stem/Hilfs-mittel	Sy-stem gest.	Eingabeform Dialog /on line	Batch	Transaktions verarbeitung ak-tuell	Stapel
16.	8.16.5 Kostenträgerstückrechnung (Kalkulation)	S P n		M E n	– –	– –	– –	– –
Kosten-rechnung	– Vorkalkulation	S P n		M E n	M E	M E	M E	M E
	– Simulation:	S P n		M E n	M E	M E	M E	M E
	. Zweck: Optimierung der Ermittlung von Angebotspreisen, Preisuntergrenzen, internen Verrechnungspreisen etc. Durchführen verschiedener Kalkulationsmethoden bzw. Einbringung unterschiedlicher Einflußgrößen pro APL (ohne Fortschreibung)							
	– Datenaufbereitung	S P n		M E n	– –	– –	– –	– –
	1 = Stücklisten	S P n		M E n	M E	M E	M E	M E
	2 = Arbeitspläne	S P n		M E n	M E	M E	M E	M E
	3 = Kostensätze	S P n		M E n	M E	M E	M E	M E
	__________ APL = Arbeitsplan							

Systembereich: 8. Rechnungswesen

Funktions-bereich:	Funktion/Merkmalsausprägung:	IST Ausführungsart	IST System/Hilfsmittel	SOLL System gest.	SOLL Eingabeform Dialog /online	SOLL Eingabeform Batch	SOLL Transaktionsverarbeitung aktuell	SOLL Transaktionsverarbeitung Stapel
16. Kosten-rechnung	- Lohngruppen für Rüsten, Fertigen, Prüfen, Instandhaltung	S P n		M E n	- -	- -	- -	- -
	1 = eine Lohngruppe im Fertigungsarbeitsgang	S P n		M E n	- -	- -	- -	- -
	2 = unterschiedliche Lohngruppen für Rüsten, Fertigen und Prüfen, Instandhaltung im Fertigungsarbeitsgang	S P n		M E n	- -	- -	- -	- -
	3 = eine Lohngruppe für Rüsten im Einstellplan bzw. -arbeitsgang	S P n		M E n	- -	- -	- -	- -
	4 = eine Lohngruppe für Prüfen im Prüfplan bzw. -arbeitsgang	S P n		M E n	- -	- -	- -	- -
	5 = eine Lohngruppe für Instandhaltung im Instandhaltungs-arbeitsplan bzw. -arbeitsgang	S P n		M E n	- -	- -	- -	- -
	6 = mehrere unterschiedliche Lohngruppen arbeitsgangbezogen möglich (Fertigen, Rüsten, Prüfen, Instandhaltung)	S P n		M E n	- -	- -	- -	- -
	- Plankostenermittlung unter Berücksichtigung vom	S P n		M E n	M E	M E	M E	M E
	1 = anderen Arbeitsplänen (Fertigungsverfahren)	S P n		M E n	- -	- -	- -	- -
	2 = Alternativarbeitsplänen	S P n		M E n	- -	- -	- -	- -
	3 = Splittung	S P n		M E n	- -	- -	- -	- -
	4 = Überlappung	S P n		M E n	- -	- -	- -	- -
	5 = anderen Lohngruppen	S P n		M E n	- -	- -	- -	- -
	6 = Ersatzmaterial	S P n		M E n	- -	- -	- -	- -
	7 = Zukauf	S P n		M E n	- -	- -	- -	- -
	8 = Fremdfertigung	S P n		M E n	- -	- -	- -	- -
	9 = Sondereinzelkosten der Fertigung	S P n		M E n	- -	- -	- -	- -
	- Umlaufmaterialbewertung	S P n		M E n	M E	M E	M E	M E
	- mitlaufende Nachkalkulation	S P n		M E n	- -	- -	- -	- -
	o Kosten aus Fremdfertigung	S P n		M E n	- -	- -	- -	- -

Systembereich: 8. Rechnungswesen   Seite 9

Funktions-bereich:	Funktion/Merkmalsausprägung:	IST		SOLL				
		Aus-füh-rungs-art	Sy-stem/Hilfs-mittel	Sy-stem gest.	Eingabeform Dialog /on line	Batch	Transaktions verarbeitung ak-tuell	Stapel
16. Kosten-rechnung	o Sondereinzelkosten der Fertigung	S P n		M E n	- -	- -	- -	- -
	o Gemeinkosten Lohn und Material	S P n		M E n	- -	- -	- -	- -
	o Weitergabe der Lohn- und Materialkosten in der Stücklisten-struktur bei der <u>produktbezogenen</u> Kostenrechnung	S P n		M E n	- -	- -	- -	- -
	1 = auf der Ebene Enderzeugnis	S P n		M E n	M E	M E	M E	M E
	2 = über alle Stücklistenebenen	S P n		M E n	M E	M E	M E	M E
	3 = für o Lohnkosten	S P n		M E n	- -	- -	- -	- -
	o Materialkosten	S P n		M E n	- -	- -	- -	- -
	o Gemeinkosten	S P n		M E n	- -	- -	- -	- -
	o Fremdfertigungskosten	S P n		M E n	- -	- -	- -	- -
	o Gesamtkosten	S P n		M E n	- -	- -	- -	- -
	- Nachkalkulation/Auftragsabrechnung	S P n		M E n	- -	- -	- -	- -
	o Rechnung auf Vollkostenbasis	S P n		M E n	- -	- -	- -	- -
	o Rechnung auf Teilkostenbasis	S P n		M E n	- -	- -	- -	- -
	o parallele Voll- und Teilkostenkalkulation	S P n		M E n	- -	- -	- -	- -
	o nach "Leitsätzen für Preisermittlung" (öffentliche Aufträge)	S P n		M E n	- -	- -	- -	- -

Systembereich: 8. Rechnungswesen

Seite 10

Funktions- bereich:	Funktion/Merkmalsausprägung:	IST		SOLL				
		Aus- füh- rungs- art	Sy- stem/ Hilfs- mittel	Sy- stem gest.	Eingabeform Dialog /on line	Batch	Transaktions- verarbeitung ak- tuell	Stapel
16. Kosten- rechnung	- Kostenträgerstückrechnung als Divisionskalkulation	S P n		M E n	- -	- -	- -	- -
	o einstufige Divisionskalkulation	S P n		M E n	- -	- -	- -	- -
	o mehrstufige Divisionskalkulation	S P n		M E n	- -	- -	- -	- -
	o einstufige Äquivalenzziffernkalkulation	S P n		M E n	- -	- -	- -	- -
	o mehrstufige Äquivalenzziffernkalkulation	S P n		M E n	- -	- -	- -	- -
	- Kostenträgerstückrechnung als Zuschlagskalkulation	S P n		M E n	- -	- -	- -	- -
	o summarische Zuschlagskalkulation	S P n		M E n	- -	- -	- -	- -
	o differenzierende Zuschlagskalkulation	S P n		M E n	- -	- -	- -	- -
	- Kostenträgerstückrechnung als Kuppelkalkulation	S P n		M E n	- -	- -	- -	- -
	- Maschinenstundensatzrechnung	S P n		M E n	- -	- -	- -	- -
	- Hochrechnungen von Kosten-/Preiserhöhungen	S P n		M E n	- -	- -	- -	- -

Funktions-bereich:	Funktion/Merkmalsausprägung:	IST		SOLL				
		Aus-füh-rungs-art	Sy-stem/Hilfs-mittel	Sy-stem gest.	Eingabeform Dialog /on line	Batch	Transaktions-verarbeitung ak-tuell	Stapel
16.	8.16.6 Betriebsergebnisrechnung (kurzfristige Erfolgsrechnung)	S P m		M E m	- -	- -	- -	- -
Kosten-rechnung	- Betriebsergebnisrechnung	S P m		M E m	- -	- -	- -	- -
	1 = mit rechnerischer Bestandsführung	S P m		M E m	- -	- -	M E	M E
	2 = ohne rechnerische Bestandsabgrenzung (Artikelergebnisrechnung)	S P m		M E m	- -	- -	M E	M E
	- Rechnung nach dem Gesamtkostenverfahren	S P m		M E m	- -	- -	- -	- -
	- Rechnung nach dem Umsatzkostenverfahren	S P m		M E m	- -	- -	- -	- -
	- Bestandsrechnung für die Abrechnungsperiode	S P m		M E m	- -	- -	- -	- -
	1 = auf Vollkostenbasis	S P m		M E m	- -	- -	M E	M E
	2 = auf Teilkostenbasis	S P m		M E m	- -	- -	M E	M E
	3 = parallel auf Voll- und Teilkostenbasis	S P m		M E m	- -	- -	M E	M E
	- Anzahl hierarchischer Stufen in der Deckungs-beitragsrechnung	S P m		M E m	- -	- -	- -	- -
	o einstufig	S P m		M E m	- -	- -	- -	- -
	o mehrstufig	S P m		M E m	- -	- -	- -	- -
	1 = ohne Differenzierung nach Merkmalen wie Produkt-gruppen, Kundengruppen, Absatzgebieten etc.	S P m		M E m	- -	- -	- -	- -
	2 = mit Differenzierung nach Merkmalen wie Produkt-gruppen, Kundengruppen, Absatzgebieten etc.	S P m		M E m	- -	- -	- -	- -

Systembereich: 8. Rechnungswesen

Funktions- bereich:	Funktion/Merkmalsausprägung:	IST		SOLL				
		Aus- füh- rungs art	Sy- stem/ Hilfs- mittel	Sy- stem gest.	Eingabeform Dialog /on line	Batch	Transaktions verarbeitung ak- tuell	Stapel
16. Kosten- rechnung	- Hochrechnung der voraussichtlichen Jahres-Ist-Zahlen (Forecast)	S P m		M E m	- -	- -	M E	M E
	- Break-Even-Analyse	S P m		M E m	M E	M E	M E	M E
	- Profit-Center-Rechnung	S P m		M E m	M E	M E	M E	M E

Systembereich: 8. Rechnungswesen   Seite 1

Funktions-bereich:	Funktion/Merkmalsausprägung:	IST		SOLL				
		Aus-führungs-art	Sy-stem/Hilfs-mittel	Sy-stem gest.	Eingabeform Dialog/on line	Batch	Transaktions verarbeitung ak-tuell	Stapel
17.	8.17.1 Allgemeine Funktionen	S P n		M E n	- -	- -	- -	- -
FIBU	- Buchen in parallel bebuchbaren Abrechnungsperioden	S P n		M E n	- -	- -	- -	- -
	1 = Buchungen nur in der laufenden Periode	S P n		M E n	M E	M E	M E	M E
	2 = Buchungen in der laufenden Periode und in der Vorperiode	S P n		M E n	M E	M E	M E	M E
	3 = belegbezogene Verbuchung nach Datum	S P n		M E n	M E	M E	M E	M E
	- Buchen in parallel bebuchbaren Geschäftsjahren	S P n		M E n	- -	- -	- -	- -
	1 = Buchungen nur im laufenden Jahr	S P n		M E n	M E	M E	M E	M E
	2 = Buchungen im laufenden Jahr und im Vorjahr	S P n		M E n	M E	M E	M E	M E
	3 = über alle im direkten Zugriff befindlichen Jahre	S P n		M E n	M E	M E	M E	M E
	- Identifikation von Sach-/Debitoren-/Kreditorenkonten	S P n		M E n	- -	- -	- -	- -
	1 = durch Primärindex	S P n		M E n	M E	M E	M E	M E
	2 = mit Match-Code	S P n		M E n	M E	M E	M E	M E
	- Identifikation der Debitoren-/Kreditorenkonten	S P n		M E n	- -	- -	- -	- -
	1 = Kennzeichen im Stammsatz	S P n		M E n	- -	- -	- -	- -
	2 = Kontonummernkreis	S P n		M E n	- -	- -	- -	- -
	- Fremdwährungsbuchungen	S P n		M E n	- -	- -	- -	- -
	1 = im Debitoren-/Kreditorenbereich	S P n		M E n	M E	M E	M E	M E
	2 = im Sachkontenbereich	S P n		M E n	M E	M E	M E	M E

Funktions-bereich:	Funktion/Merkmalsausprägung:	IST		SOLL				
		Aus-führungs-art	System/Hilfs-mittel	System gest.	Eingabeform Dialog /online	Batch	Transaktionsverarbeitung aktuell	Stapel
17.	8.17.2 Sachkontenbuchhaltung	S P n		M E n	- -	- -	- -	- -
FIBU	- Verwalten Kontenrahmen	S P n		M E n	- -	- -	- -	- -
	1 = Industriekontenrahmen	S P n		M E n	M E	M E	M E	M E
	2 = Freie Gestaltung des Kontenrahmens	S P n		M E n	M E	M E	M E	M E
	3 = mit freier Wahl der Struktur und Einteilung nach Gruppen und Klassen	S P n		M E n	M E	M E	M E	M E
	- Verwalten Buchungskreise	S P n		M E n	- -	- -	- -	- -
	1 = Sachkontenverwaltung innerhalb der Buchführung	S P n		M E n	M E	M E	M E	M E
	2 = Sachkontenverwaltung zusätzlich außerhalb der Buchführung	S P n		M E n	M E	M E	M E	M E
	- Sachkontenhierarchie	S P n		M E n	- -	- -	- -	- -
	o innerhalb der Buchführung	S P n		M E n	- -	- -	- -	- -
	1 = Führen von Einzelkonten	S P n		M E n	M E	M E	M E	M E
	2 = Zusammenfassung in Sammelkonten	S P n		M E n	M E	M E	M E	M E
	o außerhalb der Buchführung	S P n		M E n	- -	- -	- -	- -
	1 = Führen von Unterkonten	S P n		M E n	M E	M E	M E	M E
	2 = Zusammenfassung in Hauptkonten	S P n		M E n	M E	M E	M E	M E

Funktions-bereich:	Funktion/Merkmalsausprägung:	IST		SOLL				
		Aus-führ-ungs-art	Sy-stem/Hilfs-mittel	Sy-stem gest.	Eingabeform Dialog/online	Batch	Transaktions verarbeitung ak-tuell	Stapel
17.	- Buchungsdurchführung	S P n		M E n	- -	- -	- -	- -
FIBU	1 = direkte Gegenbuchung	S P n		M E n	M E	M E	M E	M E
	2 = Journalaufteilung	S P n		M E n	M E	M E	M E	M E
	- Kontofortschreibung auf Hauptkonten	S P n		M E n	- -	- -	- -	- -
	1 = Fortschreibung der Einzelbewegungen	S P n		M E n	- -	- -	M E	M E
	2 = Fortschreibung der Salden	S P n		M E n	- -	- -	M E	M E
	- Kontofortschreibung auf Unterkonten	S P n		M E n	- -	- -	- -	- -
	1 = Fortschreibung der Einzelbewegungen	S P n		M E n	- -	- -	M E	M E
	2 = Fortschreibung der Salden	S P n		M E n	- -	- -	M E	M E
	- Mengenfortschreibung	S P n		M E n	- -	- -	- -	- -
	1 = Mengenfortschreibung ohne Eröffnungsbilanz	S P n		M E n	- -	- -	M E	M E
	2 = Mengenfortschreibung mit Eröffnungsbilanz	S P n		M E n	- -	- -	M E	M E
	- Warenumsatzfortschreibung	S P n		M E n	- -	- -	- -	- -
	1 = ohne Berücksichtigung des Einstandswertes	S P n		M E n	- -	- -	M E	M E
	2 = mit Berücksichtigung des Einstandswertes	S P n		M E n	- -	- -	M E	M E
	- Sammelbuchung	S P n		M E n	- -	- -	- -	- -
	1 = in geraffter Form (saldiert)	S P n		M E n	- -	- -	M E	M E
	2 = in geraffter Form (Soll-/Habensummen)	S P n		M E n	- -	- -	M E	M E

Systembereich: 8. Rechnungswesen

Funktions-bereich:	Funktion/Merkmalsausprägung:	IST		SOLL				
		Aus-füh-rungs-art	Sy-stem/ Hilfs-mittel	Sy-stem gest.	Eingabeform Dialog /on line	Batch	Transaktions verarbeitung ak-tuell	Stapel
17.	- Erstellen UST-Voranmeldung	S P n		M E n	- -	- -	- -	- -
FIBU	1 = UST-Voranmeldung ohne Verprobung	S P n		M E n	- -	- -	M E	M E
	2 = UST-Voranmeldung mit Verprobung	S P n		M E n	- -	- -	M E	M E
	- G. u. V.	S P n		M E n	- -	- -	- -	- -
	1 = für alle relevanten Konten	S P n		M E n	- -	- -	M E	M E
	2 = in geraffter Form	S P n		M E n	- -	- -	M E	M E
	- Bilanz	S P n		M E n	- -	- -	- -	- -
	1 = nach aktienrechtlicher Gliederung	S P n		M E n	- -	- -	M E	M E
	2 = nach freier Gliederung	S P n		M E n	- -	- -	M E	M E
	- Hauptabschlußübersicht	S P n		M E n	- -	- -	M E	M E
	- Erstellen Finanzplan	S P n		M E n	- -	- -	M E	M E
	- Erstellen Management-Report	S P n		M E n	- -	- -	M E	M E
	- Erstellen Geldbedarfsvorschau	S P n		M E n	- -	- -	M E	M E
	- Erstellen Cash flow	S P n		M E n	- -	- -	M E	M E

UST = Umsatzsteuer

Funktions-bereich:	Funktion/Merkmalsausprägung:	IST		SOLL				
		Aus-füh-rungs-art	Sy-stem/Hilfs-mittel	Sy-stem gest.	Eingabeform Dialog /on line	Batch	Transaktions verarbeitung ak-tuell	Stapel
17.	- Erstellen Kontoauszug	S P n		M E n	- -	- -	- -	- -
FIBU	1 = mit allen Bewegungen der lfd. Periode incl. bestehenden Offenen-Posten aus der Vorperiode	S P n		M E n	- -	- -	M E	M E
	2 = mit allen Bewegungen der lfd. Periode mit Saldovortrag der noch bestehenden OP	S P n		M E n	- -	- -	M E	M E
	3 = mit saldierten OP	S P n		M E n	- -	- -	M E	M E
	- Kontenpflege (Ausziffern)	S P n		M E n	M E	M E	M E	M E
	- Erstellen Mahnvorschläge	S P n		M E n	- -	- -	- -	- -
	1 = Erstellen Mahnvorschlag ohne Berücksichtigung von Mahnstufen	S P n		M E n	- -	- -	M E	M E
	2 = Erstellen Mahnvorschlag mit Berücksichtigung von Mahnstufen	S P n		M E n	- -	- -	M E	M E
	- Verwalten der Mahnvorschläge	S P n		M E n	- -	- -	- -	- -
	1 = Änderung des Mahnvorschlages	S P n		M E n	M E	M E	M E	M E
	2 = Mahnsperre	S P n		M E n	M E	M E	M E	M E
	- Erstellen Mahnungen	S P n		M E n	- -	- -	- -	- -
	1 = ohne Berücksichtigung von Mahngrenzbeträgen	S P n		M E n	- -	- -	M E	M E
	2 = mit Berücksichtigung von Mahngrenzbeträgen	S P n		M E n	- -	- -	M E	M E
	3 = mit Mahngebühren	S P n		M E n	- -	- -	M E	M E
	4 = mit Verzugszinsen	S P n		M E n	- -	- -	M E	M E
	- Analyse über Zahlungsverhalten	S P n		M E n	- -	- -	M E	M E
	- ABC-Analyse Debitoren/Kreditoren	S P n		M E n	- -	- -	M E	M E

Systembereich: 8. Rechnungswesen

Funktions-bereich:	Funktion/Merkmalsausprägung:	IST		SOLL				
		Aus-füh-rungs-art	Sy-stem/Hilfs-mittel	Sy-stem gest.	Eingabeform Dialog /on line	Batch	Transaktions-verarbeitung ak-tuell	Stapel
17. FIBU	8.17.3 Debitorenbuchhaltung	S P m		M E m	--	--	--	--
	- Buchen von Kundenrechnungen	S P m		M E m	--	--	--	--
	1 = Buchen anhand Journalausdrucke	S P m		M E m	M E	M E	M E	M E
	2 = Übernahme der Fakturen in die OP-Verwaltung	S P m		M E m	M E	M E	M E	M E
	- Buchungsdurchführung	S P m		M E m	--	--	--	--
	1 = direkte Gegenbuchung	S P m		M E m	M E	M E	M E	M E
	2 = 1 und Journalaufteilung	S P m		M E m	M E	M E	M E	M E
	- Zahlungsausgleich durch Verbandsregulierung	S P m		M E m	M E	M E	M E	M E
	- Sub-/Hauptdebitor	S P m		M E m	--	--	--	--
	. Buchen auf Hauptdebitorkonten mit Hinweis auf Subdebitorkonten	S P m		M E m	M E	M E	M E	M E
	- Prüfung des Buchungsstoffes über Kontrollsummen	S P m		M E m	--	--	--	--
	. Prüfung mit Ausweis des Differenzbetrages	S P m		M E m	--	--	M E	M E
	- Offene-Posten-Verwaltung	S P m		M E m	--	--	--	--
	1 = Offene-Posten-Verwaltung ohne Saldofortschreibung	S P m		M E m	M E	M E	M E	M E
	2 = Offene-Posten-Verwaltung mit Saldofortschreibung	S P m		M E m	M E	M E	M E	M E

Funktions-bereich:	Funktion/Merkmalsausprägung:	IST		SOLL				
		Aus-füh-rungs-art	Sy-stem/ Hilfs-mittel	Sy-stem gest.	Dialog /on-line	Batch	ak-tuell	Stapel
17.	– Offene-Posten-Ausgleich	S P		M E	– –	– –	– –	– –
FIBU	1 = über A-Konto-Zahlung	S P		M E	M E	M E	M E	M E
	2 = Zuordnung von Zahlungen	S P		M E	M E	M E	M E	M E
	o nach Rechnungs-Nr.	S P		M E	M E	M E	M E	M E
	o nach ältestem OP	S P		M E	M E	M E	M E	M E
	o nach Zahlungsbetrag	S P		M E	M E	M E	M E	M E
	– OP-Teilausgleich	S P		M E	– –	– –	– –	– –
	1 = Gewährung des fehlenden Betrages als überhöhter Skontobetrag	S P		M E	M E	M E	M E	M E
	2 = Ausgleich des fehlenden Betrages durch Umbuchung	S P		M E	M E	M E	M E	M E
	3 = Buchung der Zahlung als Teilzahlung	S P		M E	M E	M E	M E	M E
	4 = Gutschrift der Zahlung ohne Zuordnung zum OP	S P		M E	M E	M E	M E	M E
	– Überzahlung eines OP	S P		M E	– –	– –	– –	– –
	1 = Zuordnung des Rechnungsbetrages zum OP mit beliebiger Zuordnung des Restbetrages	S P		M E	M E	– –	M E	M E
	2 = Buchung des Gesamtbetrages als nicht zugewiesene Zahlung	S P		M E	M E	– –	M E	M E
	– Anzahlung	S P		M E	M E	M E	M E	M E
	– Offene-Posten-Zusammenfassung	S P		M E	– –	– –	– –	– –
	1 = Zusammenfassung zu einem OP/Jahr	S P		M E	– –	– –	M E	M E
	2 = Zusammenfassung zu einem OP/Monat	S P		M E	– –	– –	M E	M E
	– OP-Analyse Debitoren	S P		M E	– –	– –	M E	M E

Systembereich: 8. Rechnungswesen

Funktions-bereich:	Funktion/Merkmalsausprägung:	IST Aus-führungs-art	IST System/Hilfs-mittel	SOLL System-gest.	SOLL Eingabeform Dialog /online	SOLL Eingabeform Batch	SOLL Transaktionsverarbeitung ak-tuell	SOLL Transaktionsverarbeitung Stapel
17.	- Ermittlung Fälligkeitsdatum	S P		M E	- -	- -	- -	- -
FIBU	1 = nach Rechnungslegungstag	S P		M E	M E	M E	M E	M E
	2 = nach Zahlungsziel	S P		M E	M E	M E	M E	M E
	3 = nach Abrechnungstag	S P		M E	M E	M E	M E	M E
	- Buchungstechnische Verarbeitung	S P		M E	- -	- -	- -	- -
	o Skontobuchung	S P		M E	M E	M E	M E	M E
	o Skontoprüfung	S P		M E	- -	- -	M E	M E
	o Skontoanmahnung	S P		M E	- -	- -	M E	M E
	o Skontotoleranzen	S P		M E	- -	- -	- -	- -
	1 = Skontotoleranzen nach Tagen	S P		M E	- -	- -	- -	- -
	2 = Skontotoleranzen in DM	S P		M E	- -	- -	- -	- -
	o Nettoverbuchung von MWST	S P		M E	M E	M E	M E	M E
	o Umsatzbuchung-Steuerrückrechnung bei Skontozahlung	S P		M E	- -	- -	M E	M E
	o Nebenbuchung	S P		M E	- -	- -	M E	M E
	o Buchungsverdichtung	S P		M E	M E	M E	M E	M E
	o Buchen periodisch wiederkehrender Buchungen	S P		M E	M E	M E	M E	M E
	- Besondere Zahlungsarten	S P		M E	- -	- -	- -	- -
	o Wechselverwaltung	S P		M E	M E	M E	M E	M E
	o Lastschriftverfahren	S P		M E	- -	- -	- -	- -
	1 = mit Lastschriftvorschlag	S P		M E	M E	M E	M E	M E
	2 = mit Band-/Disketten-Clearing für Lastschrift-abwicklung	S P		M E	- -	M E	M E	M E

Systembereich: 8. Rechnungswesen   Seite 9

Funktions-bereich:	Funktion/Merkmalsausprägung:	IST Ausführungsart	IST System/Hilfsmittel	SOLL System gest.	Eingabeform Dialog/online	Eingabeform Batch	Transaktionsverarbeitung aktuell	Transaktionsverarbeitung Stapel
17.	8.17.4 Kreditorenbuchhaltung	S P n		M E n	- -	- -	- -	- -
FIBU	- Buchen von Lieferantenrechnungen	S P n		M E n	M E	M E	M E	M E
	- Unterstützung und Anzeige der Herstellung des Bezugs einer Rechnung zu einer Bestellung	S P n		M E n	M E	- -	M E	M E
	- Buchungsdurchführung	S P n		M E n	- -	- -	- -	- -
	1 = direkte Gegenbuchung	S P n		M E n	M E	M E	M E	M E
	2 = 1 und Journalaufteilung	S P n		M E n	M E	M E	M E	M E
	- Prüfung des Buchungsstoffes über Kontrollsummen	S P n		M E n	- -	- -	- -	- -
	. Prüfung mit Ausweis des Differenzbetrages	S P n		M E n	- -	- -	M E	M E
	- Offene-Posten-Verwaltung	S P n		M E n	- -	- -	- -	- -
	1 = Kreditoren-Ausgleich	S P n		M E n	M E	M E	M E	M E
	2 = Kreditoren-Ausgleich über AZV (Automatischer Zahlungsverkehr)	S P n		M E n	M E	M E	M E	M E
	- Buchungstechnische Verarbeitung	S P n		M E n	- -	- -	- -	- -
	o Zahlungssperre	S P n		M E n	M E	M E	M E	M E
	o Zahlungsverkehr über Hausbanken	S P n		M E n	- -	- -	- -	- -
	1 = eine Bankverbindung nutzbar	S P n		M E n	- -	- -	M E	M E
	2 = mehrere Bankverbindungen nutzbar	S P n		M E n	M E	M E	M E	M E

Systembereich: 8. Rechnungswesen

Funktions-bereich:	Funktion/Merkmalsausprägung:	IST		SOLL				
		Aus-füh-rungs-art	Sy-stem/Hilfs-mittel	Sy-stem gest.	Eingabeform Dialog /on line	Batch	Transaktions verarbeitung ak-tuell	Stapel
17. FIBU	o Zahlungsverkehr über Kreditorenbanken	S P n		M E n	– –	– –	M E	M E
	o Errechnen Skontobetrag/Fälligkeitsdatum/Vorsteuer	S P n		M E n	– –	– –	M E	M E
	o Änderung Zahlungsvorschlag für bestimmten Kreditoren	S P n		M E n	M E	M E	M E	M E
	o Änderung Zahlungsvorschlag für bestimmten OP	S P n		M E n	M E	M E	M E	M E
	o Automatischer Zahlungsverkehr (AZV)	S P n		M E n	– –	– –	– –	– –
	1 = mit einer Bankverbindung	S P n		M E n	– –	– –	M E	M E
	2 = mit mehreren Bankverbindungen	S P n		M E n	– –	– –	M E	M E
	3 = mit mehreren Bankverbindungen und Grenzsummen	S P n		M E n	– –	– –	M E	M E
	o Erstellen Zahlungsträger	S P n		M E n	– –	– –	M E	M E
	o Disketten-/Band-Clearing-Verfahren	S P n		M E n	– –	– –	– –	– –
	1 = mit einer Bankverbindung	S P n		M E n	– –	– –	M E	M E
	2 = mit mehreren Bankverbindungen	S P n		M E n	– –	– –	M E	M E
	3 = mit mehreren Bankverbindungen und Grenzsummen	S P n		M E n	– –	– –	M E	M E
	o Nettoverbuchung von VST	S P n		M E n	M E	M E	M E	M E
	o Nebenbuchung	S P n		M E n	– –	– –	M E	M E
	- Kontenpflege (Ausziffern)	S P n		M E n	M E	M E	M E	M E
	- OP-Analyse Kreditoren	S P n		M E n	– –	– –	M E	M E
	- Wechselverwaltung	S P n		M E n	M E	M E	M E	M E
	- Analyse Kreditinanspruchnahme	S P n		M E n	– –	– –	M E	M E

Funktions-bereich:	Funktion/Merkmalsausprägung:	IST		SOLL				
		Aus-füh-rungs-art	Sy-stem/Hilfs-mittel	Sy-stem gest.	Eingabeform Dialog /on line	Batch	Transaktions verarbeitung ak-tuell	Stapel
17.	8.17.5 Anlagenbuchhaltung	S P n		M E n	--	--	--	--
FIBU	- Bestandsführung je Anlagenkonto	S P n		M E n	--	--	--	--
	1 = ohne Kostenstellenverteilung	S P n		M E n	M E	M E	M E	M E
	2 = mit Kostenstellenverteilung	S P n		M E n	M E	M E	M E	M E
	- Zuordnung Anlagen zu Anlagengruppen	S P n		M E n	M E	M E	M E	M E
	- Aktivierung	S P n		M E n	--	--	--	--
	o von Anlagen	S P n		M E n	M E	M E	M E	M E
	o von Anlagen im Bau	S P n		M E n	M E	M E	M E	M E
	o von GWG	S P n		M E n	M E	M E	M E	M E
	o von Reparaturen	S P n		M E n	M E	M E	M E	M E
	- Umsetzung von Anlage zu Anlage mit anteilsmäßiger Abschreibung	S P n		M E n	M E	M E	M E	M E
	- Zuschreibung	S P n		M E n	M E	M E	M E	M E
	- Nachaktivierung	S P n		M E n	M E	M E	M E	M E
	- Vermögenssteuerwertermittlung	S P n		M E n	--	--	M E	M E
	- Historische Anschaffungswerte (nach neuem Anlagespiegel der EG-Bilanzrichtlinien)	S P n		M E n	--	--	--	--

271

Systembereich: 8. Rechnungswesen   Seite 12

Funktions-bereich:	Funktion/Merkmalsausprägung:	IST		SOLL				
		Aus-füh-rungs-art	Sy-stem/ Hilfs-mittel	Sy-stem gest.	Eingabeform Dialog /on line	Batch	Transaktions-verarbeitung ak-tuell	Stapel
17.	– Abschreibungsmethoden je Anlagengut	S P n		M E n	– –	– –	– –	– –
FIBU	o Simulation	S P n		M E n	M E	M E	M E	M E
	. Zweck: Ermittlung der optimalen Abschreibungsmethode							
	o bilanzielle Normalabschreibung (lineare, degressive, leistungsbezogene Abschreibung)	S P n		M E n	M E	M E	M E	M E
	o bilanzielle Sonderabschreibung	S P n		M E n	M E	M E	M E	M E
	o kalkulatorische Abschreibung	S P n		M E n	M E	M E	M E	M E
	– Wahlmöglichkeit der Abschreibungsmethoden	S P n		M E n	– –	– –	– –	– –
	– Abschreibungsvorausschau	S P n		M E n	– –	– –	M E	M E
	– Wechsel von degressiver zu linearer Abschreibung	S P n		M E n	– –	– –	– –	– –
	1 = ohne maschinellen Vorschlag zum günstigsten Zeitpunkt	S P n		M E n	M E	M E	M E	M E
	2 = mit maschinellem Vorschlag zum günstigsten Zeitpunkt	S P n		M E n	M E	M E	M E	M E
	– Abschreibungskorrektur	S P n		M E n	– –	– –	– –	– –
	1 = ohne Selbstkorrektur	S P n		M E n	M E	M E	M E	M E
	2 = mit Selbstkorrektur	S P n		M E n	M E	M E	M E	M E
	– Buchgewinn-/-verlustermittlung durch Anlagenabgang	S P n		M E n	– –	– –	M E	M E

Systembereich: 8. Rechnungswesen   Seite 13

Funktions-bereich:	Funktion/Merkmalsausprägung:	IST		SOLL				
		Ausführungsart	System/Hilfsmittel	System gest.	Eingabeform Dialog /online	Batch	Transaktionsverarbeitung aktuell	Stapel
17.	8.17.6 Bewertung	S P n		M E n	- -	- -	- -	- -
FIBU	- Bewertung nach durchschnittlichen Anschaffungskosten/Herstellkosten	S P n		M E n	- -	- -	M E	M E
	- Bewertung nach Verbrauchsfolgeverfahren	S P n		M E n	- -	- -	- -	- -
	1 = FIFO-Verfahren	S P n		M E n	- -	- -	M E	M E
	2 = LIFO-Verfahren	S P n		M E n	- -	- -	M E	M E
	3 = HIFO-Verfahren	S P n		M E n	- -	- -	M E	M E
	- Gruppenbewertung	S P n		M E n	- -	- -	M E	M E
	- Bewertung zu Festpreisen	S P n		M E n	- -	- -	M E	M E
	- Bewertung von aktivierbaren innerbetrieblichen Eigenleistungen und von Entnahmen	S P n		M E n	- -	- -	M E	M E

Systembereich: 8. Rechnungswesen

Funktions-bereich:	Funktion/Merkmalsausprägung:	IST		SOLL				
		Aus-füh-rungs-art	System/Hilfs-mittel	System gest.	Eingabeform Dialog /on line	Batch	Transaktions verarbeitung ak-tuell	Stapel
18. Lohn und Gehalt	8.18.1 Lohnerfassung/Gehaltserfassung	S P n		M E n	- -	- -	- -	- -
	- Erfassen Personaldaten	S P n		M E n	M E	M E	M E	M E
	- Erfassen Betriebsdaten	S P n		M E n	M E	M E	M E	M E

Funktions-bereich:	Funktion/Merkmalsausprägung:	IST		SOLL				
		Aus-führungsart	Sy-stem/Hilfs-mittel	Sy-stem gest.	Eingabeform Dialog /online	Batch	Transaktions verarbeitung ak-tuell	Stapel
18.	8.18.2 Bruttolohnermittlung	S P n		M E n	- -	- -	- -	- -
Lohn und Gehalt	- Terminüberwachung (Probezeit, befristetes Arbeits-verhältnis)	S P n		M E n	- -	- -	M E	M E
	- Abschlagszahlung	S P n		M E n	M E	M E	M E	M E
	- Lohn-/Gehaltsermittlung zu unterschiedlichen Abrechnungsterminen	S P n		M E n	- -	- -	- -	- -
	- Bruttolohnerrechnung	S P n		M E n	- -	- -	- -	- -
	1 = nach freien Beitragsbemessungsgrenzen	S P n		M E n	- -	- -	M E	M E
	2 = mit %-Satz für RV, AV, KV	S P n		M E n	- -	- -	M E	M E
	- Sozialversicherungstechnischer Rückgriff auf nicht ausgeschöpfte Beträge des Vorjahres (März-Klausel)	S P n		M E n	- -	- -	M E	M E
	- Bruttolohnerrechnung nach variablen Lohnarten	S P n		M E n	- -	- -	- -	- -
	1 = mit verschiedenen Berechnungen (Zeit-/Leistungslohn)	S P n		M E n	- -	- -	M E	M E
	2 = mit verschiedenen Besteuerungen	S P n		M E n	- -	- -	M E	M E
	- Folgelohnartengenerierung	S P n		M E n	- -	- -	M E	M E
	- Abrechnung nach Lohngruppen	S P n		M E n	- -	- -	- -	- -
	1 = ohne Tariftabellen	S P n		M E n	- -	- -	M E	M E
	2 = mit Tariftabellen	S P n		M E n	- -	- -	M E	M E

Systembereich: 8. Rechnungswesen

Funktions-bereich:	Funktion/Merkmalsausprägung:	IST		SOLL				
		Aus-führungs-art	Sy-stem/Hilfs-mittel	Sy-stem gest.	Eingabeform Dialog /on line	Batch	Transaktions-verarbeitung ak-tuell	Stapel
18. Lohn und Gehalt	- Korrektur auf Vormonate	S P n		M E n	M E	M E	M E	M E
	- Brutto-Rückrechnung	S P n		M E n	- -	- -	- -	- -
	1 = auf den zu bearbeitenden Monat	S P n		M E n	- -	- -	M E	M E
	2 = auf beliebig weit zurückliegende Zeiträume	S P n		M E n	- -	- -	M E	M E
	- Errechnung von Durchschnitten	S P n		M E n	- -	- -	M E	M E
	- Verrechnung fester Zulagen	S P n		M E n	- -	- -	M E	M E
	- Verrechnung von Zulagen zum Stundenlohn	S P n		M E n	- -	- -	M E	M E
	- Verrechnung prozentualer Zuschläge	S P n		M E n	- -	- -	M E	M E
	- Verrechnung regelmäßiger, gleichbleibender Abzüge	S P n		M E n	- -	- -	M E	M E
	- Berlin-Regelung	S P n		M E n	- -	- -	M E	M E
	- Wiederholbarkeit der Bruttolohnermittlung (Korrekturlauf)	S P n		M E n	- -	- -	- -	- -
	1 = für eine spezielle Person	S P n		M E n	M E	M E	M E	M E
	2 = für eine spezielle Personengruppe	S P n		M E n	M E	M E	M E	M E
	- Abrechnung ohne Stammdaten für Aushilfen oder Teilzeitbeschäftigte	S P n		M E n	- -	- -	M E	M E

Funktions-bereich:	Funktion/Merkmalsausprägung:	IST		SOLL				
		Aus-füh-rungs-art	Sy-stem/Hilfs-mittel	Sy-stem gest.	Eingabeform Dialog /on line	Batch	Transaktions verarbeitung ak-tuell	Stapel
18.	8.18.3 Nettolohnermittlung	S P n		M E n	--	--	--	--
Lohn und Gehalt	- Durchführung der gesamten Lohn- und Kirchensteuerermittlung	S P n		M E n	--	--	M E	M E
	- Abrechnung der Sozialversicherung nach %-Sätzen unter Be-rücksichtigung der Sozialversicherungstaxe	S P n		M E n	--	--	M E	M E
	- Verrechnung einer Überzahlung in den Folgemonat	S P n		M E n	M E	M E	M E	M E
	- Errechnen Netto-Durchschnittsverdienst	S P n		M E n	--	--	M E	M E
	- Durchführen des Lohnsteuerjahresausgleich	S P n		M E n	--	--	M E	M E
	- Ermittlung Nettolohn	S P n		M E n	--	--	M E	M E
	- Auszahlung	S P n		M E n	--	--	--	--
	o Zahlungsempfänger ungleich Lohn-/Gehaltsempfänger	S P n		M E n	M E	M E	M E	M E
	o Zahlungsart wählbar	S P n		M E n	M E	M E	M E	M E
	o Fixe oder prozentuale Aufteilung auf mehrere Bank-verbindungen und/oder Empfänger	S P n		M E n	M E	M E	M E	M E

Systembereich: 8. Rechnungswesen

Funktions-bereich:	Funktion/Merkmalsausprägung:	IST		SOLL				
		Aus-füh-rungs-art	Sy-stem/ Hilfs-mittel	Sy-stem gest.	Eingabeform Dialog /on line	Batch	Transaktions verarbeitung ak-tuell	Stapel
18. Lohn und Gehalt	- Wiederholbarkeit der Nettolohnermittlung	S P n		M E n	- -	- -	- -	- -
	1 = für eine spezielle Person	S P n		M E n	M E	M E	M E	M E
	2 = für eine spezielle Personengruppe	S P n		M E n	M E	M E	M E	M E
	- Erstellen Finanzbuchungen je Kostenart	S P n		M E n	- -	- -	M E	M E
	- Erstellen Kostenbuchungen je Kostenart	S P n		M E n	- -	- -	M E	M E
	- Erstellen Datensätze der Überweisungen für Datenträger-austausch mit Banken	S P n		M E n	- -	- -	M E	M E
	- Erstellen Kurzarbeitergeld-Abrechnung	S P n		M E n	- -	- -	M E	M E
	- Erstellen DEVO/DUEVO	S P n		M E n	- -	- -	M E	M E